科学出版社“十三五”普通高等教育本科规划教材
公安院校交通管理工程实训(验)教学丛书

交通警察执勤执法实训教程

四川警察学院　组织编写

周定平　张雪梅　主编

张新海　张　力　主审

科学出版社

北　京

内 容 简 介

培养应用型人才已经成为高等教育的共识。而实践教学的关键在于如何设计、组织、实施好专业实训项目。鉴于此，我们组织相关教师编写了《交通警察执勤执法实训教程》。本书主要设计了“常用警用装备的规范使用”“常见阻碍和妨害交通警察执勤执法职务行为的处置”“酒后驾驶机动车的查处”“机动车违法停车的查处”等18个实训项目，每个实训项目采取执法导引、实训情境设定、实训方法与步骤、实训考核的体例，详细介绍每个实训项目的内容和要求，以达到提高学生操作能力、强化理论与实践紧密结合的目的。

本书可作为公安院校交通管理(工程)专业学生的实训教材，也可作为在职民警的培训教材。

图书在版编目(CIP)数据

交通警察执勤执法实训教程/周定平，张雪梅主编. —北京：科学出版社，2017.12

科学出版社“十三五”普通高等教育本科规划教材·公安院校交通管理工程实训(验)教学丛书

ISBN 978-7-03-055832-9

Ⅰ. ①交… Ⅱ. ①周… ②张… Ⅲ. ①交通运输管理–行政执法–中国–高等学校–教材 Ⅳ. ①D922.14

中国版本图书馆CIP数据核字(2017)第300376号

责任编辑：余 江 张丽花/责任校对：郭瑞芝

责任印制：吴兆东/封面设计：迷底书装

科学出版社 出版

北京东黄城根北街16号

邮政编码：100717

http://www.sciencep.com

北京华宇信诺印刷有限公司印刷

科学出版社发行 各地新华书店经销

*

2017年12月第 一 版 开本：787×1092 1/16

2025年12月第五次印刷 印张：16

字数：379 000

定价：59.00元

(如有印装质量问题，我社负责调换)

公安院校交通管理工程实训(验)教学丛书
编审委员会

丛 书 序

交通管理工程(Traffic Management Engineering)是工学门类公安技术一级学科下设置的公安类国家控制布点的特设本科专业，交通管理是高职高专公安类专科专业。交通管理工程以道路交通系统为研究对象，以交通组织与控制、交通安全执法、交通事故处理与预防和车辆与驾驶人管理等方面的工程技术方法为重点研究领域，结合公安交通管理的实际应用，开展人才培养、理论研究、技术研发、成果推广和服务实战。

公安院校交通管理(工程)专业的人才培养坚持“教、学、练、战一体化”的模式。为了更好地满足应用型交通管理工程技术人才培养的要求、培养适应公安交通管理岗位需求的预备警官，公安院校交通管理专业亟需一套与部颁规划教材配套的实训(验)指导丛书，将其作为实训实验教学教材，指导专业实训实验教学的开展。在第三届全国公安院校道路交通管理学术年会成果的基础上，依托四川警察学院交通管理工程专业获得的“公安部公安高等教育重点培育专业(本科)”“省级卓越工程师教育培养计划”等专业建设项目的资助经费，四川警察学院召集全国省(市)属公安院校交通管理(工程)专业的骨干教师和实战专家，组成教材编审委员会，在全国公安院校交通管理(工程)专业师资中，遴选了实验实训教学经验丰富的骨干教师，合作编写了本套教材。全套教材共分四册，分别是《交通警察执勤执法实训教程》、《车辆与驾驶人管理实训教程》、《道路交通事故处理实训教程》和《道路交通组织优化实训教程》。

本套教材的编审委员会于2017年1月在贵阳召开大纲审定会，原则上通过四本教材的名称、大纲、形式、体例、参编人员等主要事项，决定由四川警察学院聘请公安交通管理领域的资深教授和实战专家组成教材审核组，全面负责本套教材的内容审定，并确定了每本教材的主审教授。教材编写组和教材审核组共同组成教材编审委员会，确定采用主编负责制、审核组评审制和主审终审制等一系列制度保证教材的质量，有序推进教材编写工作。

本套教材是在四川警察学院的统一组织下，分组集体编写、集体评审，主编和主审共同审核形成的。它是公安院校交通管理(工程)专业的实训实验用书，也是公安交警培训、自学的指导用书。教材坚持与实战相结合，深入基层、贴近一线，在充分吸纳教学科研成果和交通管理实践经验的基础上编写而成。教材在内容上突出实训实验教学的特点，采用项目制编写，注重教学情景设计、实践教学考核与评价、强化训练目标达成的保障性设计，在公安交通高等教育实验教学史上具有原创性。经过组织者、编审者、出版者的共同努力，希望本套教材对交通管理(工程)专业的人才培养、民警培训等起到推进作用，也为培养高素质、高水平的应用型人才发挥更大作用。

公安院校交通管理工程实训(验)教学丛书编审委员会

2017年3月

前　言

坚持“教、学、练、战一体化”培养应用型交通管理人才是公安院校交通管理（工程）专业人才培养模式的必然选择。当前在全国公安机关交通管理部门如火如荼开展执法规范化建设的大环境中，交通警察执勤执法能力训练已经成为基层公安机关交通管理部门大力加强队伍综合素质建设的重要任务。公安院校交通管理（工程）专业对接实战、培养适应一线需求的预备警官，亟需一本与规划教材配套、能够为执勤执法实训指导的书籍。为此，全国公安院校交通管理（工程）专业部分教师通力合作编写了本教材。

本教材具有三大特色：一是依法合规。教材严格遵循以《道路交通安全法》为核心的交通管理法律、法规及规范性文件，吸收当前我国公安机关交通管理部门在执法规范化建设的成果，并借鉴当前公安机关交通管理部门的执勤执法指南、执勤执法手册等成果。二是注重协同。教材的编写既注重协同全国公安院校交通管理教师参与教材的编制、讨论，编写人员尽可能地覆盖全国公安院校交通管理（工程）专业教师；更注重公安交通管理实务部门、管理部门的参与，邀请公安部交通管理局相关领导担任教材的编审与顾问，邀请公安机关实务部门的专家共同开发与编制实训项目，使实务部门的成功做法固化为教材的内容。三是对接实战。编写组秉承“贴近实战、围绕实战、服务实战”的宗旨，本着以培养实战型交通管理人才为目标，贯彻培养学生执勤执法核心能力这一主线，将教材基本框架确定为执勤执法基本规范、执勤执法程序以及交通违法行为查处三大模块，在每个模块下设置若干实训项目，确保教材内容与实务部门执勤执法操作程序对接。四是突出实用。教材体例坚持为学生实训服务，每个项目按照实训目标、执勤执法导引、执勤执法风险与战术要领、实训场地器材、实训方法步骤、实训注意问题等体例编写，突出“怎么做”，实用性和可操作性强，以满足学生今后从事执勤执法工作的需要。

本教材由第三届全国公安院校道路交通管理学术年会提出编写思想、框架和大纲，编写组进行多次讨论、修改并确定大纲。本教材由周定平、张雪梅任主编，由伍炜、郑红雯、杨建勇、王良秋、王晨耀任副主编，由张新海、张力任主审，编写任务分工如下：上海公安学院王晨耀（实训项目一、实训项目十七）、甘肃警察职业学院段维功（实训项目二）、贵州警察学院杨建勇（实训项目三）；江苏警官学院郑红雯（实训项目四）、山西警察学院张雪梅（实训项目五）、山西警察学院贾维刚（实训项目六）、天津公安警官职业学院王震刚（实训项目七）、福建警察学院欧丽云（实训项目八）、四川警察学院伍炜（实训项目九）、河南警察学院于志青（实训项目十）、江西警察学院刘建军（实训项目十一）、北京警察学院耿乙喆（实训项目十二）、辽宁警察学院高波（实训项目十三）、内蒙古警察职业学院王良秋（实训项目十四、实训项目四）、安徽公安职业学院张莉（实训项目十五）、湖南警察学院徐硕（实训项目十六）、浙江警察学院何烈云（实训项目十八）。教材由周定平、张雪梅统稿。

本教材的编写由四川警察学院交通管理系组织实施，得到四川省“卓越工程师教育培养计划”资助；还得到了参编单位领导与交通管理（工程）专业教师以及四川省公安厅交警总队、长沙市公安局交警支队、长沙县公安局交警大队等交通管理实务部门的大力支持，在此一并致以谢意！

由于时间有限，教材中难免存在疏漏之处，欢迎各位读者批评指正。

《交通警察执勤执法实训教程》编写组

2017年8月

目　录

第一部分　交通警察现场执勤执法基本要求与规范

第二部分　道路交通安全违法行为查处要求与程序

第三部分　典型道路交通违法行为的查处

第四部分　特殊车辆交通违法行为的查处

第一部分　交通警察现场执勤执法基本要求与规范

实训项目一　常用警用装备的规范使用

一、实训目的

知识方面：通过实训，使学员能够了解交通警察执勤执法常用警用装备规范使用的要领和相关的基准知识，同时掌握使用这些装备所涉及的相关法律法规的法理知识。

能力方面：通过实训，使学员初步掌握交通警察执勤执法常用警用装备的规范实务操作流程和规范用语，及时采集和固定证据、链接公安网络信息化实务操作，把握使用这些装备的风险点与战术要领，并且学会正确处理使用这些装备的常见问题，以及与当事人或有关部门和人员沟通、协作的能力。

素质方面：通过实训，使学员牢固树立规范执法、文明执法的理念，全心全意为人民服务的理念，执法全过程接受人民合法监督的理念，执法中忠于职守、清正廉洁、便民利民的理念[①]。

二、常用警用装备的规范使用导引

（一）执法记录仪的规范使用导引

1. 执法记录仪的界定及种类

执法记录仪全称为单警执法视音频执法记录仪（以下简称执法记录仪），它是一款高科技警用单警装备，集数码摄像、数码照相、数码录音、对讲机送话器功能于一身，具有录像、照相、录音等功能，适用于人民警察各个警种执勤执法办案过程中进行视音频记录的便携式设备。执法记录仪有多种型号，详见《单警执法视音频记录仪行业标准》（GA/T 947—2011）。

2. 适用情形

交通警察在道路上执勤、查处交通违法行为、处理交通事故以及进行驾驶人考试和机动车查验时，应当佩戴、使用执法记录仪。

---

① 上海公安高等专科学校，2010. 道路交通安全违法行为处理. 上海：上海交通大学出版社

3. 使用依据

《中华人民共和国道路交通安全法》（以下简称《道路交通安全法》）第七条；《交通警察道路执勤执法工作规范》第二十六条；《交警系统执法记录仪使用管理规定》第五条。

4. 佩戴

执法记录仪应当佩戴在交通警察左肩部或者左胸部等有利于取得最佳声像效果的位置（见图 1-1），注意摄像头不要被反光背心或对讲机等其他物件遮挡。

交通警察在现场执法取证时，也可手持执法记录仪进行摄录（见图 1-2）。

图 1-1　佩戴执法记录仪

图 1-2　手持执法记录仪

交通警察驾驶警用车辆时，可根据实际情况将执法记录仪固定在车头、不影响驾驶安全的位置进行拍摄，但下车后必须按照上述规定进行佩戴。

5. 操作规程

第一步：交通警察在道路上对交通违法行为人实施处罚或者采取强制措施、询问交通事故当事人和证人时，应当事先告知对方使用执法记录仪记录，如**“为保护您的合法权益，监督我的执法行为，本次执法全程录音录像。”**

第二步：查处交通违法行为时，要记录当事人的相貌特征、车辆号牌及相关特征、驾驶证、行驶证及违法行为、执法过程等信息。开展专项整治时，要记录执勤点位防护设施、警示设施的摆放情况以及拦截、检查车辆和驾驶人的全过程。开展行政、刑事案件的询问、讯问时，要记录询问、讯问开始和结束的时间、地点、人员、内容等相关信息。

遇到拒绝、妨碍交通警察执勤执法或侵害交通警察合法权益时，要记录当事人的言行及周围见证人等信息。

第三步：执法记录影像应自上岗时开始至下岗时结束，连贯完整，无断点。如因技术问题或其他客观因素造成拍摄中断的，应尽快排除故障。续录时，要对中断拍摄原因等情况进行语音说明。现场无法排除故障继续记录的，应当立即向所属部门负责人报告，并在事后书面说明情况。

第四步：交通警察应当在当天执法活动结束后，将现场执法视音频资料导出保存。连续工作、异地执法办案或者在偏远、交通不便地区执法办案，确实无法及时移交资料的，应当在返回单位后二十四小时内移交。

第五步：执法记录仪记录的声像资料，应由交警支队、大队按照《交警系统执法记录仪使用管理规定》第三章内容进行统一存储、保管。

6. 执法风险点

1) 法律法规

交通警察使用执法记录仪时，在开机后，必须注意检查该装备显示的日期、时间是否准确，每次使用前都应当进行时间校准，否则记录的资料极有可能不具备法律效力。

交通警察在道路上对交通违法行为人实施处罚或者采取强制措施、询问交通事故当事人和证人时，应当事先告知对方使用执法记录仪记录。告知的规范用语是：**“为保护您的合法权益，监督我的执法行为，本次执法全程录音录像。”**

交通警察使用执法记录仪时，应当遵守相关的规定和使用规范，严禁下列行为：

(1) 在道路上执勤、查处交通违法行为、处理交通事故以及从事驾驶人考试和机动车查验时不佩戴、使用执法记录仪，或者不按规定进行全程录音录像;

(2) 删减、修改执法记录仪记录的原始声像资料;

(3) 私自复制、保存或者传播、泄露执法记录仪记录的声像资料;

(4) 利用执法记录仪记录与执勤执法无关的活动;

(5) 故意毁坏或篡改执法记录仪记录的声像资料。

2) 视频画面质量

(1) 补光。交通警察执勤执法时，经常会遭遇夜晚、恶劣天气等光线不足或能见度低的情况，此时执法记录仪拍摄的视频画面会极其模糊甚至无法分辨。因此，在使用执法记录仪时，为了保证拍摄到清晰的视频资料，遇到上述情况时，拍摄者应当使用执法记录仪自带的照明灯或其他光源，如手电筒、车载灯、路灯以及其他可视光源。

(2) 减震。交通警察执勤执法时，一般情况下执法记录仪都是随身佩戴，拍摄的视频画面质量、大部分资料能满足取证需求，如果遭遇突发情况，交通警察往往会急速奔跑，此时执法记录仪将随之抖动，画面质量急剧下降，甚至无法分辨。因此，交通警察在急速奔跑时，应当有意识地维护执法记录仪的稳定拍摄，如手持拍摄或采用减震护托。

(3) 保护镜头。交通警察执勤执法时，应保持执法记录仪摄像头前镜面的清洁，以免影响拍照或录像的效果；在室外使用执法记录仪时应避免阳光长时间直射镜头，这有可能导致镜头中的感光器件损坏。

(4) 同步转身。交通警察使用执法记录仪时，一般情况下都是随身佩戴(左肩或左胸)，往往无法及时看到其所拍摄的视频画面，除非手持或车载才能看到其显示的监控画面。因此，交通警察在拍摄视频资料时，应有意识地保持执法记录仪的镜头尽可能地对准拍摄对象，并保持稳定拍摄，以便执法记录仪能完成自动对焦，最终获取最佳的拍摄角度和效果。

3) 防止干扰

(1) 噪声。执法记录仪不但具有记录视频功能，还具备记录音频功能。因此，交通警察执勤执法时，为获取最佳音频效果，应避免执法记录仪受到噪声干扰，如远离各种笛声、噪声以及降低警用对讲机的音量等。

(2) 磁场。注意不要在强磁场附近使用执法记录仪，有可能会导致图像干扰或者设备故障，如避免将警用对讲机与执法记录仪放置在一起，远离大功率扩音器、雷达测速仪等。

4）防护防范

交通警察使用执法记录仪时，应注意避免随意敲击或碰撞该装备，以免造成设备损坏或数据丢失，如果发现该记录仪已经损坏，请不要再进行任何操作，并请联系维修人员。当因恶劣天气、设备故障等特殊情况无法使用或者停止使用执法记录仪时，交通警察应当立即向上级领导报告并做好记录。

另外，交通警察应当树立防范意识，执勤执法时注意保护执法记录仪的安全，避免遭遇不法人员的抢夺或有意损坏。

7. 常见问题处理

1）资料保存

交通警察应当在每天工作结束后及时存储执法记录仪记录的声像资料，或者交由相关人员存储。为避免设备内存储的数据丢失，请在执勤执法过程后，及时上传数据到公安内网计算机硬盘中，避免执勤执法工作中出现存储空间占满、时间存在偏差等情况。

执法记录仪记录的原始声像资料保存期限不少于 3 个月。作为处罚交通违法行为、处理交通事故证据使用的声像资料保存期限应当与案卷保存期限相同。

2）防水防潮防冻

执法记录仪品种型号繁多，并不是都具有防水功能，即使防水也是有限范围内防水，故遇雨、雪等恶劣天气时，交通警察应注意防水防潮防冻；不得将执法记录仪长期置于潮湿、低温或高温环境使用，否则可能造成损坏，或者会缩短产品的使用寿命。

3）保证电量

执法记录仪若长时间不用，再次使用前，请提前充满电；交通警察工歇间隙注意及时充电，避免执勤执法工作中出现电量耗尽，请务必使用执法记录仪配备的电源适配器对执法记录仪充电。

（二）酒精测试仪的规范使用导引

1. 酒精测试仪的界定及种类

酒精测试仪，即呼气式酒精测试仪。它是交通警察用于检测驾驶人呼气酒精含量的具有法律效力的检测装备，检测人体是否摄入酒精及摄入酒精多少的仪器。呼气式酒精测试仪作为交通警察执法时检测饮酒驾驶人饮酒多少的检测工具，可有效减少重大交通事故的发生；也可以用在其他场合检测人体呼出气体中的酒精含量，避免人员伤亡和财产的重大损失。

呼气式酒精测试仪分为台式和便携式，且有多种型号，但是其测试的数值必须符合国家标准 GB 19522—2010《车辆驾驶人员血液、呼气酒精含量阈值与检验》的规定。

2. 适用情形

检测机动车与非机动车驾驶人驾驶车辆上道路行驶时，是否具有饮酒后驾驶或有饮酒后驾驶嫌疑的机动车与非机动车的道路交通安全违法行为（见图 1-3）。

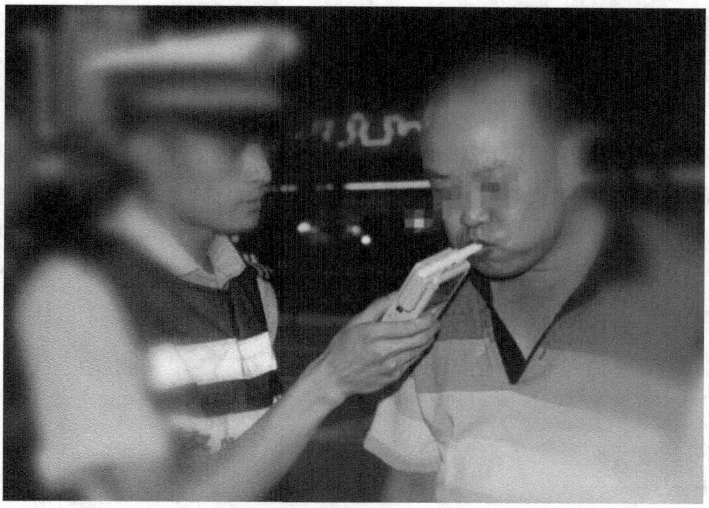

图 1-3　呼气式酒精测试仪现场测试

3. 使用依据

《道路交通安全法》第七条；《交通警察道路执勤执法工作规范》第二十七条；《道路交通安全违法行为处理程序规定》第二十七条；《公安机关办理行政案件程序规定》(以下简称《行政案件程序规定》)第七十九条。

4. 携带

呼气式酒精测试仪包括主机、打印机、充电器和吹管等附件，一般情况下安放在一个专用包(箱)内，放置在警用车辆内或其后备箱内。交通警察在现场执法检测时，可以手持呼气式酒精测试仪，对当事人进行检测[①]。

5. 使用方法

(1)按下电源开关，仪器进行内部自检和预热，显示从 200 到 0 的倒计时，历时 20s。

(2)计时结束发出声音提示，绿灯变亮，同时中间的黄灯闪烁，表示仪器正常，可开始检测。

(3)管对准进气孔吹气 3s 以上，若检测到酒精，蜂鸣器报警，红、绿灯同时闪烁。再过 4s，显示浓度数据，若浓度为 0～0.40mg/100mL，仅绿灯闪烁；若大于等于 0.50mg/100mL，仅红灯闪烁，并伴有急促的声音报警(部分机型)。浓度数据保持 15s 后仪器显示变为 OFF。(注：由于在该显示模式下灵敏度极高，若仪器内有残留酒精气体，将会有微小数字显示)

(4)若从吹气中没有检测到酒精或开机后 30s 内不进行任何检测，仪器显示从 000 变为 OFF。

(5)当仪器显示 OFF 时，需要重新开始测量。

(6)黄灯亮表示电源电压偏低，需更换电池。

(各型号呼气式酒精测试仪的使用方法，参见其配发的使用说明书)

---

① 上海公安高等专科学校，2015. 道路交通安全违法行为处理. 2 版. 上海：上海交通大学出版社

6. 操作规程

第一步：交通警察发现有酒后驾驶嫌疑的，应当及时指挥机动车驾驶人立即靠边停车。

第二步：按照《交通警察道路执勤执法工作规范》附件1《查处酒后驾驶操作规程》相关要求对行为人进行酒精含量检测。检测时，将吹嘴的底端插入仪器顶部的吹嘴接口上，进入主动吹气模式。被测者通过吹嘴向仪器吹气，启动一次主动取证测量，被测者必须通过吹嘴向仪器持续、均匀、中速地吹出足够体积的气体，吹气时仪器会发出连续的蜂鸣声，被测者一直吹气直到声音停止。

第三步：检测结束后，应当告知被测者检测结果，打印《酒精呼气检测报告》，并要求被测者签字；被测者违反检测要求的，应当场重新检测。

7. 执法风险点

1)法律效力

(1)时间校对。交通警察使用呼气式酒精测试仪时，在开机后，必须注意检查该装备主机显示的日期、时间是否准确，每次使用前都应当进行时间校准，还应当与执法记录仪等其他装备显示的时间相匹配，否则测试结果或打印的资料极有可能不具备法律效力。

(2)强制检验。呼气式酒精测试仪拥有多种型号，交通警察在执行查处饮酒后驾驶机动车违法行为等任务时，用于收集违法行为重要证据的呼气式酒精测试仪应当符合国家标准，并定期到具备质量技术鉴定法定资质的机构进行强制检验，检验合格后方能在执法过程中使用，严禁使用未经检验或检验不合格的酒精测试仪进行执法活动，同时在执法中应保证各功能有效及设置的参数正确。

2)检测准确

当使用呼气式酒精测试仪检测到违法当事人涉嫌酒驾时，应快速、正确地获取违法当事人体内血液中酒精的含量。

(1)更换吹管。呼气式酒精测试仪是成套装备，包含主机和附件，共同使用才能完成测试任务，其中包括吹管。吹管虽小，但对保证检测精准度非常重要，每检测一人应当更换一个全新(未启封)的吹管，并向被测者展示。

(2)正确吹气。使用呼气式酒精测试仪时，应让被测者口含吹管呼气，从吹管入口送入其口腔气体，此时进入吹管的气体几乎全部是被测者呼出的口腔气体。如果被测者不接触喇叭口而对吹管入口吹气，根据流体力学原理，气体流动时压力减小，这就把周围的空气一起带进仪器内(喷雾器就是根据这个原理制成的)，相当于把呼气中的酒精浓度稀释了，检测到的酒精浓度就会比被测者实际的呼气酒精浓度低，应该注意这个问题。

(3)避免干扰和污染。

① 避免在大风环境下或空气污浊的封闭房间里测试。

② 不要在被测者抽烟时进行呼气测试，避免其把香烟的烟气吹进仪器，这样不仅会影响测试数据，还会损坏传感器，执勤交警应等被测者吸完烟后1min再进行测试。

③ 禁止往气孔内吹入其他烟雾，气孔内不能进入液体；在吹气过程中必须保持排气口通畅，不要堵住排气口(见图1-4)，避免检测过程受影响，检测数值出现偏差。

④ 禁止使用酒精或乙醇类液体接触呼气式酒精测试仪或对其进行消毒，测试过程中

应远离这类物质。

图 1-4　呼气式酒精测试仪的误操作

3）防护防范

交通警察使用呼气式酒精测试仪时，应注意避免随意敲击或碰撞该装备，以免造成设备损坏或数据丢失，如果发现该呼气式酒精测试仪已经损坏，请及时报修并更换性能完好的呼气式酒精测试仪。

在呼气式酒精测试仪使用过程中，出现设备故障等特殊情况无法正常使用呼气式酒精测试仪的，交通警察应当立即向上级领导报告并用执法记录仪等设备全程做好记录。

另外，交通警察应当树立防范意识，执勤执法时注意保护呼气式酒精测试仪的安全，避免遭遇不法人员的抢夺或有意损坏。

8. 常见问题的处理

1）保证电量

呼气式酒精测试仪多为内置式电池，若长时间不用，再次使用前，应对其充电直至100%电量；及时注意内置电池是否存在“漏电”或“虚电”现象，避免执勤执法工作中出现电量耗尽，为避免上述情况发生，应携带多套呼气式酒精测试仪备用。

2）防水防潮防冻

呼气式酒精测试仪品种型号繁多，并不是都具有防水功能，即使防水也是有限范围内防水，故遇雨、雪等恶劣天气时，交通警察应注意防水防潮防冻；不得将呼气式酒精测试仪长期置于潮湿、低温或高温环境使用，否则可能造成损坏，或者会缩短产品的使用寿命。

3）主机与附件匹配

呼气式酒精测试仪是成套装备，包含主机和附件，主要附件包含打印机。主机与打印机之间可以有线或无线连接，无线连接前，请核对主机与打印机无线连接的密码是否匹配，否则将无法打印检测数据。

主机与打印机无线连接时，距离不应过大，避免无法接受或受到其他干扰。

4）主机使用频率

交通警察使用呼气式酒精测试仪时，应当采用多套装备轮流工作，以提高实战效果，避免主机使用频率过高，出现“发烫”“死机”“卡机”等现象，尤其检测到“醉酒”高数值时，主机恢复到检测状态，需要数分钟甚至更长时间。

5)其他注意事项

交通警察使用呼气式酒精测试仪时，应当定期检测打印机的色带纸或墨盒是否能有效打印，注意及时更换。实战中交通警察经常是在夜晚使用呼气式酒精测试仪，在更换吹管或打印机的打印纸时，应当确认安装到位，避免脱落或卡纸。

呼气式酒精测试仪应当放置在干燥、通风的环境中，并注意保持USB接口及电源接口的干燥与清洁。

呼气式酒精传感器内含化学物质，弃置时应依照国家相关规定妥善处理[①]。

(三)测速仪的规范使用导引

1. 测速仪的界定及种类

测速仪是用来测量车辆的行驶速度的仪器，它可以作为交通警察执法时检测在道路上行驶机动车速度的依据。

常用的测速仪有雷达测速仪和激光测速仪两种，其中，雷达测速仪的测速原理为多普勒效应；激光测速仪的测速原理为激光测距。

目前，一线执勤交警普遍配备的是雷达测速仪，分为固定式(见图 1-5)和移动式测速仪(见图 1-6)，移动式测速仪又分为车载式测速仪和手持式测速仪。

图 1-5 固定式测速仪

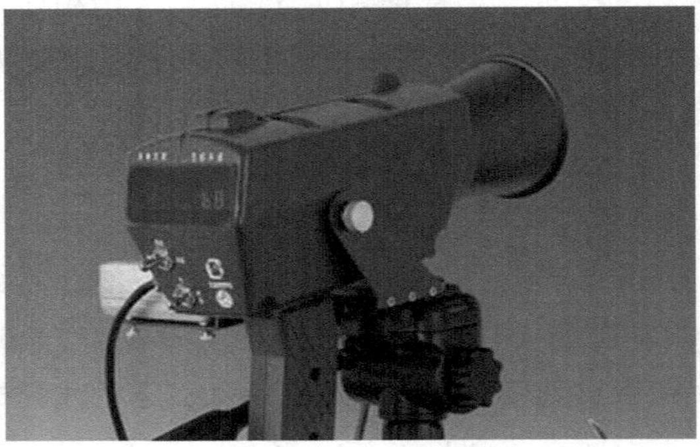

图 1-6 移动式测速仪

2. 适用情形

适用于交通警察执法时，检测机动车驾驶人驾驶车辆上道路行驶时，是否具有不按规定速度行驶的道路交通安全违法行为。

3. 使用依据

《道路交通安全法》第七条、第一百一十四条；《道路交通安全违法行为处理程序规定》第十五条至第二十一条；《行政案件程序规定》第二十三条；《交通警察道路执勤执法工作规范》第二十七条。

① 上海公安高等专科学校，2015. 道路交通安全违法行为处理. 2 版. 上海：上海交通大学出版社

4. 设置地点

(1)固定式测速仪，通过固定安装在道路的路政实施上(如杆架、龙门架或者测速箱)的方式进行测速，多用于快速或高速公路。

(2)移动式测速仪，可以灵活移动进行测量，车载测速仪(见图 1-7 和图 1-8)可以安装在制式警车内或车顶；手持式测速仪(见图 1-6)可由执勤交警手持或装三脚架安放在道路上的安全、适当地点。

图 1-7　移动式车载测速仪外视图

图 1-8　移动式车载测速仪内视图

5. 使用方法

参见各型号测速仪的使用说明书。

6. 操作规程(车载式)

第一步：交通警察选定查处点位并将警车停稳。

第二步：选定取景范围并设置限速值、抓拍值、抓拍方向(来向、去向)、执法地点等参数。

第三步：开启自动抓拍模式并根据图片对摄像机参数进行调整。

第四步：剔除不符合要求的图片并将其余图片上传，由交通警察进行审核录入。

第五步：安全撤离。

7. 执法风险点

1)强制检验

作为用于收集机动车超速违法行为重要证据的测速仪，应当符合国家标准，并定期到具备质量技术鉴定法定资质的机构进行强制检验，检验合格方能在执法过程中使用，严禁使用未经检验或检验不合格的测速仪进行执法活动，同时在执法中应保证各功能有效及设置的参数正确。

2)检测要求

(1)在来车方向距离测速点 500m 以外应当有明显的限速标志，使用移动便携式交通标志的，应当符合显著、清晰、明确的视认要求。

(2)测速车辆应当停放于路侧明显位置，不得影响其他车辆正常通行，不得遮挡或者掩盖。

(3) 使用移动式测速设备时，必须由执勤交警操作，并按规定着当季执勤服；使用车载移动测速设备时，应当使用制式警车。

(4) 在高速公路上现场查处违反限速规定道路交通违法行为的，测速点与查处点之间的距离不少于 2000m，查处点应当设置在收费站、服务区、停车休息区等场所。

3) 证据固定

移动式测速设备作为处理依据的交通技术监控设备，收集的违法行为记录资料应当清晰、准确地反映机动车类型、号牌、外观等特征以及违法时间、地点、事实。

8. 常见问题的处理

移动式测速设备记录或者录入道路交通违法信息管理系统的违法行为信息，有下列情形之一并经核实的，应当予以消除：警车、消防车、救护车、工程救险车执行紧急任务的；机动车被盗抢期间发生的;有证据证明救助危难或者紧急避险造成的；现场已被交通警察处理的；因交通信号指示不一致造成的；不符合本规定第十八条规定要求的；记录的机动车号牌信息错误的；因使用伪造、变造或者其他机动车号牌发生违法行为造成合法机动车被记录的；其他应当消除的情形。

(四) 反光锥筒

1. 反光锥筒的界定及种类

反光锥筒是供交通警察依法履行职责时，用于临时分隔车流、引导交通，指引车辆绕过危险路段，保护施工、事故现场和人员的防护装备。反光锥筒的本质材料多为塑料，但是最小的质量为 0.5kg，且体积偏大，最小的尺寸为高度和直径均大于等于 50cm。

目前实战中常用的反光锥筒，分为固定式(见图 1-9)和伸缩式(见图 1-10)两种。

图 1-9　固定式反光锥筒

图 1-10　伸缩式反光锥筒

2. 适用情形

当出现以下情形之一时，交通警察可以使用反光锥筒：

(1) 设置事故现场勘查作业区的；

(2) 设卡例行检查需要压缩车道的；

(3) 突发事件点位、地段需要封闭隔离的；

(4) 大型活动保障的；

(5)雨、雪、雾、霾等恶劣天气条件临时交通管制的；

(6)执行缉查布控任务的；

(7)道路出现坍塌、坑槽、水毁、隆起等损毁或者交通信号灯、交通标示、交通标线等交通设施损毁、灭失的，危及交通安全，尚未设置警示标示的；

(8)其他需要使用的情形。

3. 使用依据

《交通警察道路执勤执法工作规范》第二十七条、第七十条；《交通警察执勤执法安全防护规定(试行)》第七条、第十二条、第十三条、第十四条、第十七条、第二十七条、第二十八条。

4. 携带

实战中需求量比较大，执勤交警个人或两轮警用摩托车没有储存空间，不便于携带，一般由四轮警用车辆运载，执勤执法时放置于警用车辆后备箱内。

5. 使用方法

摆放反光锥筒时，要充分考虑封闭隔离的实际情况，由远及近、由疏及密连续摆放反光锥筒以及其他安全防护设施，合理设置警戒区、过渡区、检查处置区等，反光锥筒最大间隔不得超过20m。

城市快速路、主干道及普通公路执勤点，应当在距执勤点来车方向至少200m处开始设置警告标志、警示灯，间隔设置减速提示标志、反光锥筒等安全防护设施。高速公路执勤点，应当在距收费站、服务区、停车休息区来车方向至少200m处连续设置停车检查提示牌、警告标志和警示灯、反光锥筒等安全防护设施。

在高速公路实施交通管控分流时，应当派出布控警车，并在距分流匝道出口至少500m外设置反光锥筒和提示、警告、减速标志，引导车辆驶入匝道。

在夜间或者遇有雨、雪、雾、霾、冰冻等道路通行条件恶劣时，确因工作需要设点执勤的，在普通公路上执勤时，应当在距执勤点来车方向至少500m处开始设置警告标志、警示灯，间隔设置减速提示标志、反光锥筒等安全防护设施；在高速公路执勤时，应当在距收费站、服务区、停车休息区来车方向至少2000m处开始设置警告标志、警示灯，间隔设置减速提示标志、反光锥筒等安全防护设施。

6. 操作规程

第一步：判断。及时观察现场，判定是否需要进行警戒、拦截或紧急分流管制，以及需要使用反光锥筒封闭隔离的范围，预估所需反光锥筒的个数，并依此判断反光锥筒的摆放位置、摆放距离和摆放长度。

第二步：操作。根据不同的场景，摆放反光锥筒。

第三步：引导。执勤交警根据需要对人员和车辆进行疏导、分流、检查。

第四步：观察与调整。现场执勤交警要注意观察，确定事故险情是否排除、交通流量是否恢复正常、人员和车辆是否得到有效控制，视情况调整摆放位置。

第五步：撤除。警情结束后，从来车方向由近及远撤除反光锥筒等安全防护设施。

7. 执法风险点

1)人员安全

交通警察在使用反光锥筒时，应以保证自身安全防护为第一目标，并尽量减少对其他公民、单位正常活动的妨碍。

交通警察在道路上设置执勤点或事故现场处置时，应当在来车方向由远及近、由疏及密连续设置反光锥筒以及提示、警告标志等安全防护设施，反光锥筒最大间隔不得超过 20m；撤除安全防护设施时应当由近及远进行。

2) 装备性能

夜间及能见度不良的情况下使用反光锥筒的，应当确保反光膜完好，可配置主动发光装置及防闯入预警设备；主动发光反光锥筒要在使用前，尤其是夜晚或能见度低的环境中，需要检查和确认主动发光反光锥筒的发光源是否能正常工作，如果不能应当更换和维修，确保其性能完好。

8. 常见问题的处理

根据《交通警察执勤执法安全防护规定(试行)》的有关规定，摆放反光锥筒时，锥筒与锥筒之间最大间隔不得超过 20m。如何较为准确地计算 20m 的距离，可以通过以下几种方法解决：

(1) 通过各种计量器进行丈量，如卷尺、皮尺或测距仪。

(2) 通过道路上的地面物体判定距离，国家标准 GB 5768—2009《道路交通标志和标线》标明：可跨越对向车行道分界线为单黄虚线，是由黄实线段与空白段组成的虚线，线段及间隔长分别为 4m 和 6m，每一组黄实线段与空白段的距离为 10m，两组即 20m。

(3) 通过道路设施的路标或标志牌，如高速公路路肩上安装的“车距判断”标(线)牌(每个间隔 50m，见图 1-11)，路肩护栏上标注的公路距离标牌(每个间隔 100m，见图 1-12)；省道以下公路，可以根据公路界桩中的百米里程碑来判断(见图 1-13)。

图 1-11 车距判断标线牌

图 1-12 公路距离标牌

(五) 阻车路障

1. 阻车路障的界定及种类

阻车路障是供交通警察在依法履行职责时，用于隔离双方人员、封闭道路、阻碍车辆通过、防止非法人员冲击重要部位的移动式隔离障碍物。根据制作材料，可分为混凝土(见图 1-14)、金属和塑料填沙桶及注水桶(见图 1-15)等①。

(a)

(b)

图 1-13　里程碑

图 1-14　混凝土阻车路障

图 1-15　充填式阻车路障

2. 适用情形

当出现以下情形之一时，交通警察可以使用阻车路障：

(1)设置事故现场勘查作业区的；

(2)设卡例行检查需要压缩车道的；

(3)突发事件点位、地段需要封闭隔离的；

(4)大型活动保障的；

(5)雨、雪、雾、霾等恶劣天气条件临时交通管制的；

(6)执行缉查布控任务的；

(7)道路出现坍塌、坑槽、水毁、隆起等损毁或者交通信号灯、交通标示、交通标线等交通设施损毁、灭失的，危及交通安全，尚未设置警示标示的；

(8)其他需要使用的情形。

3. 使用依据

《交通警察道路执勤执法工作规范》第三十三条、第三十四条；《交通警察执勤执法

① 张雪梅，赵学刚，郝美英，等，2014. 道路交通管理警务基础教程. 太原：山西人民出版社

安全防护规定(试行)》第十七条、第十八条、第二十一条。

4. 携带

不同种类的阻车路障，根据不同的需要进行运存，有些阻车路障相对较重，一般固定安装在指定地点，如混凝土、金属(升降式)的阻车路障；塑料的阻车路障相对较轻，可以放置在大中型运输车辆内，根据需要机动安放。

5. 操作规程

第一步：按照阻隔方向，将每个阻车路障依次连接摆放成一条直线或圆环状，阻车路障的使用长度需要根据隔离位置的长度与宽度确定。

第二步：摆放好后需要注意固定移动轮，切勿在使用时移动。

6. 常见问题的处理

1)搬运工具

常见的阻车路障体积较大、质量沉重，靠个人的力量难以搬运，因此必须准备一些搬运工具，并保障移动轮正常转动，确保阻车路障在使用时能够灵活搬运、及时就位。

2)日常维护

阻车路障因体积、质量问题，一般不常移动，或者存在库房，或者堆放在现场，风吹日晒雨淋，会出现各种程度的损坏，使用者应注意定期维护，保持外观光亮，确保被阻拦者能够清楚辨认。

(六)拦车破胎器

1. 拦车破胎器的种类

拦车破胎器(以下简称破胎器)是人民警察依法拦截和检查机动车时，对机动车实施阻截和控制的装备器材。常见类型包括便携式破胎器(见图 1-16)、简易式破胎器(见图 1-17)和遥控式破胎器。

图 1-16　便携式破胎器

2. 适用情形

交通警察制止违法犯罪行为，可以采取强制手段，当出现以下情形之一时，交通警察可以使用破胎器：

(1)执行治安或刑事案件涉案车辆堵截任务情况紧急的；

图 1-17　简易式破胎器

(2) 驾车强行冲越交通警察为履行职责设置的警戒线的；

(3) 公安交通管理部门设卡例行检查时，在设有明显路障及提示、警告标志的情况下，驾车强行闯卡的；

(4) 驾车冲撞、拖带执行职务的交通警察或交通协管员的；

(5) 机动车处于停止状态，拒不服从指令配合检查的；

(6) 查处涉嫌使用伪造、变造、其他机动车号牌以及酒驾、毒驾、交通肇事逃逸车辆时，经明确示意拒不停车接受检查的；

(7) 其他不破胎阻截会严重危及公共安全的情形。

交通警察执勤执法中不得使用破胎器的情形：

(1) 正在行驶的两轮车辆、载有乘客的客运车辆、载有货物的货运车辆、载有危险物品的危险物品运输车辆；

(2) 在高速公路及设有陡坡（下坡方向）、急弯、临崖、临水标志的、视线不良的道路上行驶的。

3. 使用依据

《中华人民共和国人民警察法》（以下简称《人民警察法》）第十一条；《交通警察道路执勤执法工作规范》第二十七条、第五十九条；《交通警察执勤执法安全防护规定（试行）》第七条、第二十一条。

4. 携带

便携式破胎器应置于袋内，手柄朝上佩戴于交通警察侧后方的警用多功能腰带上。简易式破胎器、遥控式破胎器应放置于警用车辆的后备箱内。

5. 操作规范

(1) 便携式破胎器。主要应用于车辆处于停止状态或车速较低时控制车辆，应尽量成对使用，分别置于同一车轮的前后两侧，防止车辆向前或向后移动。放置时，应当注意将标有“此面向下”字样的一侧朝向地面。

(2) 简易式破胎器。可采用抛撒法和脚踢法两种方式。抛撒法指交通警察手持破胎器位于道路一侧，收到实施破胎的指令后，迅速将破胎器抛至车辆行驶的道路上。脚踢法指预先将破胎器一端固定在反光锥筒上，在来车方向一侧沿路铺设破胎器，收到实施破胎的指令后，迅速将隔离帽踢向道路中央。

(3) 遥控式破胎器。尽可能选择平整路面铺设，根据其遥控展开所需时间控制操作时机。

6. 战术要领

1) 选择点位

堵截点应选择路况和视线良好、具备停车检查条件的路段，尽量处于监控设备可视范围内。

2) 压缩车道

根据道路条件，在确保安全的前提下，自来车方向在道路右侧边沿依次设置减速区、拦截区、处置区、破胎区，通过压缩车道的方式降低车速；并使用反光锥筒连接各区域，减速区设置长度不少于 100m。拦截区应设有明显的“闯卡破胎”警告标识，破胎区与拦截区距离不应多于 50m，以限制车辆提速并保证交通警察能够做出破胎反应，同时破胎区附近应准备警用车辆待命。

3) 实施破胎

拦截区交通警察应通过指挥手势或停车示意牌明确示意车辆停车接受检查，破胎区交通警察应密切关注拦截区车辆动态，随时做好破胎准备。发现车辆闯卡或接到拦截区交通警察指令后，立即使用破胎器实施破胎。

4) 控制人员

车辆破胎后仍能够驶出一定距离，现场交通警察应当快速反应并驾驶警用车辆尾随，待车辆被迫停车后迅速控制驾乘人员，防止违法行为人弃车徒步逃逸。对驾驶人及车辆应当落实安全检查，对驾驶人可以使用手铐等约束性警械进行约束。

5) 拖移车辆

使用清障车将破胎的车辆拖移至公安交通管理部门指定地点停放。

7. 常见问题的处理

1) 静态车辆控制

对于嫌疑车辆处于停止状态，驾驶人拒不落窗开门配合检查的，交通警察应当首先指挥其他车辆进行围堵，随后将便携式破胎器或简易式破胎器放置于该车前轮前侧，携带两个破胎器放置于一个前轮的前后两侧，并警告驾驶人：**“我已放置破胎器，不要移动车辆，立即下车！”**

在设置破胎器后，嫌疑车辆放弃逃逸，接受执勤交警执法后，应当及时收回破胎器；如果嫌疑车辆继续行驶，破胎器将破坏嫌疑车的充气车胎，使其失去原有的功能，无法正常移动。

2) 应急破胎

紧急情况下来不及采取上述预先设卡措施的，应当通过拦截其他车辆的方式阻停目标，或者通过强光照射的方式降低嫌疑车的车速，再实施破胎。

3) 警戒与安全

应当设立警戒区域，及时疏散破胎区域周边围观人员，提示在场和围观人员存在的危险性，特别是车流量大时，应谨慎使用破胎器，避免因破胎造成车辆失控或车辆强行逃逸伤及无辜，并对目标车辆后方来车及时进行控制，保持安全距离，防止发生误破胎的情况或引发交通事故。

4）专人专管

执行拦截检查任务时，应当安排专人使用破胎器，保持高度警惕戒备，严防车辆突然变向行驶，做好自身安全防护。

（七）便携式警用对讲机的规范使用导引

1.便携式警用对讲机的界定及种类

便携式警用对讲机又称警用无线对讲机（以下简称警用对讲机），是专门为公安、检察、法院、司法、安全、海关、军队、武警八个部门进行无线通信业务选配的对讲机。国家无线电管理部门为了确保以上特殊部门通信业务的安全，专门规划出若干组频率供其使用。警用对讲机有多种型号，详见公安部《公安移动通信网警用自动级规范》的要求。

警用对讲机分为手持型（见图 1-18）和车载型（见图 1-19），本节主要介绍手持型警用对讲机。

图 1-18　手持型警用对讲机

图 1-19　车载型警用对讲机

2. 适用情形

交通警察在道路上执勤、查处交通违法行为、处理交通事故以及处置突发事件等任务时，应当佩戴、使用警用对讲机。

3. 使用依据

《道路交通安全法》第七条；《交通警察道路执勤执法工作规范》第二十六条；《交通警察执勤执法安全防护规定（试行）》第六条。

4. 佩戴

警用对讲机应当佩戴在交通警察左（右）肩部或者腰部等有利于取得最佳声音效果的位置（见图 1-20、图 1-21），注意送话器不要被反光背心或其他物件遮挡。

图 1-20 警用对讲机佩戴位置

图 1-21 多功能腰带

交通警察在现场执法取证时，也可手持警用对讲机进行通话(见图 1-22)。

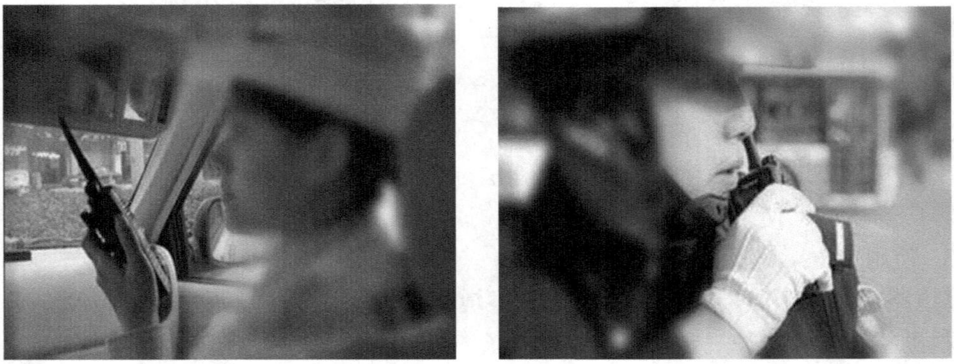

(a) (b)

图 1-22 通话方式

5. 操作规程

第一步：阅读。使用前，请仔细阅读所列装的警用对讲机的产品说明书。

第二步：检查。 警用对讲机使用前，请检查其外观是否完好无损，天线、电池板等各附件是否安装到位。

第三步：开机试音。开启警用对讲机开关，检查其电量是否充足，液晶显示屏是否正常工作，通信指示灯是否为黄色或绿色(有信号)；再检查扩音器与其控制旋钮是否正常送音和扩音。

第四步：规范通话。在使用警用对讲机通话过程中，应当规范用语，尽量使用普通话且用语精练，并吐字清晰。

第五步：遵守规定。在使用警用对讲机通话过程中，必须遵守有关规定，通话中应使用专业术语，执行特殊勤务时，还应注意通信保密，应当使用暗语或代码；不得谈论与工作无关的问题，严禁嬉笑打骂并长时间占用通信频道。

第六步：妥善保管。警用对讲机应当安排专人专管，使用装备箱存放于专用地点，领取与送还时，应当及时登记；使用中出现损坏，应及时报送、维修。

6. 执法风险点

1) 时间校准

交通警察使用警用对讲机时，在开机后，必须注意检查该装备显示的日期、时间是否准确，如果发现不准或不能自动校准，应当进行时间校准。目前，使用的警用对讲机基本具备 GPS 定位和紧急报警功能，校准时间是为了便于紧急情况下联络与定位。

2) 发送延时

警用对讲机的型号不断更新换代，目前使用的多为数字式对讲机，例如，摩托罗拉 MTP850，其通话发射键有延时现象。因此，使用时应按下发射键 2s 后，再向送话器发送语音，否则对方将无法接收到完全的通话内容，尤其是前半部分。

3) 防止干扰

警用对讲机不但具有收发音频功能，而且送话器非常灵敏。因此，交通警察执勤执法时，为获取警用对讲机最佳通话音频效果，应尽量避免受到噪声干扰，如远离各种笛声、噪声以及降低车载警报器的音量等。

注意不要在强磁场附近使用警用对讲机，有可能会导致接收干扰或者设备故障，如避免将警用对讲机与磁性物质放置在一起，远离大功率扩音器、雷达测速仪等。为避免电磁干扰或电磁兼容引起的问题，在贴有“关闭对讲机”标识的场合应关闭对讲机，如医院或其他使用保健医疗设备的场合。

4) 防护防范

交通警察使用警用对讲机时，应注意避免随意敲击或碰撞该装备，以免造成设备损坏或数据丢失，如果发现该对讲机已经损坏，请不要再进行任何操作，并请联系维修人员。因恶劣天气、设备故障等特殊情况无法正常使用警用对讲机的，交通警察应当立即用其他途径向上级领导报告并做好记录。

另外，交通警察应当树立防范意识，执勤执法时注意保护警用对讲机的安全，避免遭遇不法人员的抢夺或有意损坏。

5) 使用环境

在带有安全气囊的汽车上，不要将警用对讲机放在气囊展开时可能涉及的范围内。

如果警用对讲机处于气囊展开时可能涉及的区域范围，一旦气囊迅速展开，对讲机可能会随着极大的冲击力伤及车内的人员。

在潜在爆炸的大气环境或场合下，除非对讲机是通过特殊认证的，否则必须关闭对讲机。在潜在爆炸大气环境中，电火花会导致爆炸或火灾；也不要在潜在爆炸的大气环境下更换电池或对电池充电，安装和拆卸电池时可能会引起接触电火花并导致爆炸。

7. 常见问题处理

1）通话效果

当收发信号不清晰时，使用者可变换对讲机所在的位置，做前后左右移动，寻找最佳通信位置；行驶中使用对讲机，可利用放慢车辆行驶速度或停止行驶方法，增强灵敏度、提高通话效果；为使通话对方获得清晰的语音效果，使用者发送语音时，对讲机应离唇部 5~10cm。

2）防水防潮防冻

警用对讲机品种型号繁多，并不是都具有防水功能，即使防水也是有限范围内防水，故遇雨、雪等恶劣天气时，交通警察应注意防水防潮防冻；不得将警用对讲机长期置于潮湿、低温或高温环境使用，否则可能造成损坏或者会缩短产品的使用寿命。

3）保证电量

警用对讲机若长时间不用，再次使用前，请提前充满电；交通警察应注意及时充电，避免执勤执法工作中出现电量耗尽，请务必使用警用对讲机配备的电源适配器对警用对讲机充电。

电池装在对讲机上时可以充电，但必须将对讲机关机，以保证电池充满；在非充电状况下，不要把对讲机和电池留在充电器上。连续不断地充电将缩短电池寿命，请勿将充电器当作对讲机座架。

4）外接送话器

为了避免交通警察在执勤中遗失或损坏警用对讲机，警用对讲机往往安放在多功能腰带的专用防护套中，并用绳扣固定，这样虽然更好地维护了对讲机，但是增加使用警用对讲机的耗时，尤其在突发情况时，极有可能延误战机。因此，通过外接送话器（含扬声器），可以解决这种问题（参见图 1-20，左一民警配置）。

三、实训情境的设定

（一）单一装备的实训

1. 执法记录仪实训

1）实训要求

记录的视频和音频必须能全面、客观、较为清晰地反映整个执法过程，关键环节的视频和音频必须清晰有效，且能作为法定证据，如驾驶人的相貌、驾驶机动车驾驶过程、车辆号牌及相关特征、现场呼气式酒精测试过程、酒精测试值和执勤交警的规范执法用语。

从以下几个方面对学生（员）执法记录仪的实训情况进行观测：

(1) 正确的佩戴和记录方式；
(2) 正常开机、正确使用的技能；
(3) 每次使用执法记录仪时的规范用语；
(4) 记录的视频和音频的证据；
(5) 是否及时保存资料。

2)情境设定

201×年××月××日上午九时，一组执勤交警配备各类警用装备，在有监控设置的某路段设置执勤点，检查过往车辆是否正常行驶。这时一辆临近执勤点的小型客车突然急刹车，停在距离执勤点100m左右的车行道中，驾驶人关闭了车窗，拒不下车。

① 执勤交警应当采取何种方式使用执法记录仪，肩配或手持？
② 执勤交警使用执法记录仪应当记录哪些元素作为合法证据？
③ 执勤交警在行进或奔跑时，如何使执法记录仪保持画面相对清晰？
④ 车内光线较暗，执勤交警应当采取何种方式，使执法记录仪记录到驾驶人相对清晰的体貌特征？

3)实训时间要求

本技能的实训课时应当不少于1课时。执法记录仪在实训中，每小组学员中，至少有2名学员佩戴执法记录仪，根据执法记录仪的操作要求，进行执法全过程记录。

2. 酒精测试仪

1)实训要求

呼气式酒精测试仪的实训观测点：

(1)启用以前的检查，包括强制检验的期限、主机性能完好度、主机内时间校对和附件数量；
(2)呼气式酒精测试仪正常开机后的主、被动检测模式切换；
(3)呼气式酒精测试仪一次性吹嘴的使用；
(4)当事人主动测试的吹气要领；
(5)测试结果的打印与填写；
(6)执勤交警使用呼气式酒精测试仪的规范用语；
(7)呼气式酒精测试仪使用过程中的证据固定。

2)情境设定

201×年××月××日上午九时，一组执勤交警配备各类警用装备，在有监控设置的某路段设置执勤点，成功拦截一辆小客车后，发现驾驶人涉嫌酒后驾车。

① 执勤交警应当采取何种措施来确认当事人是否“酒驾”？
② 现场测试过程中，执勤交警需要注意哪些事项？
③ 执勤交警在现场测试过程中，需要说哪些话语？
④ 执勤交警在现场测试过程中，当事人拒绝承认测试结果或拒不配合怎么办？

本技能的实训课时应当不少于2课时。

3. 移动式测速仪

1）实训要求

移动式测速仪在实训中观测点：

(1) 启用以前的检查，包括强制检验的期限、主机性能完好度、主机内时间校对和附件数量；

(2) 移动式测速仪取证时架设地点和操作人员的安全位置；

(3) 移动式测速仪取证时架设地点，按规定设置各类交通标志的法定距离（可以用辅助标志牌模拟）；

(4) 使用移动式测速仪取证时，操作人员的身份和人数；

(5) 移动式测速仪取证时，抓拍图片的张数、画面要求必须符合法律规定。

本技能的实训课时应不少于 1 课时。

2）情境设定

201×年××月××日上午九时，一组执勤交警配备各类警用装备，在有监控设置的某路段设置执勤点，发现一辆小客车涉嫌超速行驶。

① 执勤交警应当采取何种措施来确认当事车辆超速？

② 执勤交警若要使用移动式测速仪执法，需要事先注意哪些事项？

③ 执勤交警在使用移动式测速仪执法过程中，需要注意哪些事项？

④ 执勤交警在使用移动式测速仪执法过程中，需要哪些规范用语？

移动式测速仪在实训中，可按照 2～3 个小组学员至少配备 1 台呼气式酒精测试仪。

4. 反光锥筒与阻车路障

反光锥筒与阻车路障可以结合在一起实训，在实训中，可按照 2～3 个小组学员配备反光锥筒、阻车路障各 10 只。

1）实训要求

反光锥筒与阻车路障在实训中的监测点：

(1) 使用前，对装备是否良好、符合标准进行确认；

(2) 设置反光锥筒与阻车路障地点的选择；

(3) 设置反光锥筒与阻车路障的数量和距离；

(4) 设置反光锥筒与阻车路障的方法和人员防护。

本技能的实训课时应当不少于 1 课时。

2）情境设定

201×年××月××日上午九时，一组执勤交警配备各类警用装备，打算在某一段设置执勤点，开展执法活动。

① 执勤交警应当如何正确选用反光锥筒与阻车路障？

② 反光锥筒与阻车路障的数量有限，执勤交警应当如何合理分配反光锥筒与阻车路障？

③ 使用反光锥筒与阻车路障，都有哪些必须遵守的规范？

④ 执勤交警在执法过程中，如果没有反光锥筒与阻车路障，该怎么办？

5. 破胎器

1）实训要求

破胎器在实训中的监测点：

(1) 使用前，对装备是否良好、符合标准进行确认；

(2) 区分手动与遥控破胎器的不同操作要领；

(3) 启用破胎器前提条件；

(4) 设置破胎器地点的警告标志；

(5) 执勤交警实施破胎器前的警告语言；

(6) 启用破胎器前后的安全防护；

(7) 回收破胎器的规范操作。

本技能的实训课时应当不少于 1 课时。

破胎器在实训中，可按照 2～3 个小组学员至少配备 1 台破胎器。

破胎器规范操作实训过程，一定要注意安全操作，而且较难真实地实施破胎过程，因此以摆放与设置为主。

2) 情境设定

201×年××月××日上午九时，一组执勤交警配备各类警用装备，打算在某一段设置执勤点，开展执法活动。这时一辆临近执勤点的小型客车突然急刹车，停在距离执勤点 100m 左右的车行道中，交警正准备上前检查该车，突然，发现该车正在加大油门，企图高速闯卡。

① 执勤交警可否选用破胎器？

② 执勤交警如果启用破胎器，都有哪些前提条件？

③ 执勤交警启用破胎器前，都有哪些准备工作？

④ 执勤交警如果启用破胎器，都有哪些必须遵守的规范用语？

⑤ 执勤交警如果启用破胎器，应当注意哪些安全防护事项？

6. 警用对讲机实训

1) 实训要求与情境

警用对讲机的实训观测点：

(1) 正确的佩戴位置；

(2) 正常开机、正确使用的技能；

(3) 每次使用警用对讲机时的规范用语；

(4) 通话时的语音信息报送清晰度；

(5) 是否注意通信保密。

本技能的实训课时应不少于 1 课时。

警用对讲机在实训中，每小组学员中，至少有 2 名学员佩戴警用对讲机，根据警用对讲机的操作要求，进行规范实训。

2) 情境设定

201×年××月××日上午九时，一组执勤交警配备各类警用装备，打算在某一段设置执勤点，开展执法活动。这时一辆临近执勤点的小型客车突然急刹车，然后就地调头，高速驶离。

① 执勤交警应当采取何种措施，来协调其他岗位的执勤交警协查当事车辆？

② 执勤交警应当采取哪些规范用语，使用警用对讲机？

③ 执勤交警应当通报哪些元素给其他岗位的执勤交警？

④ 执勤交警应如何确保语音信息报送清晰度？

（二）综合情境

1. 情境设定

某日下午二时许，一组执勤交警配备各类警用装备，在有监控设置的某路段设置执勤点，检查过往车辆是否正常行驶。这时一辆临近执勤点的小型客车突然急刹车，停在距离执勤点100m左右的车行道中，然后急速倒车；执勤交警小张凭着多年的实战经验，判断该车有重大违法或犯罪嫌疑，立刻只身急速奔跑沿着该车倒车路线追击，大约15s时间，就到达了该车车头位置，而该车由于后方还有来车，被迫停车；但是交警小张透过驾驶室前挡风玻璃看到，车内的青年男性驾驶人A正在与副驾驶位置的女子B快速换位。

这时交警小张正要将随身佩戴的执法记录仪对准该男子A，却见该男子A用左手捂住面部，右手试图打开右侧车门，交警小张一个纵身越过车头，跳到右侧车门边，用身体堵住了右车门。这时其他交警陆续赶到车前，该男子A眼见无法脱身，干脆将车门锁死，坐在车内闭目养神，对交警置之不理。由于该车已无法继续行驶，陆续引来了一些围观群众，此时该车驾驶座上的女子B打开左侧车门，下车与交警交涉，同时指责交警小张无端拦截该车，涉嫌滥用职权并造成险情。

由于该车左侧车门已打开，交警小张和同事以及几位围观的群众，都闻到了车内浓烈的酒精味道；但是该车内的一对男A女B当事人均否认涉嫌酒后驾驶机动车，同时要求交警举证，该女子B声称该车一直由自己驾驶且主动要求酒精检测。

这时交警小张请其他同事接替自己执法、监管当事人，自己取下佩戴的执法记录仪快速回放视频画面，通过回放视频，发现该段视频中，由于自己的急速奔跑，只是拍摄到该车的外观轮廓、颜色，车牌号码并不清晰，但是车内男A女B换位的动作却记录得比较清晰；这时交警小张以此要求对该男子A进行酒精测试，男子A拒不配合现场酒精测试，并试图逃逸，交警小张上前拦截，被同车女子B拦腰抱住并同时高喊“警察打人了”……

最终，男子A被测试的结果达到了饮酒后驾驶机动车的数值，执勤交警对其违法行为进行了查处。

综合训练的观测点：

① 本实训场景中，是否可以在道路上随机选择执勤地点？

② 本实训场景中，一共需要几种警用装备？

③ 执法记录仪即单警执法视音频执法记录仪如何规范使用？

④ 呼气式酒精测试仪应当何时启用？如何规范操作？

⑤ 本实训场景中，是否涉及警用对讲机和测速仪的规范使用？

⑥ 本实训场景中，反光锥筒怎么摆放？需要多少数量？

⑦ 本实训场景中，是否需要阻车路障？如果需要，怎么摆放？需要多少数量？

⑧ 本实训场景中，是否必须使用破胎器？需要说明理由。

⑨ 交警小张是否可以执勤中途中断执法记录仪？

⑩ 交警小张拍摄的前端视频是否可以认定该男子 A 驾驶机动车的事实？

⑪ 交警小张拍摄的前端视频如果可以作为法定证据，必须符合什么条件？

⑫ 交警小张拍摄的前端视频如果不可以作为法定证据，警方应当怎么办？

⑬ 交警小张是否可以通过剪辑自己和同事的视频来作为证据？

⑭ 交警小张应当怎样做，才能将该男子 A 绳之以法？

⑮ 同车女子 B 的行为是否违法，如何利用执法记录仪举证？

⑯ 男子 A 拒不配合现场酒精测试，交警采取强制措施，带其前往医疗机构采取其血样，请问这过程，应当如何规范使用执法记录仪？执法记录仪记录此阶段执法规程，应当注意哪些要素？

四、实训器材与场地

（一）实训器材

具体实训器材见表 1-1。

表 1-1　实训器材一览表

序号	器材名称	类别	单位	数量	用途
1	当季执勤服（戴帽）	基本器材	套	人均一套	标明身份
2	仿真法律文书[①]	基本器材	套	人均一套	模拟裁决
3	《交通违法行为代码本》	基本器材	本	20	查询、学习
4	执法记录仪	基本器材	套	10	取证
5	呼气式酒精测试仪	基本器材	套	10	检测酒精含量
6	对讲机	基本器材	套	10	通信
7	多功能反光腰带（含六件套）	基本器材	套	10	执法、防护
8	反光背心	基本器材	件	10	防护
9	雷达测速仪	基本器材	套	2	测速
10	拦车破胎器	基本器材	套	2	拦截
11	反光（发光）锥筒	选用器材	只	20	防护
12	阻车路障	选用器材	只	20	防护
13	照相机	选用器材	套	10	取证
14	反光防护（防雨）服、雨鞋	选用器材	套	人均一套	防护
15	发光指挥棒（含电源）	选用器材	根	10	指挥（能见度低时）
16	停车示意牌（含电源）	选用器材	只	5	拦截
17	警戒带	选用器材	卷	5	管制
18	警示灯	选用器材	只	5	警示

续表

序号	器材名称	类别	单位	数量	用途
19	移动警务通（PDA）	选用器材	台	5	查询各类信息（含处罚）
20	大客车[②]	选用器材	台	1	运送学员
21	小客车（或模型）	选用器材	台	1～2	模拟违法车辆

①仿真法律文书：《公安交通管理简易程序处罚决定书》《公安交通管理行政强制措施凭证》《道路交通安全违法行为处理通知书》若干份（参训学员至少人均一套）；

②校外实训，除上述实训器材以外，授课教师需要提前与相关单位或部门协调，保障运送参训学员往返的交通工具，以40名学员参训为例，需要一辆45座以上的大客车。

（二）实训场地

1. 校内实训

根据场景和天气，选择校园道路或教室；部分实训内容可以选择夜课。校内道路，选择路幅较宽阔、能见度较好、人员通行较少的路段；雨天，可以在教室内运用多媒体教学设备，采用模拟场景，进行实训。

2. 校外实训

选择较为偏僻的地区和路段，避开繁华城镇、人口密集等可能危及公共安全的地点，既符合实战要求，又便于更好地开展现场教训。选择校外实训地点，还需要注意以下几个方面：①尽可能选择有视频监控和交通信号灯的路口或路段；②选择路幅较宽阔、能见度较好的路段，如果拦截违法嫌疑车辆，停车位置不得占用行车道或确实不妨碍其他车辆或人员通行；③实训地点的人行道部门尽可能宽阔些，便于街面屯兵和现场 点评。

五、实训方法与步骤

（一）实训方法

1. 实训预习

授课教师事先告知参训学员本次实训的内容，要求复习本次实训内容相关的教学内容和课堂笔记，并熟读本次实训中所需器材的使用说明书。

2. 实训手段

（1）规范讲解和演示。

（2）学员操作。

（3）学员自评与互评。

（4）教师点评。

（二）实训步骤

1. 课前准备

（1）器材保障。

每次实训前后，授课教师安排1～2组学员，前往仓库负责领取所需各类实训器材并运送到实训场地，结束后再负责归还仓库。

(2) 人员安排。

授课教师负责全程教训和监督。每次实训以一个区队为例，约 40 人，每个区队分为 5 个小组，每组 8 人，每组设立 1～2 名学员担任组长；每个小组的成员可以轮流扮演当事人，也可以相对固定该角色。

2. 实训演示

授课教师在实训伊始， 通过教师本人演示或播放视频，示范本次常用警用装备(查处机动车饮酒后驾驶机动车辆违法行为)的规范用语、程序和装备操作等方法。

授课教师在开始实训时，首先通过规范的操作流程进行演示，然后将每个小组的组长，抽取组成第一特训小组开始实训，第一特训小组的训练过程必须非常详细和规范；训练过程中，如果出现偏差和失误，应当及时纠正、讲解。训练完成以后，马上让其再重复进行一次完整、规范的实训过程，确保第一特训小组的每位成员都确实掌握了常用警用装备的规范用语、程序和装备操作等方法。在第一小组训练过程中，其他学员现场观摩并做笔记，第一小组完成训练以后，该小组成员作为小教员，回到各个小组中进行示范与训练。

3. 学员操作

所有学员根据模拟场景，进行各类常用警用装备的规范实务操作，包括正确站位、规范用语、法定程序、文书制作以及安全防护等内容；各小组每次安排 2～4 名学员进行实务操作，其他学员观摩并记录，依次轮换。

4. 教师点评

授课教师在学员实务操作过程中进行巡视，及时发现、纠正学员实务操作中的不规范之处。

每名学员在实务操作之后，进行自我点评操作中的不足和失误，其他学员进行补充和纠正；授课教师可参与点评并记录学员的发言。本实训项目结束后，授课教师对各小组的实训过程进行归纳点评。

本次实训结束后，授课教师向学员布置课后作业。

六、实训考核标准与要求

1. 实训设定情境的现场应对和处置是否合理与规范

根据前述交警执勤执法常用警用装备的操作规程、执法风险以及常见问题的处理要求，判定实训学员对实训设定情境的现场应对和处置是否合理与规范。

2. 对实训报告做出评议

实训报告是监督和评定学员实训过程与实训效果的主要依据，要求以实训小组为单位提交，各实训小组于实训结束后 2 日内提交实训报告。

实训报告可以由实训教师根据要求统一印制，于实训前发给各实习小组，由学员手写填写完成，或者制订统一电子版，由学员填写完成后提交电子版。

根据本项目实训的特点，建议各小组提交实训报告的同时，附实训过程的现场视频。

教师在实训报告评价栏(见表 1-2)中给出实训评议及成绩。

表 1-2 实训报告评价栏

<table>
<tr><td></td><td>分项目</td><td>小组测评结果</td><td>教师测评结果</td><td>综合测评结果</td><td>备注</td></tr>
<tr><td rowspan="8">实训内容</td><td>设置执勤点</td><td></td><td></td><td></td><td></td></tr>
<tr><td>执法规范用语</td><td></td><td></td><td></td><td></td></tr>
<tr><td>事实认定</td><td></td><td></td><td></td><td></td></tr>
<tr><td>证据采集</td><td></td><td></td><td></td><td></td></tr>
<tr><td>法定程序</td><td></td><td></td><td></td><td></td></tr>
<tr><td>法律文书制作</td><td></td><td></td><td></td><td></td></tr>
<tr><td>安全防护</td><td></td><td></td><td></td><td></td></tr>
<tr><td></td><td></td><td></td><td></td><td></td></tr>
<tr><td>存在问题(教师或小组成员填写)</td><td colspan="4"></td><td></td></tr>
<tr><td>改进建议</td><td colspan="4"></td><td></td></tr>
<tr><td colspan="4">本次实训测评结论
签名：　　　　日期：</td><td>A(或 B/C/D/E)</td><td></td></tr>
</table>

测评结果为 A、B、C、D、E，A≥90 /B≥80/C≥70/D≥60/E<60

实训项目二　交通警察执勤执法安全防护

一、实训目的

知识方面：规范交通警察执勤执法安全防护工作，是预防和减少交通警察执勤执法中伤亡事件发生的主要措施。通过实训，使学员了解和掌握交通警察执勤执法安全防护的相关法律法规要求，熟悉各种交通警察执勤执法装备使用的种类、性能、方法和操作规程。

能力方面：通过实训，使学员能够根据不同道路状况、气候条件以及执勤执法类型与要求，熟练运用各种安全防护装备，采取积极、有效、规范的安全防护措施，确保执勤执法时的安全防护。

素质方面：通过实训，增强学员执勤执法的风险意识和自我保护意识，进一步树立严格、规范、高效、文明的执法理念，提高作为交通警察应有的各方面素质，时时处处践行“对党忠诚、服务人民、执法公正、纪律严明”的总体要求。

二、交通警察执勤执法安全防护导引

(一)交通警察执勤执法安全防护的界定

交通警察执勤执法安全防护是指交通警察在道路上执勤、查处交通违法行为、拦截检查违法犯罪嫌疑车辆和处理交通事故时，为了预防和减少执勤执法中的伤亡事故，保障人身安全，依据《道路交通安全法》及其实施条例、《中华人民共和国人民警察使用警械和武器条例》(以下简称《人民警察使用警械和武器条例》)、《交通警察道路执勤执法工作规范》、《道路交通事故处理工作规范》、《交通警察执勤执法安全防护规定(试行)》、《交通警察执勤执法装备使用指南(试行)》等法律法规、规章规范的相关规定，规范使用安全防护装备和操作规程的工作。

根据《交通警察执勤执法装备使用指南(试行)》的要求，安全防护类装备主要有15种，即反光锥筒、阻车路障、破胎器、防护盾牌、警用防弹衣、警用防刺服、防弹头盔、警用防割手套、防化服、防毒面具、道路交通事故现场车辆闯入报警设备、发光减速带、防弹防刺服、两轮摩托车防护服、反光背心等。

(二)执勤执法安全防护的依据

(1)《道路交通安全法》及其实施条例、《人民警察使用警械和武器条例》。

(2)《交通警察道路执勤执法工作规范》《道路交通事故处理工作规范》《交通警察执勤执法安全防护规定(试行)》《道路交通事故现场安全防护规范》等相关规定。

（三）执勤执法安全防护的操作规程

1. 着装及驾车规定

1）着装规定

交通警察在执勤执法时应当按照规定穿着反光背心或者反光防护服，佩戴多功能反光腰带、发光指挥棒、对讲机、执法记录仪，根据需要携带警棍、手铐、警绳等装备。当协助执行堵截暴力恐怖犯罪嫌疑人及其驾驶、乘坐的车辆等任务时，应当根据需要携带防弹（防刺）背心、防刺手套、防弹头盔、手持照明器材、枪支弹药等装备。

2）驾车规定

交通警察驾驶警用车辆应当严格遵守道路交通安全法律法规，安全文明驾驶。汽车驾驶人应当系安全带，摩托车驾驶人应当戴制式头盔。执行任务时，车辆应当开启警灯；执行紧急任务时，可以使用警报器。遇雨、雪、雾、霾、沙尘等低能见度天气时，应当开启前照灯、示廓灯和后位灯，雾天应当开启雾灯和危险报警闪光灯。

除执行查缉违法犯罪嫌疑人、抢险救灾、处理交通事故等紧急任务外，严禁超速行驶、违法超车和违反交通信号，在高速公路及城市快速路未采取临时交通管控措施的情况下，不得通过中央隔离带开口掉头、逆行。

2. 执勤点设置规定

设置执勤点，原则上选择与交通流同方向，并且对正常交通秩序影响不大的地方。根据勤务性质设置勤务安全防护区（包括减速区、拦截引导区及检查处置区）。除执行查缉布控等紧急任务外，在雨、雪、雾、霾等能见度低和道路结冰等通行条件恶劣的情况下，原则上不得设点执勤。若设点执勤，应至少配备两名交通警察及若干交通协管员。

1）执勤点设置地点选择

（1）在城市主干道及普通公路设置执勤点，应当选择安全和不妨碍通行的地点，不得在急弯、下坡路段或者视线不良地点设置执勤点（见图 2-1）。

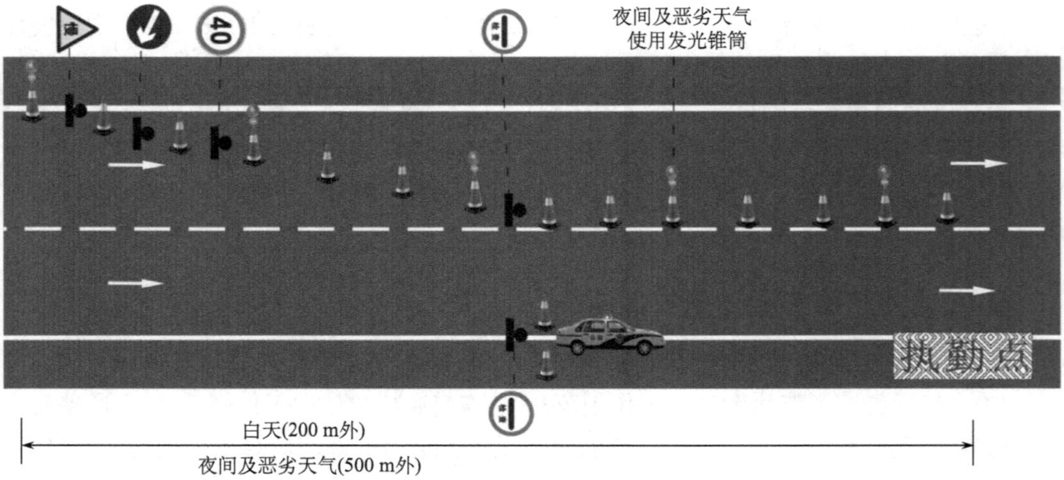

图 2-1 城市主干道及普通公路执勤点设置示意图

(2)在城市快速路设置执勤点，应当选择出入口或者匝道导流区内，非紧急情况不得在行车道内设置执勤点(见图 2-2)。

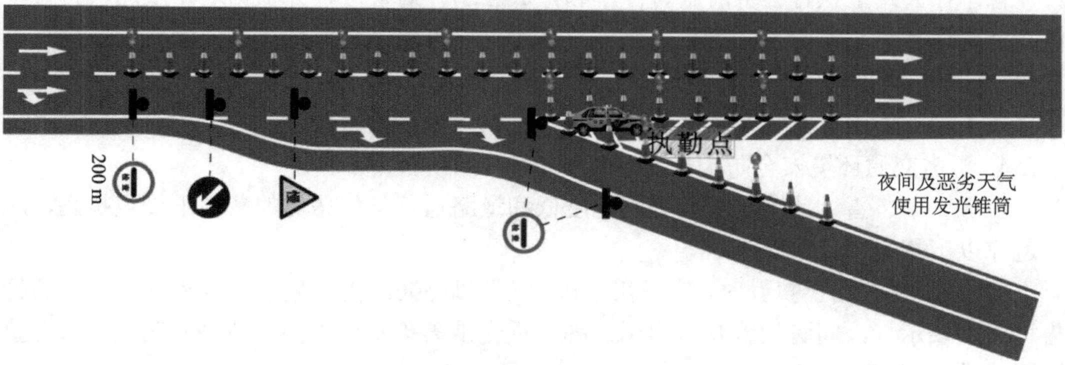

图 2-2　城市快速路执勤点设置示意图

(3)在高速公路设置执勤点，应当选择在收费站或者服务区、停车休息区，并设置车辆检查专用通道和停车区域，非紧急情况不得在行车道或者应急车道设置执勤点(见图 2-3)。

图 2-3　高速公路执勤点设置示意图

2)执勤点安全设施设置要求

设置执勤点时，应当在来车方向由远及近、由疏及密连续设置反光锥筒以及提示、警告标志等安全防护设施。反光锥筒最大间隔不得超过 20m。撤除安全防护设施时应当由近及远进行。

城市快速路、主干道及普通公路执勤点，应当在距执勤点来车方向至少 200m 处开始设置警告标志、警示灯，间隔设置减速提示标志、反光锥筒等安全防护设施。

高速公路执勤点，应当在距收费站、服务区、停车休息区来车方向至少 200m 处连续设置停车检查提示牌、警告标志和警示灯等安全防护设施。

3. 警车停放规定

警车在公路上执行公务时临时停车和停放应当开启警灯，并根据道路限速，将警车停在处置地点来车方向 50～200m 以外；必要时，可将警用摩托车横向停放，警用汽车左偏 30°顺向停放，用作现场防护。

在不影响周围群众生产生活的情况下，可以开启警报器。

4. 恶劣交通环境安全防护规定

在雾、雨、雪、冰冻及夜间等能见度低和道路通行条件恶劣的条件下设点执勤，应当遵守以下规定：

(1) 在普通公路上执勤时，应当在距执勤点至少 500m 处开始摆放发光或者反光的警告标志、警示灯，间隔设置减速提示标牌、反光锥筒等安全防护设备，并确定专人对执勤区域进行巡逻警戒。

(2) 在高速公路上执勤时，应当在距收费站、服务区、停车休息区来车方向至少 2000m 处开始摆放发光或者反光的警告标志、警示灯，间隔设置减速提示标牌、反光锥筒等安全防护设备。

(3) 在公路、城市快速路上执勤时，应当由三名(含)以上交通警察或者两名交通警察和两名(含)以上交通协管员进行，使用发光指挥棒、停车示意牌及警示灯或者发光警示器。

(四) 执勤执法安全防护的风险点和战术要领

1. 执勤执法安全防护的风险点

(1) 执勤执法时站位不正确，没有按照规定穿着反光背心或反光防护服、佩带和携带相应的执勤执法装备。

(2) 不熟悉各种安全防护装备的使用情形。

(3) 不熟练掌握各种安全防护装备的使用方法和操作规程。

(4) 携带的装备、设施不齐全，性能存在故障，影响正常使用。

(5) 不按规定驾驶车辆，现场安全防护责任不明确、安全意识不强。

2. 执勤执法安全防护的战术要领

(1) 强化日常的教育和培训，不断提高交通警察的安全防护意识和责任感。

(2) 熟悉各种安全防护装备的使用情形，熟练掌握各种装备、设施的使用方法和操作规程。

(3) 配齐相应的安全防护装备，确保性能良好。

(4) 强化相互之间的配合协调，提高安全风险意识。

(5) 加强日常的监督检查，及时发现安全防护存在的问题，并加以整改。

(五) 执勤执法安全防护常见问题的处理

交通警察执勤执法过程中，涉及安全防护问题的主要有查处道路交通安全违法行为、高速公路执勤执法、重特大交通事故现场的处置，必须严格按照各防护要求做好防护工作，确保交通警察自身和他人的人身安全。

1. 查处道路交通安全违法行为时的安全防护

在查处交通违法行为或者拦截检查车辆时，安全防护应当遵守以下规定：

(1)按照规定在执勤点摆放标志、反光锥筒等安全防护设施。

(2)使用指挥棒或者停车示意牌，夜间应当使用发光指挥棒或者停车示意牌。

(3)指挥机动车驾驶人靠路边停车并熄灭发动机，站在车辆驾驶室左侧，不得贴近车门和脚踏车辆踏板或者将头、手伸进车辆驾驶室。

(4)堵截严重交通违法行为车辆时，应当设置停车检查、减速慢行等交通标志、反光锥筒等安全防护设施；有交通信号灯的，应当提前调设红灯信号进行拦截。

(5)若遇有交通违法行为人拒绝停车或者强行冲卡，应当通知前方执勤站(点)组织拦截，交通警察不得采取站在车辆正前方拦截或抛置障碍物等危险方式强行拦截。

(6)除机动车驾驶人驾车逃跑后可能对公共安全和他人生命安全有严重威胁以外，交通警察不得驾驶机动车追缉，应当采取通知前方执勤交通警察拦截、记下车号和车辆特征等方法，事后追究交通违法行为人的法律责任。

在道路上检查酒后驾驶机动车违法行为时，应当携带呼气式酒精测试仪、约束带、警绳等装备；每个检查点应当配备不少于两名交通警察或者一名交通警察和两名交通协管员。

交通警察发现当事人可能处于醉酒状态时，应当在确保自身安全的前提下进行酒精测试；需要送医院进行抽血化验或者将当事人带至醒酒约束场所的，应当由两名以上交通警察或者一名交通警察带领两名以上交通协管员陪同前往；对行为举止失控的当事人，应当使用警绳或者约束带控制其行为。

2. 高速公路执勤执法时的安全防护

在高速公路上发现不按规定车道行驶、超速行驶、遗洒载运物、客车严重超员、车身严重倾斜等危及道路通行安全的交通违法行为时：

(1)可以通过喊话、鸣警报器、车载显示屏提示等方式，引导车辆到就近服务区或者出口接受处理。

(2)情况紧急的，在确保自身安全前提下，应当将车辆引导至应急车道进行查处纠正。

(3)执勤警车与交通违法车辆并行时，应当保持横向间的安全距离，注意前后车辆，确保行车安全。

(4)不得采取随意停车检查或者挤别交通违法车辆的方式。

3. 交通事故现场的安全防护

事故处理交警到达现场后，应与执勤巡逻交警共同做好现场安全防护。防护区应根据事故现场的大小、该路段规定的行车速度等确定。安全防护区内设警戒区和预警区，预警区设置警戒区上游来车方向前。

1)警戒区设置

(1)警戒区起始位置(见表2-1)。

① 普通道路上的警戒区起始位置，白天一般在警车停放位置来车方向前不少于50米；在夜间、雨、雾、雪、霾、沙尘等能见度不良天气条件下，或者路面湿滑、结冰等

情况下，警戒区起始位置应当在此基础上前移，距警车停放位置不少于 100m。

② 混合式道路需在现场两端来车方向按前述距离分别设置。

③ 高速公路、城市快速路的直线路段、匝道、收费路段事故现场警戒区起始位置应当距现场 200m 以外；隧道、弯道、下坡路段，以及夜间、雨、雾、雪、霾、沙尘等能见度不良天气条件下，或者路面湿滑、结冰等情况下，警戒区起始位置应当在 500m 以上。

表 2-1 警戒区设置位置及数据要求

时段 路段	白天			能见度不良天气条件下		
	警戒区 起始位置/m	警戒区 结束位置/m	临时通行 车道限速 /(km/h)	警戒区 起始位置/m	警戒区 结束位置/m	临时通行 车道限速 /(km/h)
直线路段	上游：200	下游：50	40	上游：500	下游：50	20
弯道路段	上游：500	下游：50	20	上游：500	下游：50	20
隧道路段	上游：500	下游：50	20	上游：500	下游：50	20
匝道	上游：200	下游：50	20	上游：500	下游：50	20
下坡路段	上游：500	下游：50	40	上游：500	下游：50	20
收费路段	上游：200	下游：50	20	上游：500	下游：50	20

(2) 摆放反光锥筒。

① 摆放反光锥筒应当遵循“面向来车，由远及近，远疏近密”的原则，从警戒区起始位置开始摆放，摆放时要注意观察来往车辆。

② 在分车分向式道路上设置警戒区，必须在痕迹所在地车道内来车方向，每间隔 10～20m 放置一个反光锥筒，并在允许车辆通行的一侧沿分道线设置反光锥筒。

③ 在高速公路、城市快速路设置警戒区，应在警戒区起始位置从左侧(或右侧)护栏处至事故所占车道的外侧车道分隔标线，沿约 45°斜线，每隔 1.5～2m 放置一个反光锥筒，至事故所占车道的外侧车道分隔标线，然后沿该外侧车道分隔标线，每间隔 10～20m 放置一个反光锥筒，直至事故现场散落物结束处。

(3) 设置警示标志。

① 警示标志应设置在警戒区前段，反光锥筒后 2～3m 处。

② 夜间、雨、雪、霾等能见度不良天气条件下，应使用发光警示标志。

③ 事故现场在下坡路段的，需在坡峰设置警示标志。

④ 事故现场在弯道路段的，需在弯道前方设置警示标志。

⑤ 交叉路口应根据事故现场范围和实际警戒需要，在路口不同方向设置。

⑥ 在高速公路放置警示标志时，应有专人现场负责观察，提示现场人员和过往车辆注意安全。

在有条件的地方，可在警戒区起始位置的反光锥筒上安装车辆闯入报警设备，路面临时铺设减速带。

2）预警区设置

(1)预警区起始位置。

① 普通公路预警区起始处，应设置在警车停放位置来车方向 100m 处，或距离事故现场来车方向 150m 处或者路口处。

② 预警区应从起始处开始，每隔 50m 置“前方事故，减速慢行”或“前方事故，禁止通行”等反（发）光预警标志，预警标志设置在预警区相应位置的应急车道内，面向来车方向。

③ 夜间、雨、雪、霾等能见度不良天气条件下，应延长预警区长度，预警标志应开启发光装置。

(2)高速公路、城市快速路预警区设置位置及数据要求见表 2-2。

表 2-2　预警区设置位置及数据要求

时段 路段	白天			能见度不良天气条件下		
	警戒区上游预警标志位置/m	预警区限速/(km/h)	警戒区上游100m 处预警限速/(km/h)	警戒区上游预警标志位置/m	预警区限速/(km/h)	警戒区上游 100m 处预警限速/(km/h)
直线路段	400	80	40	500	80	40
弯道路段	400	80	40	500	80	40
隧道路段	500	80	40	500	80	40
匝道	400	80	40	500	80	40
下坡路段	500	80	40	500	80	40
收费路段	400	80	40	500	80	20

3）高速公路、城市快速路警戒区、预警区设置示意图

(1)直线路段警戒区、预警区设置示意图如图 2-4 所示。

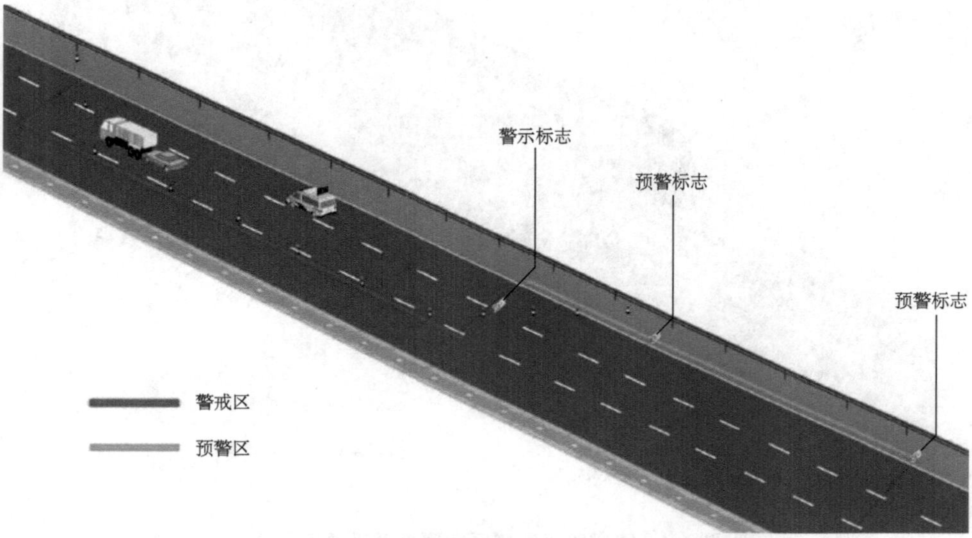

图 2-4　直线路段警戒区、预警区设置示意图

(2) 弯道路段警戒区、预警区设置示意图如图 2-5 所示。当事故地点距弯道距离小于 500m，且弯道区域视线不良时，警戒区应设置在弯道前方。当事故地点距弯道距离大于 500m 小于 1000m，且弯道区域视线不良时，预警标志应设置在弯道前方。

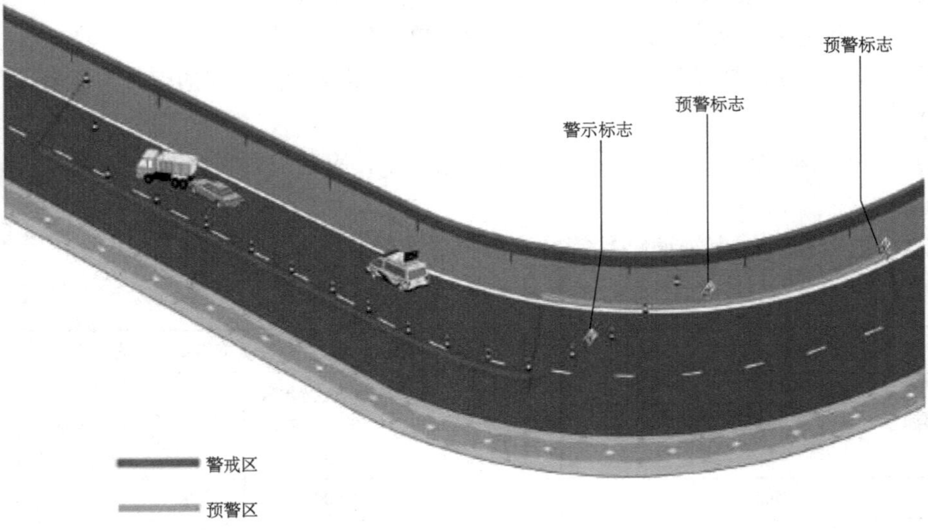

图 2-5 弯道路段警戒区、预警区设置示意图

(3) 隧道路段警戒区、预警区设置示意图如图 2-6 所示。隧道路段发生交通事故，原则上应在隧道进口处立即封闭道路，避免更大事故发生。当有条件开放通行车道时，应在隧道入口醒目安全位置设置警示标志。

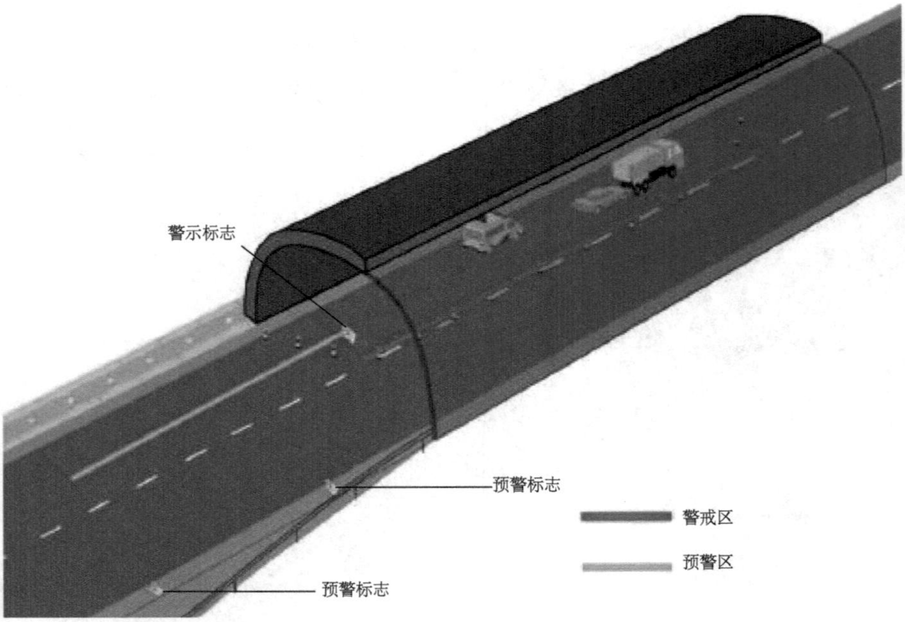

图 2-6 隧道路段警戒区、预警区设置示意图

（4）匝道路段警戒区、预警区设置示意图如图 2-7 所示。入口匝道路段发生交通事故需要封闭匝道时，应在匝道入口设置警示标志，并在进入收费站前设置警示标志提前告知。当有条件开放通行车道时，应在进入收费站前设置警示标志提前告知并按相关要求限速通行。

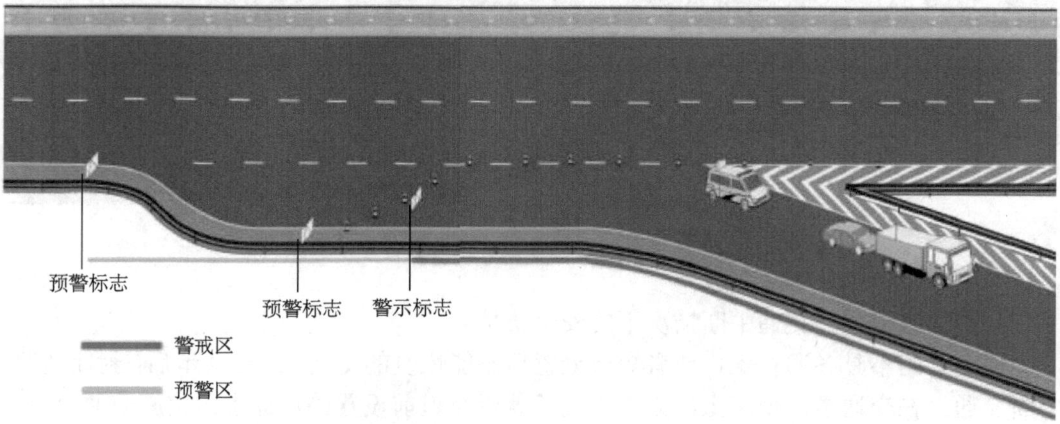

图 2-7　匝道路段警戒区、预警区设置示意图

（5）坡道路段警戒区、预警区设置示意图如图 2-8 所示。当事故地点距坡顶距离小于 500m 时，应在坡顶前来车方向设置警戒区。当事故地点距坡顶距离大于 500m 小于 1000m 时，应在坡顶前来车方向设置预警区。

图 2-8　坡道路段警戒区、预警区设置示意图

（6）收费站路段警戒区、预警区设置示意图如图 2-9 所示。当事故地点发生在驶出收费站分流过渡路段时，应封闭相应及相邻收费口并在收费口前设置警示标志，并在相应收费口至高速公路入口范围内设立警戒区。

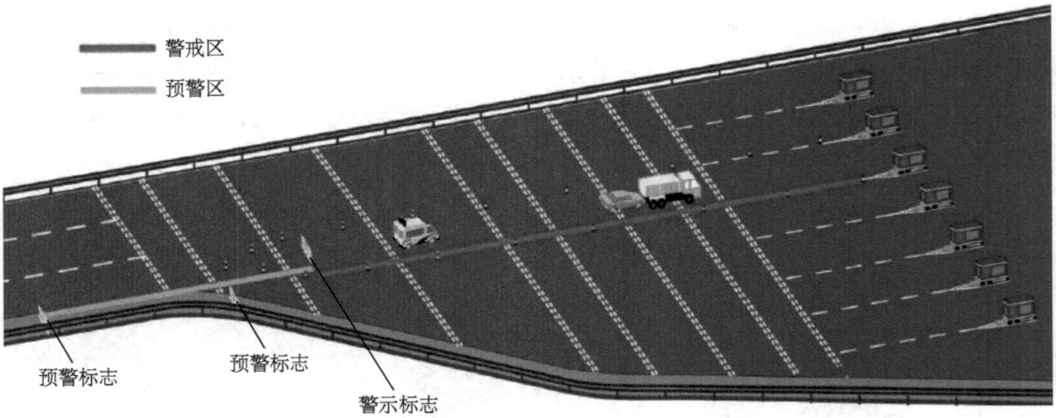

图 2-9 收费站路段警戒区、预警区设置示意图

4) 交通事故现场交通中断情况下的安全防护

现场道路不具备通行条件或者短暂处置后不能恢复的交通，经过请示后，封闭道路，中断交通。在交通事故现场上游来车方向的就近匝道前设置警示标志，实施交通分流，引导车辆绕行。

5) 危险物品车辆事故现场的安全防护

载有危险物品(易燃、易爆、剧毒、剧腐蚀、放射性物品)的车辆发生事故后，事故发生地的公安机关应当立即报告当地政府，通知有关部门，并视情在距中心现场周围1000m 外设置警示标志和隔离设施，双向封闭道路，严禁无关人员、车辆进入。当因专业施救需要移动车辆或物品时，现场勘查人员应当告知其做好标记，待险情消除后再勘查现场。严禁在险情未消除前进入现场。

6) 现场警戒与秩序维护

(1) 现场警戒。

在交通事故处理过程中，要确定专人负责安全警戒，警戒区内禁止无关车辆及人员进入。警戒区起始处警戒人员要疏导过往车辆，密切注意来车方向道路交通状况，发现险情立即通知勘查交通警察撤离。

现场区域较大的，要设置多名警戒人员。

(2) 现场秩序维护。

① 确保应急车道畅通，引导医疗、施救车辆、人员顺利出入事故现场。

② 指挥勘查、救护、救援等车辆到达现场后，应当依次停放在来车方向距现场 30 米外的道路右侧，开启警灯；夜间还应当开启危险报警闪光灯和示廓灯，相关人员应在车外路边安全地带等候，尽量减少在现场路面的停留时间。

③ 勘查结束后，执勤交警应指挥事故车辆先行撤除。能移动的事故车辆应当立即撤离，无法移动的事故车辆，应将其拖移至不妨碍交通的地点或停车场内。

(3) 撤离现场。

事故现场勘查完毕后，必须从事故车辆处由近及远、由内到外依次撤除安全防护设备。执勤交警必须在现场清理完毕、恢复交通后方可撤离。

三、实训情境的设定

(一)查处交通违法行为

(1)近一段时间以来，辖区各类交通违法行为有所增多，尤其是超速、不按规定行驶、不礼让行人、酒后驾驶、不悬挂车牌、无证驾驶等违法行为突出，由此导致的交通事故频发，给人民群众的生活带来严重影响。为此，市局决定自本月起进行为期半年的严重交通违法行为大整治。各个大队要按照市局通知要求，尽快制订方案，各辖区派出所要抽调部分民警参与整治活动。所有民警及使用的车辆必须配备足够的安全防护装备，按照规范要求使用，确保每个民警的人身安全。

假如你是执勤民警，请问：

① 查处交通违法行为时，应遵守哪些规定？

② 在城市主干道如何设置执勤点？安全防护措施有哪些？

③ 在哪些情况下可以使用发光减速带？具体怎么操作？

④ 在什么情况下可以使用破胎器？哪些情况不得使用？使用时应注意哪些事项？

(2)“十一”“中秋”双节临近，为了进一步加大我辖区道路交通秩序管控力度，营造良好的道路交通安全氛围，根据市局的统一部署和支队的要求，本周末我大队将启动“凌晨行动”，在辖区主要交叉路口重点查处假牌假证、酒后驾驶等严重违法行为。

假如你是执勤交警，请问：

① 执勤点应该怎么设置？

② 执勤点安全防护设施如何设置？

③ 警车的停放有什么要求？

④ 执勤执法过程中交警自身应该注意哪些方面？

(二)高速公路安全防范

近年来，春节前后，出行的车辆和人员比较集中，长途大巴、私家车以及部分地区出现的“摩托车大军”等，再加之雨、雪、雾、霾、冰冻等恶劣天气的影响，给高速公路交通安全带来很大影响。为此，在春运即将来临之际，各高速交警大队要根据今年的春运安全工作方案，制订本辖区春运实施方案，进一步强化安全管理措施和应急预案。同时，根据近几年春运期间发生的交警安全事故，各大队要认真分析，积极做好执勤执法过程中的安全防护工作。

假如你是执勤交警，请问：

① 高速公路执勤点的设置与安全防护有什么要求？

② 执勤时，遇雨、雪、雾、霾、冰冻等恶劣天气条件下的安全防护如何进行？

③ 执勤时，发现一运输危化品的车辆发生事故，导致危化品泄漏，你应怎样确保自身的安全防护？

④ 怎样保障执勤执法安全防护装备的正常使用？

四、实训器材与场地

（一）实训器材

反光锥筒、阻车路障、破胎器、盾牌、警用防弹衣、警用防刺衣、防弹头盔、警用防割手套、防化服、防毒面具、道路交通事故现场车辆闯入报警设备、发光减速带、防弹防刺服、两轮摩托车防护服、反光背心或者反光防护服。

1. 单警装备

所有参训学员按规定，着当季执勤服（戴帽）。

发光指挥棒、多功能反光腰带、警用文书包、反光背心、执法记录仪各 10 件；雨天或能见度低的恶劣天气，还需要反光防护（防雨）服、雨鞋，人手一套（件）。

2. 其他警用装备

反光锥筒、阻车路障各 20 只；警示灯、停车示意牌、警戒带、对讲机、（便携式）警务通、（数码）照相机、呼气式酒精测试仪（含打印机等附件）、盾牌、警用防弹衣、警用防刺衣、防弹头盔、警用防割手套、防化服、防毒面具、道路交通事故现场车辆闯入报警设备、发光减速带各 5 件；雷达测速仪（含打印机等附件）3 套；破胎器 2 套；仿真法律文书《公安交通管理简易程序处罚决定书》、《公安交通管理行政强制措施凭证》和《道路交通安全违法行为处理通知书》若干份（参训学员至少人均一份）；《交通违法行为代码本》和实训手册，人手一册。

3. 车辆

校外实训，除上述实训器材以外，授课教师另外需要提前与相关单位或部门协调，保障运送参训学员往返的交通工具，以 40 名学员参训为例，需要一辆 45 座的大客车。

校内或校外实训，均需要模拟违法车辆（或模型）1 或 2 台。

（二）实训场地

1. 校内实训

根据实训情境设定和天气条件，选择校园道路或实验实训室；部分实训内容可以选择夜课。校内道路，选择路幅较宽阔、能见度较好、人员通行较少的路段；雨天，可以在实验实训室运用多媒体教学设备，采用模拟场景，进行实训。

2. 校外实训

选择较为偏僻的地区和路段，避开繁华城镇、人口密集等可能危及公共安全的地点，既符合实战要求，又便于更好地开展现场教训。选择校外实训地点，还需要注意以下几个方面：

（1）尽可能选择有视频监控和交通信号灯的路口或路段。

（2）选择路幅较宽阔、能见度较好的路段，如果拦截违法嫌疑车辆，停车位置不得占用行车道或确实不妨碍其他车辆或人员通行。

（3）实训地点的人行道尽可能宽阔些，便于街面屯兵和现场点评。

五、实训方法与步骤

依照《交通警察执勤执法装备使用指南(试行)》中的安全防护装备种类，可以根据课程安排和实训情境设计情况，分类、分步骤进行实训。

(一)实训方法

(1)反光锥筒的摆放、阻车路障、破胎器、盾牌、道路交通事故现场车辆闯入报警设备、发光减速带，主要选择室外实训场地，根据课程安排，可以单独一项进行实训，也可以2～3项组合进行实训。

(2)警用防弹服、警用防刺服、防弹头盔、警用防割手套、防化服、防毒面具、防弹防刺服、两轮摩托车防化服、反光背心或反光防护服，可以在室内进行实训，也可以选择室外场所进行实训。

(3)在熟悉所有安全防护装备功能、使用方法、操作规程的基础上，再设置综合实训情境，进行综合实训，最后达到熟练掌握各种装备的使用要求。

(二)实训步骤

1. 课前预习

事先告知学员本次实训的内容，要求复习本次实训相关的教学内容和课堂笔记，并熟悉本次实训中所需器材的基本用途。另外，根据学员人数分成若干个小组，每小组指定一名组长负责实训的组织。

2. 实训演示

授课教师讲解或播放视频，示范本次实训中各类警用装备的规范使用方法。

3. 学员操作

学员根据模拟场景，进行各类警用装备的规范操作；各小组每次安排2～4名学员进行实务操作，其他学员观摩并记录，依次轮换。

4. 教师随时纠正

授课教师在学员操作过程中进行巡视检查，及时发现、纠正学员操作中的不规范之处。

5. 课堂点评

每名学员在实务操作之后，进行自我点评操作中的不足和失误，其他学员进行补充和纠正；授课教师可参与点评并记录学员的发言。本实训项目结束后，授课教师对各小组的实训过程进行归纳点评。

6. 课后作业

每次实训结束后，授课教师向学员布置课后作业。要求每一组由组长负责，认真填写实训报告，每个学员要撰写实训心得与实训报告一同上交，作为实训成绩的考核。

六、实训考核标准与要求

(一)考核标准

实训考核标准如表 2-3 所示。

表 2-3 实训考核标准

实训单元	考核标准	成绩比例/%
课前预习	1.能够预习实训相关内容； 2.能够熟悉每次实训装备的基本用途	10
实训演示	1.能够熟悉每次实训装备的使用方法； 2.能够掌握实训装备的操作规程	10
实训操作	1.能够熟练掌握实训装备的使用方法； 2.能够熟练掌握实训装备的操作规程； 3.各小组成员之间能够相互配合，操作符合规范要求	60
实训报告	1.各小组分工明确，实训报告规范，文字通顺，数据准确，结论明确； 2.每位学员实训心得分析透彻，有理有据，能够反映实训的收获和存在的问题	20
合 计		100

(二)考核要求

(1)每次实训按百分比计算，整个实训结束后，取平均分数为实训最终考核成绩。

(2)成绩评定档次按百分制评定，总成绩 60 分以上为及格。

实训项目三　交通警察执勤执法用语

一、实训目的

知识方面：通过实训，使学员牢固掌握交通警察执勤执法用语的基本要求、常用执法语言等知识。

能力方面：通过实训，使学员在面对交通违法行为时具备对违法情节的判断能力，规范语言的使用能力，恰当的处置能力。

素质方面：对轻微交通违法行为实施教育警告，进一步熟悉和掌握相关法律和规定，有助于提高交通管理效率，最大限度地遵循以人为本、依法管理、服务群众的原则，营造安全、和谐、文明、通畅的道路交通环境。

二、交通警察执勤执法用语导引

（一）交通警察执勤执法用语的界定

交通警察执勤执法用语，主要是对于违法行为轻微，当事人不具有主观故意、未造成影响道路通行和交通安全的实际后果，且已经或者积极消除违法状态的违法行为，予以口头警告，纠正其违法行为，教育后放行的处理方式。[①]

（二）交通警察执勤执法用语的依据

(1)《道路交通安全法》第八十七条规定。

(2)《道路交通安全违法行为处理程序规定》（公安部令第105号）第四十条。

(3)《交通警察道路执勤执法工作规范》第二章。

（三） 常用的交通警察执勤执法用语

(1)检查涉嫌有违法行为的机动车驾驶人的机动车驾驶证、行驶证时，交通警察应当使用的规范用语是：**“你好！请出示驾驶证、行驶证。”**

(2)纠正违法行为人(含机动车驾驶人、非机动车驾驶人、行人、乘车人，下同)的违法行为，对其进行警告、教育时，交通警察应当使用的规范用语是：**“你的(列举具体违法行为)违反了道路交通安全法律法规，请遵守交通法规。谢谢合作。”**

(3)对行人、非机动车驾驶人的违法行为给予当场罚款时，交通警察应当使用的规范用语是：**“你的(列举具体违法行为)违反了道路交通安全法律法规，依据《道路交通安全法》第××条和《道路交通安全法实施条例》第××条(或××地方法规)的规定，对你当场处以××元的罚款。”**

---

① 公安部道路交通安全研究中心，2015. 交通警察道路执勤执法指导手册. 北京：人民交通出版社

非机动车驾驶人拒绝缴纳罚款时，交通警察应当使用的规范用语是：**“根据《道路交通安全法》第89条的规定，你拒绝接受罚款处罚，可以扣留你的非机动车。”**

(4)对机动车驾驶人给予当场罚款或者采取行政强制措施时，交通警察应当使用的规范用语是：**“你的(列举具体违法行为)违反了道路交通安全法律法规，依据《道路交通安全法》第××条和《道路交通安全法实施条例》第××条(或××地方法规)的规定，对你处以××元的罚款，记××分(或者扣留你的驾驶证/机动车)。”**

(5)实施行政处罚或者行政强制措施前，告知违法行为人应享有的权利时，交通警察应当使用的规范用语是：**“你有权陈述和申辩。”**

(6)要求违法行为人在行政处罚决定书(或行政强制措施凭证)上签字时，交通警察应当使用的规范用语是：**“请你认真阅读法律文书的这些内容，并在签名处签名。”**

(7)对违法行为人依法处理后，交通警察应当使用的规范用语是：**“请收好法律文书(和证件)。”**

对经检查未发现违法行为时，交通警察应当使用的规范用语是：**“谢谢合作。”**

(8)对于按规定应当向银行缴纳罚款的，机动车驾驶人提出当场缴纳罚款时，交通警察应当使用的规范用语是：**“依据法律规定，我们不能当场收缴罚款。请到×××银行缴纳罚款。”**

(9)对于机动车驾驶人拒绝签收处罚决定书或者行政强制措施凭证时，交通警察应当使用的规范用语是：**“依据法律规定，你拒绝签字或者拒收，法律文书同样生效并即为送达。”**

(10)实施交通管制、执行交通警卫任务、维护交通事故现场交通秩序时，交通警察应当使用的规范用语是：**“前方正在实行交通管制(有交通警卫任务或者发生了交通事故)，请你绕行×××道路(或者耐心等候)。”**

(11)要求当事人将机动车停至路边接受处理时，交通警察应当使用的规范用语是：**“请将机动车停在(指出停车位置)接受处理。”**

(四)交通警察执勤执法用语的风险点和战术要领

1. 交通警察执勤执法用语存在的风险点

(1)交通警察执勤执法用语态度生硬，用语不规范。

(2)未按规定使用执法记录仪。

(3)激化矛盾，引起围观，甚至诱发舆情。

2. 交通警察执勤执法用语的战术要领

(1)使用文明、礼貌、规范的语言。

(2)语气庄重、平和。

(3)对当事人不理解的，应当耐心解释，不得呵斥、讽刺当事人。

(五)交通警察执勤执法用语常见问题的处理

(1)交通违法犯罪行为人不听从交通警察管理的，使用告知性用语**“根据法律规定，拒绝警察执行职务的，将给予治安处罚，请配合”**；使用警告性用语**“你再不配合，公安机关将对你采取强制措施，后果自负。”**

(2)交通违法犯罪行为人辱骂交通警察的，使用告知性用语“**你的言行涉嫌违法，公安机关已录音录像，有权对你进行治安处罚，立即停止**”；使用警告性用语“**你再不停止，公安机关将对你采取强制措施，后果自负。**”

(3)交通违法犯罪行为人推拉撕扯交通警察、抢夺执法装备的，直接使用命令性用语“**住手！你的行为涉嫌妨害公务，公安机关有权对你使用警械，后果自负。**”

(4)交通违法犯罪行为人暴力袭击交通警察的，直接使用命令性用语“**住手！(放下凶器)！否则使用警械(武器)。**”

三、实训情境的设定

(一)实训情境

实训现场发现道路前方一辆正在驶来的轻便摩托车驾驶人未按规定戴安全头盔。

(1)摩托车驾驶人自觉纠正违法行为时，交通警察与违法当事人之间的对话。

(2)执勤警察检查摩托车驾驶人的相关证件时，警察与驾驶人之间的对话。

(3)摩托车驾驶人与交通警察发生争执，拒不接受交通警察的执法行为时，警察与驾驶人之间的对话。

(二)实训观测点

纠正违法行为的执法用语、检查车辆与证件的执法用语、当场处罚的执法用语。

四、实训器材与场地

(一)实训器材

具体实训器材见表3-1。

表3-1　实训器材一览表

序号	器材名称	类别	单位	数量	用途
1	多功能反光腰带	基本器材	个	1	警示
2	反光背心	基本器材	个	1	警示
3	警用文书包	基本器材	个	1	实训
4	发光指挥棒	基本器材	个	1	指挥
5	对讲机	基本器材	个	1	报告
6	执法记录仪	基本器材	个	1	实训
7	停车示意牌	基本器材	个	1	实训
8	单警装备	基本器材	套	2	实训
9	轻便摩托车	基本器材	辆	1	实训

(二)实训场地

选取一段校内道路作为实训场地。

五、实训方法与步骤

（一）实训方法

按照《交通警察道路执勤执法工作规范》的规定，轻微交通违法行为可以采取以下方法处理：

(1) 对轻微违法行为，口头告知其违法行为的基本事实、依据，纠正违法行为并予以口头警告后放行。

(2) 交通警察在指挥交通、巡逻管控的过程中发现的违法行为，在不具备违法车辆停车接受处理的条件或者交通堵塞时，可以通过手势、喊话等方式纠正违法行为。

(3) 对交通技术监控设备记录的轻微交通违法行为，可以通过手机短信、邮寄违法行为提示、通知车辆所属单位等方式，提醒机动车驾驶人遵守交通法律法规。①

（二）实训步骤

1. 实训准备

(1) 将实训学员按 2～4 人为一组进行分组。

(2) 理论准备。学员掌握实训所需相关理论知识，并自行收集案例。

(3) 器材和场地准备。将所需实训器材准备、轻便摩托车等准备好。

2. 将实训学员带到指定的实训场地开展实训

(1) 分组进行实训。

(2) 每组成员分别扮演执勤警察，按照实训过程的要求，分别使用规范用语、动作，完成停车示意、告知、查验、告知违法事实、纠正违法行为、教育后放行等实训过程。

3. 教师进行现场指导和答疑

教师根据实训情况，随时进行现场指导和答疑。

六、实训考核标准与要求

考核标准与要求如表 3-2 所示。

表 3-2 考核标准与要求

序号	考核项目	考核标准与要求	考核分值/分
1	实训准备	理论知识准备、器材场地准备	10
2	实训操作	开启执法记录仪	5
		使用停车示意牌，规范用语	10
		明确告知轻便摩托车驾驶人拒不服从交通警察命令的后果	10
		使用规范动作和用语让驾驶人出示驾驶证和行驶证	10
		检查驾驶证、行驶证的合法性和有效性	10
		使用规范语言明确告知驾驶人的违法行为	10
3	实训总结	实训报告格式规范、内容充实、体会深刻	35

① 公安部，2008. 交通警察道路执勤执法工作规范. 第四十四条至第四十六条

实训项目四　道路交通指挥与疏导

一、实训目的

知识方面：通过实训，使学员掌握交通指挥与疏导工作涉及的相关法律法规、规范性文件的知识。

能力方面：通过实训，使学员正确掌握交通警察手势指挥信号的规范动作要领，明确交通警察路口岗位职责，并具备胜任交通指挥与疏导工作的能力。

素质方面：通过实训，使学员牢固树立执法为民、规范执法、严格执法的法治素养。

二、交通指挥与疏导导引

（一）交通指挥与疏导的界定

交通指挥与疏导是公安交通管理部门的日常性工作之一，也是交通警察需要掌握和经常运用的管理手段。根据相关法律规定，交通指挥是指交通警察用身体语言、口语以及交通信号指挥交通参与者通行秩序的行为；交通疏导是指采取各种措施疏通车辆拥堵现象和引导人流、车流的行进方向，是交通警察日常勤务的重要组成部分。

（二）常见交通指挥与疏导适用情形

指挥疏导交通时，应当根据道路条件和交通状况进行交通指挥与疏导。常见的交通指挥与疏导包括平面交叉口的交通指挥与疏导、交通拥堵状况下的多点协调指挥与疏导、重大道路交通事故的交通指挥与疏导等情形。

1. 平面交叉口的交通指挥与疏导

平面交叉口的交通指挥与疏导一般是在路口内的任意一个直角点上，以路口中心点为轴，按照信号灯放行方向，沿四周人行横道线，交通警察以顺时针方向步行巡管，巡边人数的多少，根据路口交通警察的警力多少而定；[①]在没有信号灯或者信号灯不能正常工作的路口，交通警察可以使用手势信号指挥疏导，提高车辆、行人通行效率、减少交通冲突，避免发生交通拥堵。

2. 交通拥堵状况下的多点协调指挥与疏导

对于车辆交织引起的拥堵，交通警察应该首先指挥周边车辆停车等待，避免其继续涌向堵点，加大拥堵压力，然后根据现场交通情况，确定若干个交通关联点疏导交通流，指挥交织车辆分离，解开堵点，引导车辆有序通行。如果城市快速路某一出口出现交通拥堵，就需要下游若干疏导点之间的协调管控；如果城市快速路主线出现长距离交通拥堵，就需要若干出入口之间进行协调指挥与疏导。

---

① 公安部道路交通安全研究中心，2015. 交通警察道路执勤执法指导手册. 北京：人民交通出版社

3. 重大道路交通事故的交通指挥与疏导

执勤交警遇到客运、货运以及运载危险品机动车发生重大道路交通事故时，出现大量人员伤亡、火灾或者危险品泄漏等突发情况时，处置现场中需要交通指挥与疏导时，应采取以下措施：

(1) 及时了解情况并迅速上报。

(2) 设置警戒区域。

(3) 清理现场。

(4) 现场排堵与疏导。

(5) 现场管控。

(6) 现场急救。

(7) 采集证据。

(8) 收尾工作。

(三) 交通指挥与疏导的法律依据

(1)《道路交通安全法》第二十五条至第三十七条、第三十八条、第三十九条、第四十三条至第四十七条、第六十二条、第六十五条等条文的相关规定。

(2)《道路交通安全法实施条例》第二十九条至第三十七条、第五十条至第五十三条、第五十九条、第六十三条、第六十八条、第六十九条等条文的相关规定。

(3)《交通警察道路执勤执法工作规范》相关规定。

(4) 其他法律法规、规范性文件的相关规定。

(四) 交通警察手势指挥信号

1. 停止信号(见图 4-1)

(1) 手势示意：不准前方车辆通行。

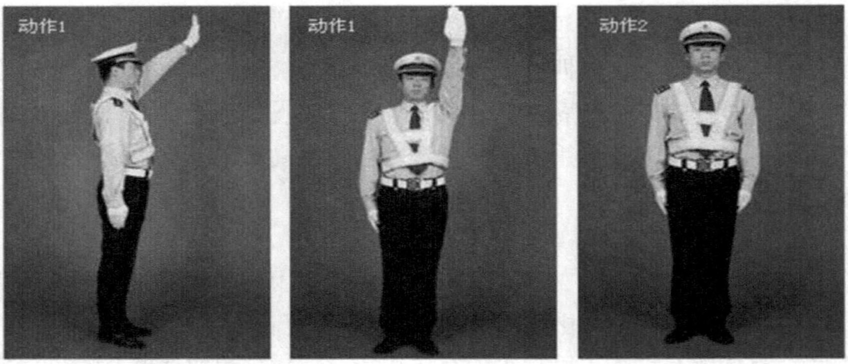

①　②

图 4-1　停止信号示意图

(2) 手势分解：

①左臂由前向上直伸与身体成 135°，掌心向前与身体平行，五指并拢，面部及目光

平视前方。

②左臂垂直放下，恢复立正姿势。

2. 直行信号(见图 4-2)

(1)手势示意：准许右方直行的车辆通行。

(2)手势分解：

① 左臂向左平伸与身体成 90°，掌心向前，五指并拢，面部及目光同时转向左方 45°。

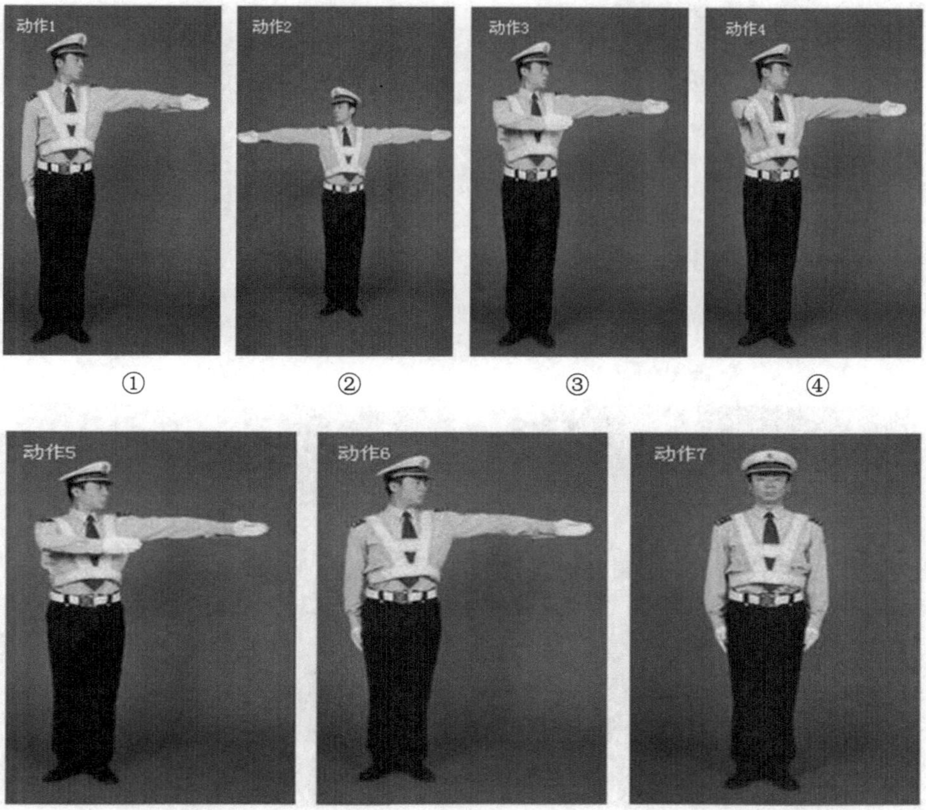

①　②　③　④

⑤　⑥　⑦

图 4-2　直行信号示意图

② 右臂向右平伸与身体成 90°，掌心向前，五指并拢，面部及目光同时转向右方 45°。

③ 右臂水平向左摆动与身体成 90°，小臂弯屈至大臂成 90°，掌心向内与左胸衣兜相对，小臂与前胸平行，面部及目光同时转向左方 45°。

④ 右大臂不动，右小臂水平向右摆动与身体成 90°，掌心向左，五指并拢。

⑤ 右小臂弯屈至与大臂成 90°，掌心向内与左胸衣兜相对，小臂与前胸平行，完成二次摆动。

⑥ 收右臂。

⑦ 收左臂，面部及目光转向前方，恢复立正姿势。

3. 左转弯信号(见图 4-3)

(1)手势示意：准许车辆左转弯，在不妨碍被放行车辆通行的情况下可以掉头。

(2)手势分解：

① 右臂向前平伸与身体成 90°，掌心向前手掌与手臂夹角不低于 60°，五指并拢，面部及目光同时转向左方 45°。

② 左臂与手掌平直向右前方摆动，手臂与身体成 45°，掌心向右，中指尖至上衣中缝，高度至上衣最下一个纽扣。

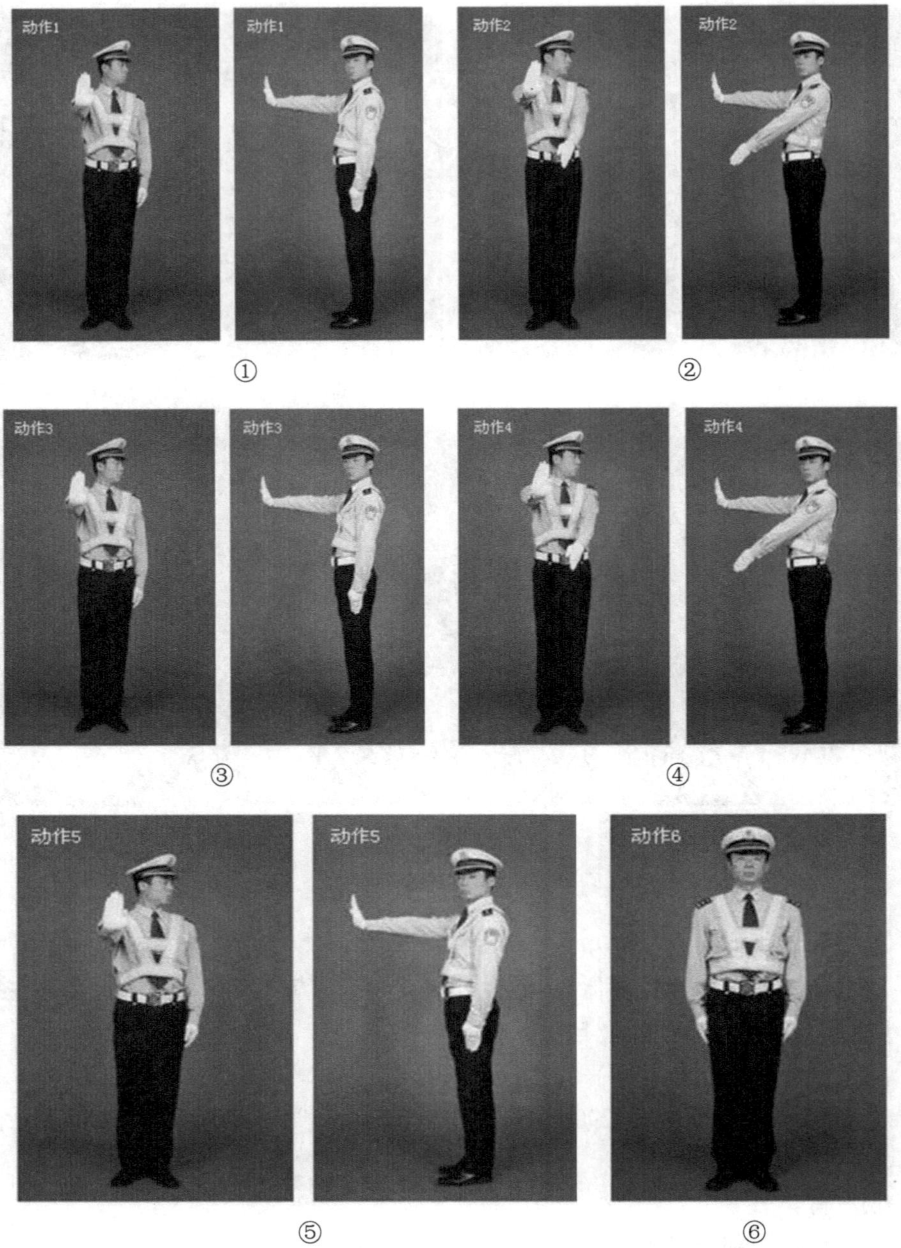

图 4-3 左转弯信号示意图

③ 左臂回位至不超过裤缝，面部及目光保持目视左前方45°，完成第一次摆动。

④ 重复②动作。

⑤ 重复③动作，完成第二次摆动。

⑥ 收右臂，面部及目光转向前方，恢复立正姿势。

4. 左转弯待转信号(见图4-4)

(1)手势示意：准许左方左转弯的车辆进入路口，沿左转弯行驶方向靠近路口中心，等候左转弯信号。

(2)手势分解：

① 左臂向左平伸与身体成45°，掌心向下，五指并拢，面部及目光同时转向左方45°。

② 左臂与手掌平直向下方摆动，手臂与身体成15°，面部及目光保持目视左方45°，完成第一次摆动。

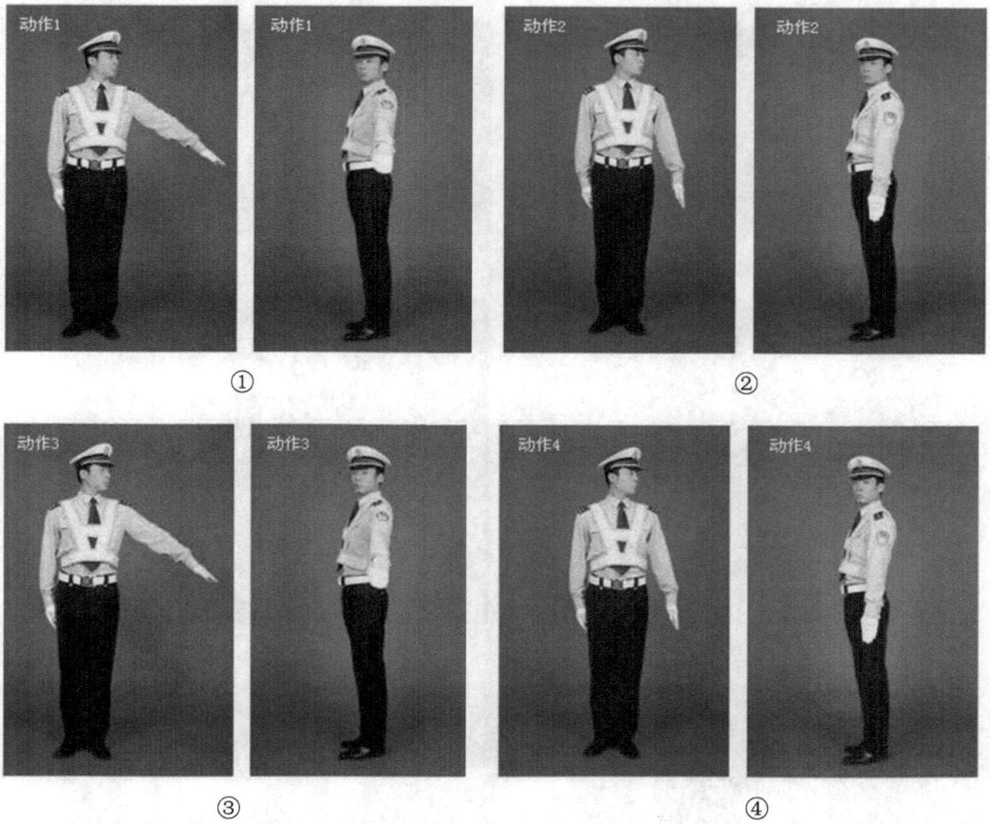

图4-4　左转弯待转信号示意图

③ 重复①动作。

④ 重复②动作，完成第二次摆动。

⑤ 收左臂，面部及目光转向前方，恢复立正姿势。(图略)

5. 右转弯信号(见图4-5)

(1)手势示意：准许交警右方的车辆右转弯。

(2) 手势分解：

① 左臂向前平伸与身体成 90°，掌心向前，手掌与手臂夹角不低于 60°，五指并拢，面部及目光保持目视左方 45°。

② 右臂与手掌平直向左前方摆动，手臂与身体成 45°，手掌向左，中指尖至上衣中缝，高度至上衣最下一个纽扣。

③ 右臂回位至不超过裤缝，面部及目光保持目视右方 45°，完成第一次摆动。

④ 重复②动作。

⑤ 重复③动作，完成第二次摆动。

⑥ 收左臂，面部及目光转向前方，恢复立正姿势。

① ②

③ ④

⑤ ⑥

图 4-5 右转弯信号示意图

6. 变道信号(见图 4-6)

(1)手势示意：车辆腾空指定的车道，减速慢行。

(2)手势分解：

①

②

③

④

图 4-6　变道信号示意图

① 面向来车方向，右臂向前平伸与身体成 90°，掌心向左，五指并拢，面部及目光平视前方。

② 右臂向左水平摆动与身体成 45°，完成第一次摆动。

③ 恢复至①动作。

④ 重复②动作，完成第二次摆动。

⑤ 收右臂，恢复立正姿势。(图略)

7. 减速慢行信号(见图 4-7)

(1)手势示意：车辆减速慢行。

(2)手势分解：

① 右臂向右前方平伸，与肩平行，与身体成 135°，掌心向下，五指并拢，面部及目光同时转向右方 45°。

② 右臂与手掌平直向下方摆动，手臂与身体成 45°，面部及目光保持目视右方 45°，

完成第一次摆动。

③ 重复①动作。

④ 重复②动作，完成第二次摆动。

⑤ 收右臂，面部及目光转向前方，恢复立正姿势。（图略）

①　　②

③　　④

图 4-7　减速慢行信号示意图

8. 示意车辆靠边停车信号（见图 4-8）

(1)手势示意：车辆靠边停放。

(2)手势分解：

① 面向来车方向，右臂前伸与身体成 45°，掌心向左，五指并拢，面部及目光平视前方。

② 左臂由前向上伸直与身体成 135°，掌心向前与身体平行，五指并拢。

③ 右臂向左水平摆动与身体成 45°，完成第一次摆动。

④ 右臂恢复至①动作。

⑤ 重复③动作，完成第二次摆动。

⑥ 右臂恢复至①动作。

⑦ 双臂同时放下，恢复立正姿势。（图略）

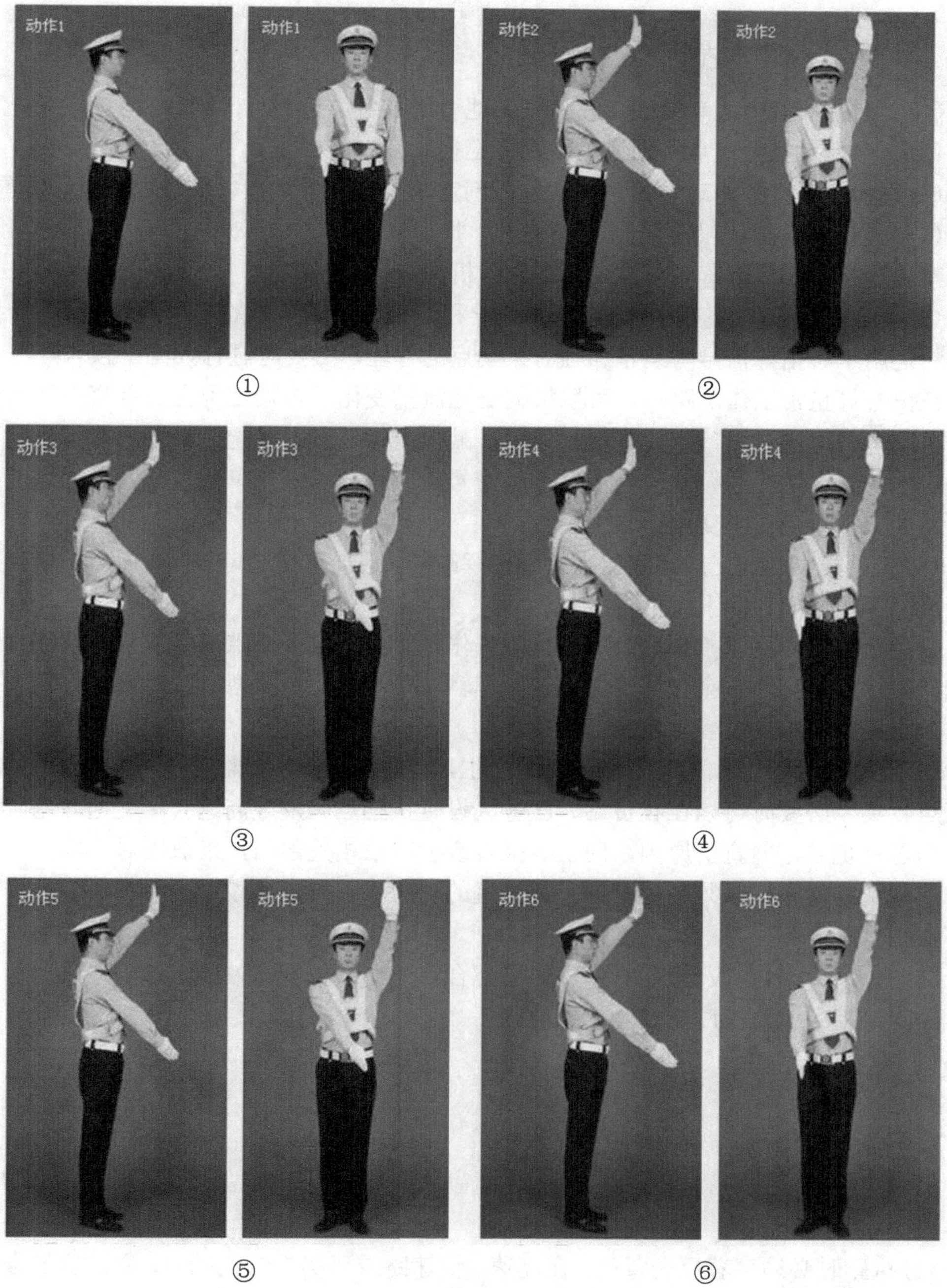

图 4-8　示意车辆靠边停车信号示意图

交通警察在夜间及雨、雪、雾等光线较暗或者照明条件较差等天气条件下执勤时，可以用右手持指挥棒指挥、疏导车辆、行人。

持指挥棒要求：右手持指挥棒并保持发光棒或者荧光棒始终与右臂处于同一条直线，动作要领同上述八种指挥手势信号。

（五）交通指挥与疏导的操作规程

(1)上岗前检查个人单警装备和随车其他警用装备。

(2)上岗前对执勤地点及周边道路进行巡视。

(3)选择交通指挥与疏导的正确站位；判定车流方向，站在安全且视野较好位置。

(4)应当注意观察道路的交通流量变化，指挥机动车、非机动车、行人有序通行，尤其观察执勤点的人流、车流与冲突点，并分析冲突点的原因。

(5)配合交通信号灯，采取定点指挥疏导和巡逻管控相结合的方法，实施交通指挥与疏导，运用手势指挥信号与装备加强对执勤点的管理，必要时进行人工干预。

在信号灯正常工作的路口，可以根据交通流量变化，合理使用交通警察手势信号，指挥机动车快速通过路口，提高通行效率，减少通行延误。在无信号灯或者信号灯不能正常工作的路口，交通警察应当使用手势信号指挥疏导，提高车辆、行人通过速度，减少交通冲突，避免发生交通拥堵。

(6)交通警察遇到交通堵塞应当立即指挥疏导；遇严重交通堵塞时，应当采取先期处置措施，查明原因，向上级报告。

接到疏导交通堵塞指令后，应当按照工作预案，选取分流点，并视情设置临时交通标志、提示牌等交通安全设施，指挥疏导车辆。在疏导交通堵塞时，对违法行为人以提醒、教育为主，不处罚轻微违法行为。

(7)在高速公路上执勤时应当以巡逻为主，通过巡逻和技术监控，实现交通监控和违法信息收集。必要时可以在收费站、服务区设置执勤点。发现高速公路交通堵塞时，应当立即进行疏导，并查明原因，向上级报告或者通报相关部门，采取应对措施。

造成交通堵塞，必须借用对向车道分流的，应当设置隔离设施，并在分流点安排交通警察指挥疏导。

(8)多人合作时，应分工明确、 协调配合，充分发挥管理效能，达到最终目标，保证执勤点或辖区道路有序、安全、畅通。

（六）风险点与战术要领

1. 风险点

交通警察在道路执勤执法时应当明确执勤执法的任务、方法，严格执行安全防护规定，检查安全防护装备，注意自身安全。

(1)执勤时必须穿着反光背心，在高速、快速路或恶劣天气执勤时，必须穿着专用防护服。

(2)驾驶警车巡逻执勤时，执勤警车应当开启警灯，应当按规定保持车速和车距，保证安全。

(3)在公路上执勤时，不得少于两人。

(4)保持联系畅通，服从统一指挥和调度。

2. 战术要领

1)交通指挥疏导点的选择

主要选择交通流量大、交叉冲突点多、交通违法行为突出及容易发生交通拥堵的点位，如主干道交叉路口、畸形交叉路口、城市快速路出口下游局域路网关联交叉路口、城市快速路入口上游局域路网关联交叉路口等。临时需要设点执勤的，应当根据道路条件和交通状况，临时选择安全和不妨碍通行的地点进行，避免引发交通堵塞。

2) 交通疏导的站位选择

(1) 站位尽可能在高点，便于驾驶人看到。

(2) 站位不能对正常的交通流造成影响。

(3) 在单向多车道选择站位时，应选择靠近车道分界线的位置，并在站位来车方向一定距离内布置反光锥形交通路标，既可以早提醒驾驶人，又有利于保护交通警察自身安全①。

(4) 实施强制分流时，应当选择在交通拥堵点上游的分流点来车方向 50～100m 处开始摆放锥形交通路标，可以使交通流平稳分流或合理绕行。

(5) 站位尽量接近管理相对人，使其容易关注到交通警察的行为并及时做出反应予以配合，以保证指挥疏导效果。

（七）常见问题的处理

(1) 因道路交通事故导致交通中断或者现场处置、勘查需要采取封闭道路等交通管制措施的，应当视情况在事故现场来车方向提前组织分流，放置绕行提示标志；按照事故现场安全防护有关标准和规范的要求划定警戒区域，在安全距离位置放置发光或者反光锥筒和警告标志，确定专人负责现场交通指挥和疏导。

(2) 交通指挥与疏导过程中发现违反规定占道挖掘、未经许可擅自在道路上从事非交通行为危及交通安全或者妨碍通行，尚未设置警示标志的，应当及时制止，并向上级报告，积极做好交通疏导工作。

(3) 交通指挥与疏导过程中发现道路及周边交通设施异常时，应当立即采取处置措施，无法当场有效处理的，应当先行做好应急处置工作，并立即向上级报告。

(4) 交通警察指挥疏导交通时不受理群众投诉，应当告知其到相关部门或者机构投诉。

(5) 交通警察发现因群体性事件而堵塞交通的，应当立即向上级报告，并维护现场交通秩序。根据事件发生的地点，将现场或分为管制区、控制区和外围疏导区，由内到外逐级采取交通管制。及时开辟救援通道，确保处置部门和救援部门顺利到达现场处置并对伤者进行及时救援。

三、实训情境的设定

情境：城市平面交叉路口交通警察手势指挥信号实训

某年某月某日 7:30～11:30，天气状况晴好，选择城市某主干道、具有机动车信号灯

① 金治富，2013. 交通管理综合实训指导书. 北京：中国人民公安大学出版社

或者方向指示信号灯控制的平面十字交叉路口，交叉路口设置有左弯待转区、直行、左转、右转等交通标志标线。在当地公安交管部门的支持和配合下，实训教师组织学员进行停止信号、直行信号、左转弯待转信号、左转弯信号等交通警察手势指挥信号训练。

① 常见的城市平面交叉路口交通警察手势指挥信号有哪些?

② 遇到城市平面交叉路口突然停电，信号灯无法正常工作时如何处理?

四、实训器材与场地

(一)实训器材

交警反光背心、多功能反光腰带、白手套、警用哨子、手持台、警务通、执法记录仪等警用单警装备，运送学员到校外实训场地的车辆。

(二)实训场地

(1)校内实训场地：校内模拟城市平面交叉路口。

(2)校外实训场地：有信号灯控制的城市平面交叉路口。

五、实训方法与步骤

实训以区队为单位，根据每一个阶段训练内容的不同，学员分成若干小组，每个小组5～8人，设置小组长1名。实训方法与步骤如下。

(一)校内实训

(1)实训教师进行手势指挥信号进行动作要领讲解和示范。

(2)学员在校内实训场地进行分组训练。

(3)根据交通警察手势指挥信号动作要领进行考核。

(二)校外实训

(1)制订实训方案。

(2)选择城市平面交叉路口进行交通警察手势指挥信号实训。

(3)配备2～3名实训教师进行现场指导和考核。

(4)到达校外实训场地后，按计划进行站位，熟悉实训场地后，由实训教师或者教官进行现场示范。

(5)按照计划安排学员以小组为单位进行实训，实训教师全程进行现场指导。

① 实训教师下达上岗指令。

② 实训学员接受指令。

③ 主副岗进行交接。

④ 上岗过程中按照动作要领进行操作。

⑤ 主副岗到达起点立定，结束实训。

六、实训考核标准与要求

(一)校外实训考核标准(校内实训可做参照)

校外实训考核标准如表4-1所示。

表4-1　校外实训考核标准

项目	内容	分值
警容仪表（10分）	1.按规定着装	5分
	2.按照规定携带警用装备	5分
主副岗走位、交接（20分）	1.是否注意安全和自我保护意识	10分
	2.动作是否规范	10分
手势指挥信号操作（70分）	1.动作是否规范	60分
	2.信号灯变换时，动作衔接是否流畅	10分

(二)实训报告基本要求

根据各自实训情况提交实训书面报告，实训报告要求客观、真实、全面、清晰，能够反映实训的全过程。

(三)实训考核成绩构成

实行百分制，校内实训成绩占实训总成绩30%；校外实训成绩占实训总成绩50%；实训书面报告占实训总成绩20%。

实训项目五　道路交通巡逻

一、实训目的

知识方面：通过实训，使学员系统了解并掌握交通警察进行道路交通巡逻的职责、任务及巡逻勤务工作规范要求。

能力方面：通过实训，使学员熟练掌握公路交通巡逻的一般操作规程、高速公路交通巡逻的操作规程，把握道路交通巡逻的风险点与战术要领，并且学会如何正确处理道路交通巡逻中的常见问题，具备一定的维护公路交通安全畅通、维护公路治安秩序和处突应急应变能力。

素质方面：通过道路交通巡逻，要逐步培养和提高作为交通警察应当具备的良好的心理素质、危机意识以及吃苦耐劳的精神。

二、道路交通巡逻导引

（一）道路交通巡逻的界定

1. 道路交通巡逻方式与勤务

道路交通巡逻是公安机关交通管理部门的道路交通勤务方式之一。根据其执勤地点和方式的不同，分为城市道路交通巡逻（又称为流动岗）和公路交通巡逻两种。

城市道路交通巡逻方式多种多样，按照巡逻时间分，有日间巡逻和夜间巡逻；按照巡逻交通方式分，有徒步巡逻、两轮摩托巡逻、一般警车巡逻、清障车巡逻等；按照巡逻级别分，有执勤警察巡逻、警长巡逻、值班领导巡逻等。

公路交通巡逻即公路巡逻勤务，是公路巡逻民警在公路上以发现与查处交通违法行为、处理道路交通事故、对治安、刑事案件先期处置，以及为公众提供服务，保障公共安全和公路交通秩序的一种勤务方式。公路交通巡逻根据公路的等级和巡逻部门（民警）的不同，可以分为普通公路交通巡逻和高速公路（含快速路）交通巡逻两种类型。

公路巡逻实行巡逻执勤与定点执勤相结合的勤务方式，并可以依法使用交通技术监控设备对公路通行情况进行监控。

2. 交通警察在巡逻过程中应当执行的职责与任务

(1) 指挥、疏导交通，维护公路通行秩序。

(2) 依法制止、纠正和处罚交通违法行为。

(3) 保护和先期处置交通事故现场。

(4) 受理公民求助和报警，先期处置公路上发生的治安、刑事案件，救助人身财产安全受到侵害的群众。

(5) 控制被指控有犯罪行为或者现场作案嫌疑的人员，移交有管辖权的公安机关处理。

(6)注意观察公路通行情况，检查交通信号灯、交通标志、交通标线、交通设施等是否完好。

(7)交通安全宣传教育。

(8)其他应当由交通警察履行的职责。

(二)道路交通巡逻的依据

(1)根据《交通警察道路执勤执法工作规范》第三十一条规定，交通警察在道路上执勤时，应当采取定点指挥疏导和巡逻管控相结合的方式。

(2)根据《公路巡逻民警队警务工作规范》(公安部令第116号)第二条的规定，公路巡逻由公路巡逻民警队实施，公路巡逻民警队包含承担公路交通管理工作的交警大队、交警中队(含公路交警中队、乡镇交警中队)和高速公路交警大(中)队。

(3)根据《公路巡逻民警队警务工作规范》(公安部令第116号)第十二条的规定，公路巡逻民警队实行巡逻执勤与定点执勤相结合的勤务方式，并可以依法使用交通技术监控设备对公路通行情况进行监控。

(4)根据《交通警察道路执勤执法工作规范》第三十六条的规定，在高速公路上执勤时应当以巡逻为主，通过巡逻和技术监控，实现交通监控和违法信息收集。必要时可以在收费站、服务区设置执勤点。

(三)公路交通巡逻的一般操作规程

公路巡逻一般采用驾驶警用车辆巡逻方式。驾驶警用车辆在公路巡逻时要严格按照以下规程操作。

1. 按规定配置警力和执行巡逻勤务

(1)公路巡逻民警应当严格执行勤务制度，不得脱岗、漏岗，不得随意改变勤务路线和执勤时间，按规定进行勤务交接并做好记录。

(2)在城市快速路、主干道及公路上巡逻应当由两名以上交通警察或者一名交通警察带领两名以上交通协管员进行。

(3)在雾、雨、雪、冰冻及夜间等能见度低和道路通行条件恶劣的条件下巡逻时，应当由三名(含)以上交通警察或者两名交通警察和两名(含)以上交通协管员进行。

2. 按规定配备和使用执法及安全防护装备

(1)上岗巡逻执勤的交通警察必须按照规定穿着反(发)光背心，佩带多功能反光腰带、手电筒、携带发光指挥棒、对讲机、执法记录仪，根据需要携带警棍、手铐、警绳等装备。

(2)巡逻警车必须配备足够数量的反光或者发光锥筒、停车示意牌、警戒带，以及警告标志、警示灯、灭火器、牵引绳、急救箱等装备。根据需要可以配备简易破拆工具、防化服、破胎器、酒精测试仪、测速仪等装备。

(3)巡逻警用摩托车应当配备统一制式的头盔、警戒带、停车示意牌等装备。

3. 巡逻期间确保警用车辆驾驶安全

(1)驾驶警用车辆上路执勤前应认真检查警用车辆所配装备、设施是否齐全、有效，检查车辆转向、制动、灯光、轮胎、雨刷器以及警灯、警报器等设施、设备的性能是否良好，确保上路警用车辆行驶的安全。

(2)驾驶警用车辆巡逻时应当开启警灯，严格遵守道路交通安全法律法规，安全文明驾驶。汽车驾驶人、乘车人应当系安全带，驾驶摩托车巡逻时应当戴制式头盔。

(3)驾驶警车巡逻执勤时，应当在最右侧行车道行驶，按规定保持车速、车距，保证行车安全；变更车道时应首先确认有足够的安全距离，按规定使用转向灯光和远近光灯。

(4)遇有雨、雪、雾、霾、冰雹、沙尘等低能见度天气时，应当开启前照灯、示廓灯和后位灯，根据能见度和路面情况，降低车速，加大行车间距，按规定开启危险报警闪光灯和警灯，在低能见度的条件下还应开启警报。在一般情况下不要停车，因纠正交通违法行为或处置事故现场必须停车的，应选择相对安全地带，同时要密切注意来往车辆动态，以防不测。

(5)在巡逻过程中，遇突发事件赶赴现场时，在确保安全的前提下，可以不受道路行驶速度、行驶方向、信号灯等限制。

4. 巡逻期间车辆安全停放

(1)执行巡逻任务时，警车需要临时停车或者停放的，应当开启警灯和危险报警闪光灯，并选择与处置地点同方向的安全地点，不得妨碍正常通行秩序。

(2)根据停放路段限速的不同，将警车停放在距处置地点来车方向50～200m以外。

(3)必要时，可将警用摩托车横向停放，警用汽车左偏30°顺向停放，用作现场防护。

(4)在不影响周围群众生产生活的情况下，可以开启警报器。

5. 巡逻期间保持正常通信联络

公路巡逻民警在巡逻过程中必须保持电台通信畅通，与指挥中心保持通信联络，服从统一指挥和调度。驾驶车辆期间接、发电台和接、打手机电话时要靠边停车，同时开启危险报警闪光灯。

6. 巡逻期间发现情况及时报告

(1)巡逻过程中发现异常情况，要随时发现随时向上级或指挥中心报告，若使用人身强制措施的尽可能做到事先或者当时报告。

(2)情况报告必须准确无误。

(3)情况报告用语一定要简明、扼要、清楚，报告民警的通信用语要规范化，尽量使用普通话。重要的内容重复一遍。

(4)报告终了要说“**报告完毕，请指示**”。

(5)在接受指示终了时要说“**明白**”或提出请对方重述和解释的请求。

7. 巡逻期间查处交通违法行为时应遵循的规定

(1)巡逻民警在拦截、纠正车辆交通违法行为时，需在确保自身安全的前提下指挥车辆靠边停车；巡逻警车可采取间断使用警报器或通过扩音器喊话示意违法车辆靠边停车。违法车辆靠边停车后，无特殊情况必须示意驾驶人将车辆熄火后接受处理。

(2)指挥驾驶人在路肩、路边、港湾式停车带等不影响交通安全的路段停车，不得在行车道上拦截检查车辆或处罚违法行为。

(3)巡逻警车应当停在违法机动车后方，与违法机动车间隔距离至少5m。

(4) 应当保持安全距离，站在驾驶人一侧车门外，责令驾驶人打开车窗，关闭车辆发动机，检查驾驶人相关证件后依法查处。

(5) 在查处过程中发现可疑情况的，应当在确保自身安全的情况下采取处置措施。

(四) 高速公路交通巡逻的操作规程

高速公路交通巡逻，在严格按照上述公路巡逻操作规程的基础上，需要另外注意以下几个方面。

1. 驾驶巡逻车辆的特别要求

(1) 在高速公路巡逻执勤时应在最右侧行车道内行驶，时速保持在 70～80km；随车民警应当注意来往车辆和道路的异常情况，时刻提醒驾驶人保持正常巡逻速度安全驾驶。

(2) 在高速公路及城市快速路未采取临时交通管控措施的情况下，不得通过中央隔离带的开口进行掉头、逆行。

(3) 巡逻警车与交通违法车辆并行时，应当保持横向间的安全距离，注意前后车辆，确保行车安全。

(4) 不得采取随意停车检查或者挤别交通违法车辆的方式。

2. 巡逻期间发现违法车辆的处理要求

(1) 在正常情况下，由随车民警利用扩音器责令违法驾驶人自行纠正并立即消除违法状态。

(2) 在高速公路上发现不按规定车道行驶、超速行驶、遗洒载运物、客车严重超员、车身严重倾斜等危及道路通行安全的交通违法行为时，可以通过喊话、鸣警报器、车载显示屏提示等方式，引导车辆到就近服务区或者出口接受处理。

(3) 情况紧急的，在确保自身安全的前提下，应当将车辆引导至应急车道进行查处纠正。

(4) 发现违法停车时，巡逻警车一般应停在违法车辆前方的安全位置并开启危险报警闪光灯，民警从右侧下车，若从左侧下车需确定后方 150m 之外无来车。下车后应在应急车道内行走，并及时设置警示标志，然后对违法行为进行处理。

(5) 巡逻期间，禁止在高速公路主线上采取摆放路障、反光锥筒、交通标志等方式，拦截正常行驶的车辆进行交通安全检查。

3. 巡逻期间发现交通堵塞的处理要求

(1) 巡逻期间发现高速公路交通堵塞时，应当立即进行疏导，并查明原因，向上级报告或者通报相关部门，采取应对措施。

(2) 造成交通堵塞，必须借用对向车道分流的，应当设置隔离设施，并在分流点安排交通警察指挥疏导。

4. 巡逻期间遇恶劣天气时应当采取的措施

(1) 迅速上报路况信息，包括雾、雨、雪、冰等恶劣天气的区域范围、能见度、车流量等情况。

(2) 根据路况和上级要求，采取发放警示卡、间隔放行、限制车速、巡逻喊话提醒、警车限速引导等措施。

(3)加强巡逻，及时发现和处置交通事故，严防发生次生交通事故。

(4)关闭高速公路时，要通过设置绕行提示标志、电子显示屏或者可变情报板、交通广播等方式发布提示信息。车辆分流应当在高速公路关闭区段前的站口进行，交通警察要在分流处进行指挥疏导。

5. 巡逻期间采取交通管制应当遵守的规定

因遇有雾、雨、雪等恶劣天气、自然灾害性事故以及治安、刑事案件、交通事故造成高速公路交通中断或堵塞，需要采取交通管制措施的，应当遵守以下规定。

(1)实施交通管制措施应当由两名以上交通警察在管制点进行疏导，至少配备一辆警车，管制点应当设置“交通管制，绕道行驶”反(发)光警示牌、电子显示屏。

(2)白天在距管制点来车方向至少 500m 处开始，夜间在距管制点来车方向至少1000m 处开始，每间隔 20m 应连续摆放发光或者反光的警示标志、警示灯，间隔设置减速提示标牌、反(发)光锥筒、反(发)光导向标志等安全防护设备。

(3)警示标志起始点应当设置开启警灯、示宽灯和车载发光警示屏显示“前方管制，减速行驶”的警车进行预警。

(4)实施禁止机动车通行交通管制措施的，应当在距管制点来车方向至少 500m 处，每间隔 50m 设置“前方禁止通行”发(发)光警示牌。

(5)管制点应当使用反光防撞交通隔离设施对道路进行封闭、隔离，并设置反(发)光绕行引导标志，夜间应当使用照明设备为管制点提供照明，并开启警报器。

(6)白天应当在管制点设置的反光防撞交通隔离设施后进行指挥疏导，夜间应在照明区域内的反光防撞交通隔离设施后进行指挥疏导。

(7)因长时间实施交通管制，造成管制点后方车辆堵塞时，实施管制的交通警察应当通知指挥中心在距离管制点最近出口提前实施分流。

(8)实施交通管制应当通过高速公路电子显示屏、可变情报板等，及时发布交通管制信息。

(9)解除交通管制措施时，应当从管制点开始由近到远依次撤除安全防护设施；解除禁止机动车通行交通管制措施时，应当由交通警察驾驶打开警灯、警报器的警车停在隔离道路隔离设施前，道路隔离设施完全拆除后带领等候车辆恢复通行。

(五)道路交通巡逻中的风险点与战术要领

1. 道路交通巡逻中的风险点

交通警察在道路上巡逻执勤，特别是查处交通违法行为和勘查交通事故现场时，由于道路交通及其执法环境的复杂多变，一方面容易发生道路交通意外和伤亡事故等风险；另一方面也可能因民警的执勤执法行为或程序不规范，或执法方式方法粗暴，有可能激化矛盾、诱发负面舆情等。

因此，在道路交通巡逻过程中，交通警察要培养“慎独”意识，树立执法危机和风险意识，并通过相应的规范执法、安全操作与防护等战术要领，避免引发舆情和发生意外。为了有效地保护巡逻执勤交警的人身安全，在巡逻过程中交通警察必须按要求配备安全防护装备，包括个人安全防护装备、巡逻警车安全防护装备以及防暴处突装备等。

同时，为了维护交通警察的执法权益和避免遭遇妨碍执法者的暴力对抗执法行为，交通巡逻民警可以选用警棍、手铐、催泪喷射器、警绳等驱逐、制服、约束性警用器械。

2. 道路交通巡逻常见警情的安全防护要领

1）查处交通违法行为时的安全防护要领

在巡逻过程中发现交通违法行为，遇有机动车驾驶人拒绝停车，或其他阻碍和妨碍交通警察执法执勤行为的，严格按照《交通警察道路执勤执法规范》、《交通警察执勤执法安全防护规定（试行）》以及《常见阻碍和妨害交通民警执行职务行为现场处置规程（试行）》的有关规定与要求，做好人身安全防护。

2）处置突发事件时的安全防护要领

在处置突发事件时，负责外围分流、疏导交通的执勤交警要在临时断路的路口放置反（发）光锥筒，设置警戒带和提示性标志牌，同时要根据断路路口的形状、交通流量的大小等特点，选择好执勤站位，分流与疏导交通。负责中心区交通维护的执勤交警要根据事件的性质和事态的发展，及时采取有效措施维护交通秩序，针对突发治安事件、危化车事故等，需严格按照专业部门处置的有关要求做好自身安全防护。

3）特勤任务的安全防护战术要领

（1）执行路线勤务时，执勤交警应根据现场要求和道路情况，以确保勤务安全和自身安全为原则，合理选择站位。原则上，交警应在控制车道外沿内侧（临时指示标志内侧）站位，面向外侧，目视来车方向。

（2）加强安全风险高点段的提前警示宣传工作，在弯路、坡路、限制时速较低和视线、视角不佳等危险系数较高的点段，提前设置醒目警示标志，提示车辆减速避让。同时，应充分利用户外显示屏等加大宣传提示。

（3）在高速公路上，应根据道路实际，提前分流，减少路线交通压力，提前控制危险系数高的车种，减少安全隐患。同时，在进口处加强宣传提示，并设置提示牌及反（发）光锥筒，引导提示社会车辆缓行，注意交通安全，指引车辆在非管制车道行驶，并充分利用车道指示灯、环路进出口信号灯进行控制。

（六）道路交通巡逻中常见问题的处理

1. 发现道路及周边交通设施存在异常

（1）发现信号灯不能正常工作的，立即报告，然后采用手势信号指挥疏导交通，维持路口交通秩序。

（2）交通标志标线不清晰、不合理，或者损坏的，填写报告单，逐级报告至所属交警大队，由大队按程序报告相关职能部门。

（3）交通设施存在安全隐患的，填写报告单，逐级报告至所属交警大队，由大队按程序报相关职能部门。

（4）发现道路出现坍塌、坑槽、水毁、隆起等损毁情况，影响通行或者情况紧急的，应在立即报告的同时，采取限流、分流或禁止通行等必要的管制措施。

2. 发现擅自占道挖掘或者在道路上从事非交通行为

发现未经批准擅自挖掘道路、占用道路施工、在违反许可规定的路段和时间作业、未按规定设置警示标志等，或者从事其他非交通活动的，应当及时制止和取证，并向上级报告，积极做好交通疏导工作。

3. 发现机动车有不遵守交通信号、行驶异常或车中抛物等情形，需要拦停机动车的情况

(1)交通警察要提高警惕，采取间断使用巡逻警车警报器或通过扩音器喊话示意车辆靠路边停车。

(2)拦停后，警车停在目标车辆后方5～10m处，车头偏向左侧。

(3)上前责令接受检查，确认有违法行为的依法予以处理；确认需要救助的，及时给予救助或报告勤务指挥部门。

4. 遇有机动车驾驶人拒绝停车的情况

记下车牌号后，通知前方执勤点组织拦截，不得站在车辆前方强行拦截，或者攀爬车辆，强行责令机动车驾驶人停车。

5. 遇有暴力犯罪嫌疑人、被公安机关通缉人员等危险人员乘坐、驾驶机动车逃逸，可能对公共安全和他人生命安全造成威胁的情况

报告勤务指挥部门，提请及时增补警力、装备，伺机实时拦截查控；必要时可驾车尾随；持有武器警械的交通警察可以驾车追缉，并通知前方检查站(点)布控拦截。

6. 道路故障车辆的处理

(1)观察故障车辆是否按照规定采取开启危险报警警示灯、放置警告标志牌等措施。没有做安全防护的，应责令驾驶人立即做好防护措施；在高速公路、城市快速路，以及公路弯道、坡道等危险路段，应责令车上乘员离开车辆，转移到安全的地方；必要时交警可帮助做好防护。

(2)故障无法在短时间内排除的，应责令驾驶人请清障车拖移故障车辆，巡逻交警监督其做好安全防护工作。

(3)故障车辆在高速公路、城市快速路上，或者严重影响道路通行的，巡逻交警应报告所属单位勤务指挥部门。

(4)清理故障车辆作业时影响道路通行的，由清障方参照《道路交通事故现场安全防护规范》(GA/T 1044.1—2012)的规定，用反(发)光锥形交通路标等设置预警区、警戒区(含清障作业区)。巡逻警车在现场的，必须开启警灯和危险报警闪光灯。在高速公路、城市快速路上停放警车的，白天应停放在清障作业区以外来车方向100～200m处，在其他道路上，应在清障作业区以外来车方向50～100m处，夜间、雨、雪、雾、霾等能见度不良天气条件下，应相应增大预警区、警戒区域范围，并指挥疏导车辆通行。

(5)进行大型清障作业时，可报请勤务指挥部门按规定程序采取交通管制措施。

(6)拖移故障车辆要确保被拖车辆的固定牢靠，行进中尽量保持匀速直线行驶，严格遵守道路交通安全法律法规。

7. 发现可疑机动车如何进行检查

(1)指挥驾驶人停车，责令机动车驾驶人熄灭发动机并打开车窗，拉紧手制动，开启危险报警闪光灯后将双手放在方向盘上，确认安全后责令其下车，必要时应当暂时收存车钥匙。如车上有其他人员，应当责令其下车等候。

(2)对车上人员进行检查并予以控制。

(3)查验身份证、机动车驾驶证、行驶证和号牌，并通过公安信息系统进行查询比对。

(4)查验机动车外观、锁具、发动机和车架号码等。

(5)检查车载货物和车内物品。

检查可疑机动车时，负责警戒的交警应当站在可以直接注视车内驾驶人和乘车人、保护负责检查的交警的位置，并保持高度警惕，密切注视驾驶人和乘车人，防范其突然袭击。

驾驶人逃逸的，应当立即向上级或者指挥中心报告，请求部署堵截、追缉。

8. 遇有群众求助时如何处理

(1)巡逻时遇到属于《110接处警工作规则》受理范围的群众求助，应当做好先期处置，并报110派员处置。需要过往机动车提供帮助的，可以指挥机动车驾驶人停车，请其提供帮助。机动车驾驶人拒绝的，不得强制。

(2)巡逻时遇到职责范围以外，但如不及时处置可能危及公共安全、国家财产安全和人民群众生命财产安全的紧急求助时，应当做好先期处置，并报请上级通报相关部门或者单位派员到现场处置，在相关部门或者单位进行处置时，可以予以必要的协助。

(3)巡逻时遇到职责范围以外的非紧急求助，应当告知求助人向所求助事项的主管部门或者单位求助，并视情予以必要的解释。

9. 意外和突发事件的处置

1)巡逻中遇到治安、刑事案件的先期处置

交通警察巡逻执勤遇到正在发生的治安、刑事案件或者根据指令赶赴治安、刑事案件现场时，应根据现场情况采取以下先期处置措施。

(1)制止违法犯罪行为，控制违法犯罪嫌疑人。

(2)组织抢救受伤人员，疏散群众，排除险情。

(3)划定警戒区域，疏散围观群众，保护现场，维护中心现场及周边道路交通秩序，确保现场处置通道畅通。

(4)进行现场询问，及时组织追缉、堵截。

(5)及时向上级公安机关报告案件(事件)性质、事态发展情况。

(6)检查违法犯罪嫌疑人员和物品。

交通警察在先期处置治安、刑事案件过程中对违法犯罪嫌疑人员，应先进行安全检查，发现管制刀具、武器、易燃易爆危险品的，应该立即予以收缴。对违法犯罪嫌疑人员携带的物品进行检查时，应当在确保违法犯罪嫌疑人员得到有效控制后实施。实施押解、询问(讯问)时，应当对违法犯罪嫌疑人员依法采取有效约束措施，防治其脱逃或者行凶。

交通警察在道路先期处置治安、刑事案件现场时，要保持与警队的联系，及时上报情况，警队要给予警力支持，指导交通警察采取正确的处置措施。

2)巡逻中遇到群体性事件的前期处置

交通警察巡逻执勤发现因群体性事件而堵塞交通的，视现场情况采取以下处置措施。

(1)了解情况，迅速上报。迅速了解事件起因、规模及影响交通的程度，及时向上级或者指挥中心报告，同时劝告群众离开现场。

(2)向群众宣传有关法律规定，配合有关部门开展劝说工作，及时疏导交通。

(3)在现场外围设置警戒线，控制无关人员和车辆进入现场，必要时依法实行交通管制。

(4)在处置过程中，应当坚持慎用警力、慎用武器警械和慎用强制措施，注意防止误伤他人，保护交警自身安全。

三、实训情境的设定

(一)巡逻勤务安排与勤务交接要求

将一个区队(也可分两组)的学员作为道路巡逻大队安排巡逻勤务。根据人员勤务安排，按规定进行勤务交接并做好记录。交接班在巡逻警务站内或指定位置进行，巡逻学员按时进行交接班，严禁提前下岗，造成岗位空缺。

1. 填写执勤记录

学员巡逻执勤填写《执勤记录表》，其包括巡逻警车牌号、巡逻人员、巡逻开始和结束时间、巡逻区间、巡逻期间主要执勤执法活动、装备交接情况等内容。

2. 交接内容

交接时应当对携带的警械武器、执法仪器、车辆及车载装备进行查验并办理交接手续。发现装备损坏或者因故障无法正常使用影响交通安全的，应当及时维护保养或者更换。

3. 做好交接记录

交接时，应做好交接记录。

(二)巡逻勤务情境设定

根据前述道路交通巡逻的常用方式，结合学员可以实施的巡逻勤务的可操作性，同时为了训练学员在巡逻过程中的操作规程和处理常见问题的能力，按照勤务安排可以酌情设定三个情境进行模拟训练：在校园内的道路上模拟城市道路情境进行徒步巡逻训练；驾驶警用摩托车(或自行车)在校园内模拟公路巡逻，或者选取郊外某一条交通流量少，且相对安全的路段进行公路巡逻训练；驾驶警用汽车在校园内模拟高速公路进行交通巡逻。

1. 城市道路徒步巡逻情境

2017年××月××日上午，交警张某、王某在××市解放路从南向北进行徒步巡逻，他们先后遇到下列问题：

①大南门路口信号灯突发故障；

②在宽荧幕路口发现省建四公司未经批准擅自占用道路施工；

③发现省建六公司在开化寺路口施工过程中未按规定设置警示标志；

④五一路口发现行人违法穿越道路等交通违法行为突出。

假如你是巡逻交警，遇有上述情形该如何正确应对与处置？

2. 驾驶警用摩托车(或自行车)在公路巡逻情境

2017年××月××日下午，某县交警大队交警张某驾驶警用摩托车在其辖区的X50公路从南向北进行巡逻，巡逻过程中先后遇到下列情境：

①巡逻过程中先后两次遇有群众求助；

②巡逻过程中遇有两名驾驶人因争道强行发生冲突；

③巡逻过程中遇有一辆可疑机动车；

④巡逻过程中遇有一个机动车驾驶人拒绝停车接受检查的情境。

假如你是巡逻交警，遇有上述情形该如何正确应对与处置？

3. 驾驶警用汽车在高速公路巡逻情境

2017年××月××日中午，某高速支队一大队交警张某、赵某驾驶警用汽车在其辖区的高速公路从南向北进行巡逻，巡逻过程中先后遇到下列情境：

①巡逻过程中遇有故障车辆占用行车道；

②巡逻过程中遇有前方车辆压线行驶；

③巡逻过程中发现某轿车驾驶人把车辆违法停放在路边进行拍照；

④巡逻过程中遇有某客车有抛洒物品的。

假如你是巡逻交警，遇有上述情形该如何正确应对与处置？

四、实训器材与场地

(一)实训器材

(1)巡逻用交通工具：依照规定，交通巡逻可以使用的警用汽车和警用摩托车(或自行车)。

(2)巡逻警车必须配备的器具：足够数量的反光或者发光锥筒、停车示意牌、警戒带，以及警告标志、警示灯、灭火器、牵引绳、急救箱等装备。

(3)公路巡逻民警执勤时应当携带的警用器械：发光指挥棒、对讲机、执法记录仪等，根据需要携带警棍、手铐、催泪喷射器、警绳等驱逐、制服、约束性警用器械。

(4)根据实训情境设定需要的其他辅助设备、车辆和人员等。

具体实训器材如表5-1所示。

表5-1　实训器材一览表

序号	器材名称	类别	单位	数量	用途
1	警用汽车	选用器材	辆	1	交通工具
2	警用摩托车(或自行车)	基本器材	辆	5	交通工具
3	反光或者发光锥筒	基本器材	件	20～50	安全防护
4	停车示意牌	基本器材	件	1～2	警示
5	警戒带	基本器材	米	100～500	安全防护
6	警告标志	基本器材	件	2	警示

续表

序号	器材名称	类别	单位	数量	用途
7	警示灯	基本器材	件	1	安全防护
8	灭火器	基本器材	件	1	安全防护
9	牵引绳	选用器材	米	50～100	救助
10	急救箱	选用器材	件	1	救护
11	发光指挥棒	基本器材	件	2	指挥警示
12	对讲机	基本器材	件	2	通信联络
13	执法记录仪	基本器材	件	2	固定证据
14	携带警棍	选用器材	件	1	安全防护
15	手铐	选用器材	件	1	安全防护
16	催泪喷射器	选用器材	件	1	安全防护
17	警绳	选用器材	件	1	安全防护

（二）实训场地

(1)校园内模拟的城市道路的路段。
(2)校园内模拟的乡镇公路路段，或者郊外某一条交通流量少且相对安全的路段。
(3)校园内模拟的高速公路的路段。

五、实训方法与步骤

（一）实训基础与准备工作

1. 实训所需理论知识基础

道路交通巡逻实训项目，应在学员完成“道路交通秩序管理”课程中交通勤务内容的学习，并熟悉、了解和掌握《交通警察道路执勤执法工作规范》与《公路巡逻民警队警务工作规范》等法律规范中有关道路交通巡逻勤务规定等理论学习的基础上进行。

2. 道路交通巡逻实训环境与情境设定

根据“三、实训情境的设定”的有关要求，事先由专职实验实训教师进行实训学员勤务安排以及实训情境的布置和设定。同时，实训过程遇有情境中涉及的设备、人员、车辆及违法现象等准备就绪。

（二）实训过程与要求

1. 课前准备

1)实训所需器材准备

每次实训前后，授课教师安排一组学员，前往实验室仓库负责领取所需各类实训器材并运送到实训场地，结束后再负责清点和归还。

2）实训辅导教师与学员分组安排

授课教师负责全程训练、监督与管理。根据学员人数、分组及勤务安排情况配备实训辅导教师3～5名。

每次实训以一个区队为单位（不超过50人），每个区队按勤务安排分为6个小组，每组6～8人，每组设立1～2名学员担任小组长。

注：在条件允许的情况下，实训课程建议分小班进行，即将一个区队学员分为两个小班由2名教师组织与进行实训。

2. 实训过程规范演示

为了保证学员在实训过程的操作规范，提高实训效果，授课教师在学员分组实训项目开始前，根据具体实训条件和情况，可以采取教师具体操作演示，或播放道路交通巡逻专题视频观摩，或由教师指导某一实训小组进行实训过程的规范讲解，让其他学员现场观摩等方式，让学员充分熟悉和了解道路巡逻过程中的具体操作规范与要求。

3. 学员分组进行实训

一个区队6个小组，可以分为两个小班（各3个小组）进行实训。

根据上述三个实训情境设定具体位置的情况，每个小组可以按照勤务安排轮流顺序进行城市道路徒步巡逻、驾驶警用摩托车在公路巡逻、驾驶警用汽车在高速公路巡逻等情境，也可以针对每一个情境先后由各小组轮流进行。

授课教师以及辅导教师在学员实务操作过程中进行巡视与监管，及时发现、纠正学员实务操作中的不规范之处。

（三）点评与总结

1. 学员自评与互评

实训结束后，由各小组长进行小组实训自评和互评，并根据本小组成员分工按时提交实训报告。

2. 教师点评

教师点评包括针对各小组实训过程的点评和针对实习报告的评议。

六、实训考核标准与要求

1. 实训设定情境的现场应对和处置是否合理与规范

根据前述道路交通巡逻的一般操作规程、战术要领以及道路交通巡逻中常见问题的处理要求，判定实训学员对实训设定情境的现场应对和处置是否合理与规范。

2. 对实训报告做出评议

（1）实训报告是监督和评定学员实训过程与效果的主要依据。要求以实训小组为单位提交，各实训小组于实训结束后2日内提交实训报告。

⑵实训报告可以由实训教师根据实训要求统一印制，于实训前发给各实习小组，由学员手写填写完成，或者由实训教师根据实训要求制订统一电子版，由学员填写完成后提交电子版。

⑶根据道路交通巡逻实训的特点，建议各小组提交实训报告的同时附实训过程的现场视频。

⑷教师在实训报告评价栏中给出实训评议及成绩。

实训项目六　车 辆 查 控

一、实训目的

知识方面：通过实训，使学员能够了解对有一般违章和其他违法嫌疑的车辆执行车辆查控任务所涉及的相关基准知识，同时掌握执行此类执法行为所涉及的相关法律法规。

能力方面：通过实训，使学员初步掌握对有一般违章和其他违法嫌疑的车辆执行车辆查控任务的规范实务操作流程，且在实战中具有执行车辆查控任务所涉及的专业能力和社会能力。专业能力包括：正确应用法律的能力，识别与区分嫌疑车辆的能力，发现与认定嫌疑车辆的能力，取证的能力，规范程序和制作法律文书的能力，现场控制和处突的能力，警用装备以及公安信息化运用的能力。社会能力是指沟通、交流、协作的能力，现场掌控和舆情处置的能力，针对性地进行道路交通安全宣传和普法的能力。

素质方面：通过实训，使学员强化交通警察执法行为对法律依据掌握的意识，培养交通警察执法中的系统和协作意识，增强对车辆查控的程序意识和安全意识。

二、车辆查控导引

（一）车辆查控的界定

车辆查控是指交通警察发现违法(章)情形或犯罪线索，为了证实或处罚以及获取犯罪证据，查明案情，而依法对嫌疑车辆及其驾乘人员进行拦截、盘查、清查等查控行动所运用的技术、战术和方法。

嫌疑车辆是指涉嫌违法犯罪的行为人使用的机动车辆，包括被违法犯罪嫌疑人盗窃或抢劫的车辆。由于机动车辆在高速运行过程中产生的巨大能量具有极大的危险性，故在查控嫌疑车辆时应遵循先有效控制后制服的查缉程序，避免嫌疑车辆对检查人员及周围的群众造成不必要的伤亡。

（二）车辆查控的依据

(1)《人民警察法》第九条的相关规定。

(2)《道路交通安全法》第五条、第八十七条等条文的相关规定。

(3)《交通警察道路执勤执法工作规范》第三十六条、第五十九条、第六十条等条文的相关规定。

(4)《公路巡逻民警队警务工作规范》(公安部令第 116 号)第二十一条等条文的规定。

(5)其他法律法规的相关规定。

（三）车辆查控的一般操作规程

1. 查控前的准备工作

(1)卡点的选择和设置。
(2)卡点器材和装备的保障。
(3)核实情况，做出评估。
(4)警力部署，确定各自站位。
(5)明确分工，注意配合。
2. 查控的实施
(1)观察识别：通过观察发现违法或可疑点，通过研判进行识别。
(2)截停：对驶来车辆采用灯光手势喊话等方式命令其停车。
(3)控制：采用口令、车辆夹击、地形地物和警力优势武力等方法控制。
(4)接近：注意接近路线、动作，神情自然，做到内紧外松。
(5)盘查：对人的盘问和证件检查、对车的检查。
3. 查控后的工作
(1)嫌疑排除，予以放行；确认违章，按章处理；嫌疑待定，带回继续审查。
(2)缉捕犯罪嫌疑人，向上级汇报，依据管辖进行移交。
(3)做好查控的登记工作。

(四)车辆查控的风险点和战术要领

1. 车辆查控的风险点
(1)拦停点的选择。
(2)截停的方式。
(3)接近车辆的站位。
(4)控制的警组配合。
2. 车辆查控中的战术要领
鉴于车辆查控行动的高度危险性，交通警察应掌握以下战术要领。
(1)宜设卡拦堵不宜追截迫停。
(2)宜智取不宜强攻。
(3)切莫危险截停。
(4)避免纠缠拖挂危险动作。
使查控对象人、车分离(自行分离或强迫分离)；基本理念：控制自己、控制对方、控制环境；理想目标：警察安全、公众安全、嫌疑人安全。

(五)不同条件下的车辆查控

1. 在日常执勤和巡逻中进行的例行查控
车辆查控过程中，当交通警察无法确定危险威胁的程度和危机何时爆发时，应遵循以下战术原则。
1)隐蔽查控目的，不表现特定针对性
在大多数情况下，交通警察外表上的平静态度和例行公事般的行为，能够使嫌疑人感觉有蒙混过关的侥幸可能，因而使事件的恶化过程趋向缓和，增加交通警察进行观察、控制和应变的时机。因此，不要在远处就对嫌疑车辆指指点点，或者直奔特定车辆而去。交通警察可以先在嫌疑车辆附近找几辆车简单地盘查并放行，然后才转向事先选定的嫌疑车辆，并可告诉对方是“例行检查”。

2)注意全景观察，持续进行形势评估

在对某辆车进行查控之前，最好有一定时间对其进行观察。可以先通过值班室或指挥中心核对该车辆的资料，并在稍远处注意观察车身有无刮、擦、撞的痕迹，车门、车窗是否有被撬砸过的迹象；要确认车牌是否伪造，前后车牌是否一致，车内有几个乘员；进一步观察他们看见警察后是否十分紧张，是否有摸、拿凶器的迹象；甚至可以从嫌疑车辆旁擦身而过，“不经意”地用手感觉一下汽车是否已经熄火，尾箱中是否有不正常的动静。

在开始盘查时，应当让驾驶人放下所有车窗，让车内所有人将手放在自己和队友能够看到位置，并密切注意有无危机爆发的迹象。在夜间，应当使用强光手电对车内进行照明，以确保良好的观察和监视。

3)选择行进路线并尽量避开危险区域

在接近嫌疑车辆时，应当避开冲撞碾压区、目标区、火网区、徒手袭击区，而行走相对安全的推进区。盘查时，应停留在推进区内和徒手袭击区外(见图 6-1)。

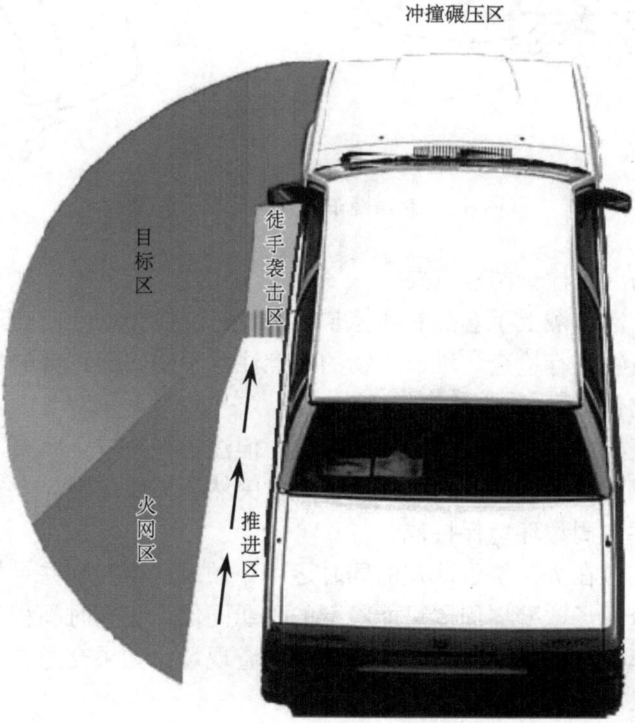

图 6-1　查控车辆危险区域示意图

冲撞碾压区——车头和车尾正前方区域。

目标区——嫌疑人可对警务人员瞄准射击。

火网区——嫌疑人瞄准射击不便，但仍可胡乱击中警务人员。

徒手袭击区——嫌疑人可徒手或持刀具攻击警务人员。

推进区——相对较为安全的区域，但也非完全保险，仍要提高警惕。

4) 人车分离，监管嫌疑人

当疑点逐渐上升时，命令嫌疑人下车接受人身检查和车辆检查。最先让驾驶人下车，交通警察勒令他交出钥匙并站到远离来往车辆的人行道一侧。在他下车、走动并接受盘问检查的整个过程中，应当始终与他保持安全的距离并保持密切监视。

其余人员依次下车，坚决不允许同时下车。注意，盘查完毕而没有发现疑点和疑物的人并不意味安全解除，交通警察及队友应当分工严密看管每一个嫌疑人，在整个盘查过程中始终保持高度的戒备，直到查控结束(见图 6-2)。

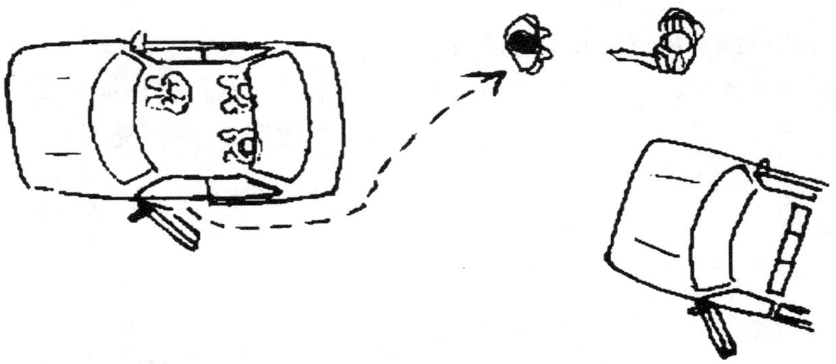

图 6-2　对嫌疑车辆人员查控示意图

5) 车辆检查与人身检查同样重要

检查车辆时，应该戴上手套翻看和拣拿，必要时需要借助专门的工具，甚至出动警犬。若需要卸下货物进行检查，堆放货物的地点注意不要妨碍正常的交通，同时要注意不要损坏和丢失物件。

必须当着嫌疑人或证人的面进行车辆检查。但注意保持安全距离，不要让受检人员离检查人员和车辆太过接近，同时提防受检人员突然袭警或逃跑。

6) 提高警惕并对周边环境保持戒备

若察觉危险，应在大声警告队友的同时运用警械或武器控制并寻找掩体。不要让围观的群众接近盘查现场，警惕周围可能隐藏的犯罪同伙。盘查时间稍长时，应该在来车方向放上警察查车牌，以防其他车辆失控撞向盘查现场。如果交通警察觉得无法控制局面，应当立即请求增援。

7) 与队友和上级保持沟通与配合

车辆查控中还必须注重合理分工，小心地协调站立位置，以保证对嫌疑人员、嫌疑车辆以及周边环境没有观察和控制死角，同时不能在需要开枪时形成互射的局面。另外，注意互通信息，相互提醒和掩护。

获得的一切资料或重要信息要立即上报值班室或指挥中心，使他们了解事态的进展、方便形势评估并做出相应决策。

8）专业地应付突然事变

当危险突然来临，尤其是涉及枪支和爆炸物品时，交通警察必须以高度的专业技巧进行现场控制，具体如下：

(1)大声发出警告通知队友并拔枪指向危险区（即嫌疑人）。

(2)立即寻找最近的掩体。

(3)不要立即穿越马路或在马路中间停留，过路车辆可能来不及规避交通警察。

(4)观察并沟通，避免出现己方互射及误入己方火网的情况。

(5)迅速进行形势评估，互相通报嫌疑人的位置和动作。

(6)当只有单独一人时，尽可能等待支援，避免独自拘捕嫌疑人。

(7)永远用枪指向当时构成最大威胁的嫌疑人，切勿尝试同时指向所有嫌疑人。

(8)立即向值班室或指挥中心报告事件的正确地点和当时的形势，如果无法进行通信，应请求他人打“110”电话要求支援。

(9)对周边保持戒备，因为可能还有其他暗藏的嫌疑人。

2. 公安道口检查站的车辆查控

根据上级指令或者工作安排，在辖区重点卡口设立公安道口检查站，对某一方向的车辆依次进行检查登记的执法活动。

如何识别嫌疑车辆？

(1)型号、颜色、牌照及有关特征是否与被通报协查的车辆特征相似。

(2)车辆型号与牌号、行驶证是否一致。

(3)汽车牌号的真伪。

(4)车体结构是否正常，发动机编号、车架号码有无异常，车体有无改动的痕迹。

(5)车辆是否存在明显的剐蹭损伤而未修理的情形。

(6)面对交通警察，驾驶人或乘车人的神色是否正常。

(7)车辆行驶状态是否正常，驾驶人在道路上对检查点或巡逻车有无躲避检查的行为。

如何对来往车辆进行检查？（根据任务目的确定检查方向，一般不双向检查）

1）选择合适地点，截停车辆

(1)查缉地点的选择。收费站、检查站、上坡路段、弯道处等能使车辆自然减速的路段都适合作为查缉地点。在多车道的直线踣段上，应采取用路障缩减车道的方式，使单向多车道缩减为一条车道或两条车道通行车道，达到迫使车辆减速、方便查缉控制的目的。需要注意的是，查缉地点不宜设在公交站、交叉路口处。

(2)截停方式。在查缉路段设置明显停车警示锥，从顺行方向道路边缘逐渐向道路中心线方向延伸，每间隔 20m 摆放一个（在条件许可的情况下，可加大摆放密度），警示距离至少 50m 以上，通过该方式可将多车道压缩为一车道或两车道。在警示锥起点处，摆放交通警察查车警示牌标志，如果是单向只有一条车行的道路，也应采取上述方法，压缩车行道宽度直至仅供机动车能够低速行驶通过。执勤交通警察手持停车示意牌站在警示锥与道路边缘之间，示意过往嫌疑车辆靠边停车。警车靠道路顺行方向停靠在执勤交通警察附近，有情况立刻以车辆为掩体，以确保人员安全。

(3) 核查情况。执勤交通警察截停嫌疑车辆后，除直观检查或者采用手持核查设备检查证件外，对于重点可疑车辆使用通信工具及时将被嫌疑车辆的型号、颜色、牌号报告给指挥中心，以便指挥中心在网上进行核查。

2) 明确分工，注意配合

在查控行动开始时，执勤交通警察及其辅助力量要进行明确的分工和布置，以确保查缉活动安全、顺利进行。在分工时要注意以下几个方面。

(1) 任务明确，紧密配合，形成一个行动的整体，避免各行其是。

(2) 人员分工明确，有主有次。主，即明确接近、盘查人员；次，即掩护、防御、策应人员(见图 6-3)。

(3) 提高警惕，既要注意查缉现场，又要注意周围情况，防止来自周围的袭扰。

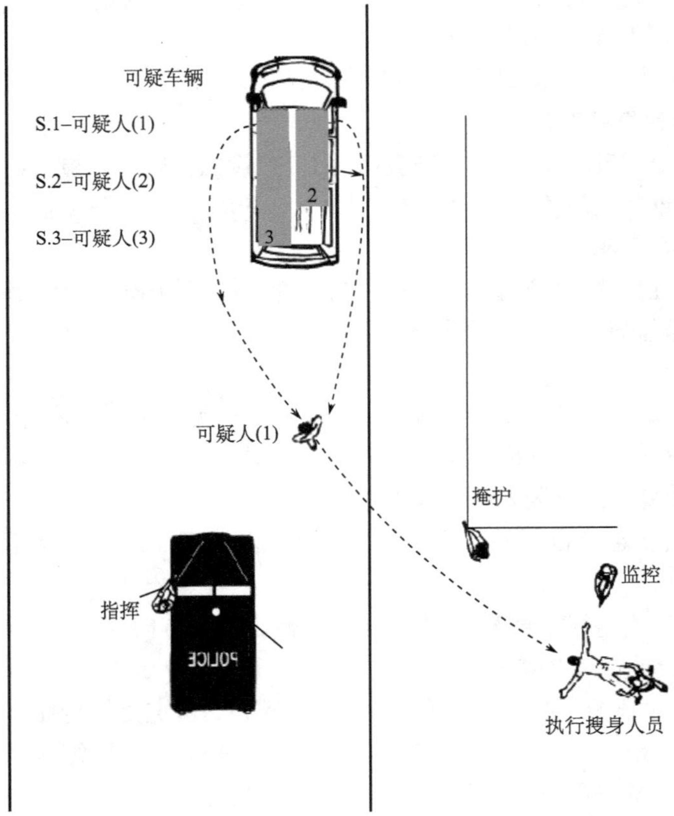

图 6-3 对乘坐多人的嫌疑车辆查控警组分工示意图

3) 严密控制，谨慎接近

严密控制：嫌疑车辆停车后，命令车内人员将车辆熄火，然后将车钥匙放在车顶或丢出车外，车内人员将手放在方向盘、仪表盘等视线可及的范围内，然后打开车门。

谨慎接近：交通警察从嫌疑车辆的左侧慢慢接近，路线与嫌疑车辆左侧在一条平行线上，且与车辆的距离尽量接近。当接近到能够看到车内情况后，观察车内情况是否正常然后再继续接近。接近的交通警察神情应保持自然，始终注意车内人员的双手是否有其他异常动作，如果有情况应立刻做出反应，先躲避后反击或边躲避边反击。

4) 实施盘查与搜查，注意动向

盘查：当确定安全后，应慢慢接近驾驶室，保持一定距离并绕到驾驶室门后侧，用左膝顶住车门或手扶住车门上沿，命令驾驶人用左手拿出证件，如后排有人应先从后排开始检查。对证件除直观检查或者采用手持核查设备检查外，对于重点可疑车辆使用通信工具及时将被嫌疑车辆的型号、颜色、牌号以及司乘人员的证件报告给指挥中心，以便指挥中心在网上进行核查。同时，根据工作要求，登记车辆人员信息以及去向。

搜查：命令车内人员从车辆的同一侧下车，由策应交通警察控制所有人员，盘查交通警察从车辆的左(右)后角低姿接近(头不超过车尾厢)，左手打开后备厢，低姿后退两到三步，仔细检查。检查的内容包括：对可疑车辆进行检查。检查车辆外观和锁具有无异常痕迹，检查车辆内部系统结构及编号是否改动过、是否非法拼装或组装等；对车内物品进行检查。重点检查类似通缉、通报协查的可疑物品。在检查中，如果发现可疑或危险物品，应迅速向指挥中心报告，请求增援。

3. 已知嫌疑营运车辆的车辆查控

当已知犯罪分子或犯罪嫌疑人混在或可能登上载有乘客的营运客车上时，其情况会变得复杂，盘查的难度也随之加大，要求执勤交通警察更要善于运用谋略，精心设计战术方案，巧妙地实施行动，既要完成盘查任务，又要注意保护好群众和我方的安全。查控时，除按照基本程序与要求实施行动外，还应注意以下几个方面。

1) 情报搜集与分析研判

情报信息搜集的范围、内容包括：犯罪分子或犯罪嫌疑人的犯罪性质、体貌特征、人数；携带有何种凶器、武器及数量，武器的种类是什么，弹药量是多少；是否携带有爆炸物品，何种类型的炸药，何种类型的引爆装置；客车的车型，隶属于哪个单位，车上乘客的人数是多少，必须经过哪些道路等。情报信息要尽可能详细，在此基础上，认真制订行动计划和应急方案，进行警力部署，确定协同方式和联络方式等工作。同时，要随时掌握最新情报动态，及时调整行动计划。

2) 选择合理的截停地点与理由

(1) 选择合理的截停地点。多选择在收费站、维修施工路段、上坡处、停靠站(点)等看似正常的地点，必要时，也可故意制造一个假现场，如车祸、施工等，借故将车截停。

(2) 公开截停。如果执勤交通警察是以公开身份进行截停，常用的方法是以该任务以外的理由截停车辆，以防打草惊蛇，使对方抢先行动，如检查车辆违章、检查违禁物品等。

(3) 秘密截停。如果执勤交通警察是以便衣身份进行查控，则更应选择好截停理由，在正式接触犯罪分子或犯罪嫌疑人之前，尽量不要暴露身份和查控意图(必要时可隐蔽地向驾驶人表明身份，征得其配合)，待查控任务结束后，再视情表明身份，做好解释工作。

(4) 公开秘密结合实施截停。即着装和便衣交通警察相配合实施截停，通常是在已经确认目标就在该辆车上时采用。常用的方法有：先由便衣交通警察借故将车辆截停后，再由着装交通警察实施查控；有条件或者有必要时，着装交通警察先在预定地点设伏，由便衣交通警察借故提前上车，暗中观察车内情况，设法接近、控制目标，至预定地点时，以合理理由使驾驶人停车，形成里应外合，协同查控犯罪分子或犯罪嫌疑人。

3）实施查控

实施查控的基本程序是：控制驾驶人；使全部乘客下车；将目标与乘客分离；查控犯罪分子或犯罪嫌疑人。

将车辆截停后，执勤交通警察应当首先控制主驾驶人，令其熄火、拔钥匙、下车，接受检查。也可视情悄悄向其简要说明情况，征得其配合。以合理的理由使乘客全部下车，并做好解释工作，征得乘客的理解，但尽量不要暴露查控意图。一般情况下，没有特别的把握，执勤交通警察尽量不要以公开的身份上车进行盘查，以防止犯罪分子或犯罪嫌疑人抢先反抗、劫持人质而造成我方的被动。

当发现或者确认犯罪分子或犯罪嫌疑人时，不要立即采取控制行动，可暂不惊动他或者他们，而设法将其与乘客分离开，防止其趁人多之机突然反抗。

当将犯罪分子或犯罪嫌疑人隔离开并将现场控制后，执勤交通警察按照查控的程序与要求，依法实施盘问与检查。

4. 对暴力犯罪嫌疑车辆的查控

暴力犯罪嫌疑车辆是指由暴力犯罪嫌疑人驾驶、乘坐的机动车辆。该种情形多为小型车辆，车内全部或大部分是犯罪分子或犯罪嫌疑人，个别乘客有可能是人质，也可能是被胁迫或者不知情者。该种情况的犯罪嫌疑人往往犯有暴力罪行，或持有凶器、武器甚至爆炸物品，极易反抗、闯卡或做出其他危险举动，查控难度和危险性大，需要高度重视和精心组织，力保我方和群众的安全。其基本行动程序如下。

1）搜集情报与分析研判

情报搜集的内容包括：犯罪分子或犯罪嫌疑人的犯罪性质、体貌特征、车内人数、已犯有何种罪行；携带有何种凶器、武器或爆炸物品，何种引爆装置；乘坐或驾驶的车型，车上是否有无关人员或者人质，必须经过哪些道路等。根据获得的情报信息，认真进行分析与判断，及时制订行动计划和应急方案，进行警力部署和装备保障，确定协同方式和联络方式等。同时，要随时掌握最新情报动态，及时调整行动计划。

2）选择查控路段

由于查控暴力犯罪嫌疑车辆时极易发生战斗，因此应当尽量选择在车流量和行人均较少的弯道处、上坡处和没有岔路口等路段进行拦截，尽量避免或者减少战斗发生时对无关人员和公私财产造成损害后果。

3）设卡拦截

设卡拦截一般采用三道卡的战术，即观察卡、第一拦截卡、第二拦截卡。

观察卡的主要功能是对过往车辆进行甄别，一旦发现嫌疑车辆，应用通信设备及时将嫌疑车辆的颜色、种类、牌号、嫌疑人情况通知第一拦截卡和武力拦截卡，使其做好准备。同时，根据情况的需要，担负着堵截嫌疑车辆或嫌疑人掉头逃跑的任务。为了让第一拦截卡有充分的拦截反应时间，观察卡与第一拦截卡之间应有 1km 以上的距离。观察卡的交通警察应采用隐蔽方法进行观察，利用道路周围的建筑物和自然环境，如路边小饭馆里的窗户、路边停放的民用汽车、草丛、树木、岩石等，也可化装成路边的商贩等进行观察。

第一拦截卡的任务是对嫌疑车辆实施拦截和缉捕。第一拦截卡的警力应分成拦截组、控制组、抓捕组和机动组。拦截组负责拦截嫌疑车辆；控制组负责控制嫌疑车辆及车内的嫌疑人；抓捕组负责抓捕嫌疑人；机动组负责现场警戒，兼负追缉回窜逃跑的嫌疑车辆。拦截组到达现场后，应随时与前后两个卡点保持通信联络，及时传递信息。指挥员应指挥所有参与人员设置拦截路障，进入相应的战斗位置，将警车停在路障的一侧，车头向内，及时追缉闯卡或掉头回窜的嫌疑车辆。

第二拦截卡的任务是对冲闯第一拦截卡后逃跑的嫌疑车辆进行武力拦截。第二拦截卡应设在第一拦截卡后方大约 200m 处。第二拦截卡的警力可分为拦截组和围捕组。第二拦截卡可首先在路障处放置破胎器，嫌疑车辆如果强行冲过，便会爆胎无法继续行驶；如果嫌疑人下车逃窜或负隅顽抗，此时可由围捕组实施围捕，拦截组交通警察实施掩体后监控。如果第二拦截卡未配置破胎器，拦截组的交通警察可因地制宜利用收费站等地形或者使用警车以及紧急征用货运载重汽车等车辆，对继续逃窜的嫌疑车辆或暴力反抗的嫌疑人进行拦截控制。

4）实施查控

当犯罪嫌疑车辆被截停后，执勤交通警察不能贸然接近车辆，应当按照以下程序采取行动。

(1) 由指定交通警察喊话，警告车内人员不要乱动，服从命令，否则后果自负。其他交通警察按照部署监视和控制人员、车辆及整个现场。

(2) 命令驾驶人熄火，将钥匙扔出后，举手下车至指定地点，由负责查控的交通警察将其控制。

(3) 依次指挥副驾驶、后排人员下车至指定地点，实施控制。

(4) 当将所有嫌疑人员控制后，由指定交通警察对车辆进行检查。

(5) 如果犯罪嫌疑人有暴力反抗、逃跑等拒捕的紧急情形，应当视情依法采取强制手段，果断地予以制止。

5）善后处理

按照基本程序的要求进行结束后的工作。如果执勤交通警察依法使用了警械、武器，造成人员伤亡的，应当视情分为若干个小组，分别进行抢救伤员、保护现场、向上级以及当地公安机关报告、押解犯罪嫌疑人等工作。指挥员与负责保护现场的交通警察，应当配合上级或者当地公安机关进行完现场调查后，再组织撤离现场。

5. 对拒绝停车或闯卡逃逸车辆的查控

1）车辆追缉

根据《公路巡逻民警队警务工作规范》第十六条第三项的规定，对暴力犯罪嫌疑人、交通肇事逃逸驾驶人、被公安机关通缉的人员等危险人员乘坐、驾驶机动车逃逸，可能对公共安全和他人生命安全有严重威胁的，可以驾驶机动车追缉，并应当及时请求支援。

(1) 追缉前的情报收集。

实施追缉行动前，要广泛收集案情线索，获取嫌疑人数量、体貌特征、武器情况、技能状况，以及嫌疑车辆的相关特征资料等。此外，还应了解和掌握追缉行动区域内的道路、交通状况，充分考虑在实施追缉中可能会造成影响的各种因素，如交叉路口、桥梁、隧道、加油站、要害部位和重要场所等。

(2)追缉的要求。

车辆要求：上道路执行追缉任务的车辆，应当处于良好的备勤状态，应当保持油料充足，其安全性能包括灯光系统、制动系统、车载扩音器、雨刮器等均应处于良好状态，确保车辆能够胜任追缉行动。

人员要求：根据查缉战术的基本要求，追缉组一般要求配备四名以上人员，一名负责开车，一名为指挥员，一名为主盘查，一名为副盘查。即使在特殊情况下，也至少要有两名以上交通警察方可进行追缉和盘查。当只有一名交通警察时，一般只要求进行跟踪追缉，不要求截停嫌疑车辆。

装备要求：执勤警用汽车应当配备反(发)光锥筒、警示灯、停车示意牌、警戒带、照相机(或者摄像机)、灭火器、急救箱、牵引绳等装备，根据需要还可以配备防弹衣、防弹头盔、简易破拆工具、防化服、破胎器、酒精测试仪等装备。

交通警察在执行追缉任务时应配备警用枪支。

(3)追缉的战术。

一般以尾随为主，通知前方进行堵截。除非确定嫌疑车辆上有严重威胁社会安全的武器、危险品，并且有发动恐怖袭击的现实危险性外，一般不允许采用强制超越、别靠拦截、并行追停等方法，以免出现交通意外。追缉过程中应与嫌疑车辆保持一定的安全距离，并且通过不时喊话的方式要求嫌疑车辆停车接受检查。

(4)嫌疑车截停后的战术。

嫌疑车截停后要谨慎采取行动。当嫌疑车辆被截停后，追缉交通警察应迅速将警车停在嫌疑车辆的后方就近位置，驾车的交通警察停留在驾驶座待命，指挥员、主盘查交通警察、副盘查交通警察迅速利用车门和车身为掩护，发出指令要求嫌疑人熄火下车，将对方嫌疑人全部控制后再对其车辆进行盘查。

如果是嫌疑车辆主动停车的，追缉交通警察应将警车停在嫌疑车辆后方至少 3m 远的地方，将车头斜向行驶方向的左侧。交通警察下车后以警车为掩护，先出枪控制嫌疑人，再实施抓捕。

2)前方设卡拦截

对于因为酒驾或者超载而遇交警执勤拒绝停车或公安检查站闯卡逃逸车辆(包括肇事逃逸的车辆)的查控，也可以采用前方设卡拦截的方式。

(1)收集情报信息。

收集的情报信息主要包括：明确案情，掌握嫌疑人的情况，确定案件性质；收集嫌疑车辆有关信息，如车型、牌号、颜色及有关特征、车辆的行驶方向等；了解驾驶人及乘车人的数量及相关情况，有无携带武器，有无被劫持人员；对被盗抢车辆，应通过犯罪情报信息中心了解车辆的具体情况。

(2)选好设卡地点。

在决定设卡地点前，应提前熟悉周边的地理环境、交通环境、建筑物情况，设卡地点的选择应当充分考虑以下因素：应选在能充分利用自然环境迫使嫌疑车辆主动减速又难以掉头的地点；周围环境是否有利于嫌疑人弃车逃逸；视野开阔，有利于查缉交通警察的隐蔽、观察和警力的展开；尽量避开人群、居民稠密区、交通要道；远离易燃、易爆、有毒等危险物品堆放区或生产企业和其他重要场所；观察识别卡与路障拦截卡之间不能有路口。

卡位的设置可利用固定卡点和临时卡点。

(3)先敌设卡。

执勤交通警察应树立超前意识，保持各种参战装备和参战人员处于备战状态，在接到设卡命令后，警力应迅速行动，在最短时间内到达指定设卡地点，设置安全防护设施。

(4)分工明确，配合默契。

参与执勤的交通警察根据警力情况，分成观察组、拦截组和火力控制组，同时具体明确每名交通警察的职责，形成整体协防，提高战斗力。堵截策略上采用明截与暗截相结合。在检查站、堵截卡位上，交通警察应全副武装进行拦截。同时，在卡点的周围，可布置便装交通警察，防止嫌疑车辆遇卡后提前绕卡逃脱。

除了设卡明堵，也可采取路政烟草环保检查、公路施工、交通事故现场等形式，巧妙地消除被堵截对象的猜疑，借机靠近实施拦截。

(5)保持充分的警力和装备。

设卡拦截，必须保持充分的警力和装备。具体表现在以下三个方面。

① 保证警力优势。在固定卡点，配备的交通警察一般不少于4人。在临时设卡点，根据拦截目标的情况，适当增加人员。必要时，卡点周围及卡点之间可配置巡视警力和后援警力。

② 充足精良的装备。在每一个拦截点，应配备一定数量的拦阻器材。卡点处的交通警察必须穿防弹衣、戴钢盔，配备对讲机、交通标志牌，夜间还必须携带强光照明设备。配置设卡拦截使用的阻截器材。在卡点应配置汽车阻车钉、拦车路障。也可以利用收费站和超载检查站的固定式拦车设施，紧急情况下可以征用重型载货货车进行阻截。

③ 要有多警种合作配合的预案，并进行过有效的演练。

(6)掌握截停后接近的单警和多警战术。

截停后，交通警察应采取一定的战术路线，避免完全暴露在对方监视之下或处于直接的威胁之下(见图6-4)。

接近前，应命令被查车辆驾驶人降下车窗玻璃，并拉紧手制动；要求并确认被查车辆驾驶人关掉发动机，并将钥匙扔出车外；要求被查车辆所有人员将双手置于座椅靠背上(见图6-5)。

接近时的战术要求：查缉交通警察在接近嫌疑车辆时，要始终保持高度警惕，注视被查车辆司乘人员的举动，采取合理的战术路线在同伴掩护下接近嫌疑车辆。

接近后的战术要求如下：

① 单警接近后的战术要求。接近被查车辆后，首先观察车内人员双手的摆放位置和身体姿势。在由车后向车前移动时，采取向前探望的姿势，逐一检查车辆后备厢是否

图 6-4 截停后利用掩体警组掩护接近

图 6-5 要求乘客双手置于座椅靠背上示意图

锁好(货车货箱的装载情况)、车后排座位，最后是驾驶人。如果被查车辆内仅前排座上有人时，交通警察应站在驾驶人一侧车门稍后位置，身体稍向前探，对司乘人员进行检查(见图 6-6)。如果被查车辆内后排座上也有人，交通警察不要靠近驾驶人车门，应只站在车左后门后侧，命令驾驶人下车接受检查。交通警察检查驾驶人时，应始终监视对方，将其带到被查车辆后面，以便在询问、检查驾驶人的同时，能对被查车辆内的情况保持监控。当驾驶人必须回车拿取钥匙时，交通警察应随之监控。

② 多警接近后的战术要求。多名交通警察接近被查车辆时，要充分利用警力的优势，加强对司乘人员的控制，互相配合，共同实施对车内人员的检查。检查被查车辆驾驶人时，应由两名交通警察共同盘查，一人检查，一人监视。检查前排座上人员时，交通警察可分别控制，共同盘查，必要时可令其下车接受检查。被查车辆内乘坐人员为多人时，应分别控制四个车门，防止对方弃车逃跑或袭击查车交通警察，必要时可令其全部下车，集中控制，逐一盘查。另外，负责盘查的交通警察要采取侧身站立的姿势面对被查人员，用左手拿取相关证件，右手始终放在枪把上，一旦遭受袭击，可迅速后撤并拔枪控制对

图 6-6　单警从驾驶人侧接近示意图

方。在盘查车辆时，司乘人员不听从指挥、执意下车企图逼近或围攻交通警察时，不应与其争执，避免被其包围，而应立即严肃警告，并向后撤退，必要时退入警车，迅速向值班室报告，请求支援。

(7) 随机应变，因地制宜。

指挥员应结合具体的地理环境、交通情况以及嫌疑人逃跑的时间和使用的交通工具，有针对性地设置相应的路障。在紧急情况下，交通警察拥有的装备无法设置路障时，可先行拦截过往的车辆尤其是大型货车作为设卡的路障，也可以利用路边的木头、石块作为辅助拦截设备。

(六) 车辆查控中常见问题的处理

1. 在车辆查控中出现弃车逃跑嫌疑人时的处置办法

如果嫌疑人在我方车辆查控时停车后四处逃窜，现场指挥员应立即发出口头警告，并组织警力进行合围抓捕。但一方面要保证警力优势，另一方面要保持警惕。因为对于对方逃窜的原因不明，是违章、酒驾、毒驾，也可能是通缉犯等。对于多名人员四处逃窜时，指挥员要命令集中警力对其中一名进行合围，不要各自为战。坚决杜绝一人独自长距离没有支援的情况下追捕。

如果发现四处逃窜的嫌疑人持有凶器或者枪支，而且周边地形复杂，立即停止追捕。报告指挥中心在足够的警力到场后，在领导的统一指挥下再进行下一步行动。

2. 在设卡堵截时对掉头回窜车辆的处置办法

如果嫌疑车辆在第一拦截卡前掉头回窜，此时观察卡应实施拦截，第一拦截卡的抓捕人员和控制人员应马上驾车进行追缉，形成前堵后追的夹击态势。抓捕逃窜车辆的战术按本章中追缉嫌疑车辆的要求进行。

3. 公安道口检查站的车辆查控中出现车流拥堵的处置办法

由于交警在查处违章执法时，还有保畅通的职责，所以在公安道口检查站的车辆查控中要尽量避免出现车流拥堵的现象。一方面因为拥堵会造成群众出行的不便，另一方面也会因此造成司乘人员因不满而与执勤交通警察造成没必要的冲突。为此，第一要仔细研判选择合适的检查地点，做到安全、有效，便于分流。第二要升级换代最新信息化的核录设备，让科技的力量提高现场的检查核查效率和准确性，例如，卡口系统升级后自动登记车牌，采集身份证等数据。第三要充分发挥前方观察卡的作用，提供准确可疑信息，对目标车辆重点查控，而对其他车辆尽量采用信息化设备自动审查，从而也减少交通警察的工作量，提高工作的持续性。第四现场指挥员要科学布置警力和检查流程，让交通警察工作有的放矢，否则逢车必检会让交通警察在思想上产生麻痹和松懈。

4. 高速公路上的设卡拦截的办法

鉴于高速公路上的通行车速远高于一般公路，在高速公路上设卡具有极大的危险性，尤其是重型货车往往会因路段设卡、刹车不及或制动失灵而酿成重特大交通事故，因此迫不得已要在高速公路上设卡时，首先利用情报研判技术尽量缩小车辆可能通行或者驶出的收费站和服务区，并以省际收费站或者服务区为拦截卡，在卡点前3～5km处设置观察卡。当拦截卡交通警察得知嫌疑车辆已进入拦截路段后，应以施工等理由逐步封闭其他通道，把车引导入服务区或者收费广场。在只放行一条通道的情况下，拦截交通警察可化装成收费站工作人员或交通稽查人员，采用隐蔽的方式对嫌疑人实施拦截和抓捕。但要注意不要逢车必检，造成大面积拥堵。对其他车辆的检查，也是为堵截目标车辆服务。

5. 警用装备器材的安全有效使用

具体内容请参见实训项目一。

6. 车辆查控中的安全防护

具体内容请参见实训项目二。

三、实训情境的设定

情境一：警组对疑似被盗车辆的查控

在辖区某路口执勤的警组接到指挥中心指令：某单位被盗的一辆白色奥迪小轿车在附近被路人发现，车牌号粤A BXYZ*，尾数不详；车上有盗车嫌疑人2人，主要特征不详。要求警组在某路段实行公开检查，发现嫌疑车辆务必拦截盘查。

① 警组5人携带规定武器装备在指定路段实行公开拦截检查，警力如何部署？

② 假设嫌疑1人(由辅助教官担任，下同)驾驶一辆白色奥迪车向某路段行驶。车型、颜色与协查车辆一致，但车牌号不一样，符合查控基本条件。该如何处置？

③ 经盘查车牌号粤A BXYZ7，人证吻合，身份清楚，驾驶人配合盘查时，该如何处置？

④ 在盘查车牌号粤A BXYZ2时，车上2人弃车逃跑，你是现场指挥员该怎么办？

情境二：警组对形迹可疑车辆的查控

某日午间 13 点，警组在巡逻执勤中发现一辆崭新的本田(广州)V6 轿车，车牌号系某党政机关的牌号，车内乘坐 2 人，轿车在运行时速度快，摇摆不定，形迹可疑，符合查控基本条件。警组依法由后截停查控。

出现以下情况时，该如何处置？

① 假设嫌疑人 2 人驾驶车辆快速、摇摆行驶，形迹可疑。疑似驾驶技术不熟练的盗窃嫌疑人窃车后逃逸。

② 盘查时，嫌疑人态度粗暴，声称为某党政机关领导，以势压人，不配合警察盘查时。

③ 盘查时，嫌疑人态度粗暴，声称为某党政机关领导，驾驶室内有浓浓酒味。

④ 嫌疑人耍态度，以势压人，拒绝配合盘查时，当告知相关法律规定予以训诫后才同意接受检查，但在检查时座位下发现一副号牌。

情境三：警组对携带违禁物品的嫌疑车辆查控

指挥中心接群众举报：一名携带非法物品(具体何物未说明)的嫌疑人在某宾馆门口乘坐一辆车牌号为晋 A BX336 的白色捷达轿车沿某街向某方向驶去；嫌疑人身材较胖，身高 1.70m 左右，头发较少，操广东普通话，可能持有假身份证，符合查控基本条件。

出现以下情况时，该如何处置？

① 假设嫌疑人两人，其中一人为非法营运的“野的”驾驶人，驾驶与举报嫌疑车辆一致的轿车；一人为非法携带贩卖仿真手枪的嫌疑人，持假身份证，符合查控基本条件。

② 盘查时，驾驶人身份证、驾驶证、行驶证相符，配合盘查；嫌疑人在警察盘查驾驶人时，将装有仿真手枪的手提袋丢弃路边被监控警察发现。

③ 盘查警察在同伴掩护下对车辆进行检查，在车的后备厢中发现写有“硝铵炸药”的包装袋一个，但未发现炸药。嫌疑人辩称为捡的。

情境四：警组对乘有在逃犯的特定出租车的查控

警组接指挥中心命令：一名批捕在逃犯乘坐一辆车牌号为京 B T000X 的白色现代出租车向某方向驶去。在逃犯男性，约 30 岁，身高约 1.70m，较瘦，平头，操苏浙口音，持假身份证。要求警组在出城环城高速路口收费站公开拦截查控。

出现以下情况时，该如何处置？

① 出租车牌号、型号、颜色与通报上的嫌疑车辆相同，车内除驾驶人外乘坐三人，均在后排座上，其中坐在右侧的一人与通报的在逃犯相似，符合查控基本条件。

② 盘查中，驾驶人配合，证照齐全，身份清楚，乘客中的右侧一人在警察盘查驾驶人时，企图开门下车，暴露身份；另一乘客神态不自然、紧张。

③ 盘查中，驾驶人神色紧张，不停给警察眨眼，乘客中的右侧一人在警察盘查驾驶人时，企图开门下车，另一乘客神态不自然、紧张。

④ 盘查中，驾驶人无法提供有效证件，盘问回答带有苏浙口音，乘客中的右侧一人

神色紧张，右手始终在怀中，车内有点点血迹。

⑤ 盘查时，警察向驾驶人了解乘客情况，引起嫌疑人警觉，突然持刀劫持驾驶人冲卡逃跑，逃跑为高速北京方向。

四、实训器材与场地

（一）实训器材

具体实训器材如表 6-1 所示。

表 6-1　实训器材一览表

名称	数量	单位	用途
对讲机	8	台	教员、学员配带
身份核查仪	3	台	学员配带
嫌疑车辆	2	台	演示使用
制式警车	2	台	演示使用
教学号牌	3	副	出情况使用
单警装备	依据学员人数	套	每个学员配带
六四手枪(橡胶)	10	支	据实训场景使用
喊话器	2	台	教员、学员配带
锥筒	50	个	训练
警戒带	5	个	训练
停车检查牌	1	个	训练
查车装备	4	套	训练

（二）实训场地

相对封闭的室外场地，要求有明确的道路标线，可以保证行车安全的场所。最好在模拟高速口或收费站场地进行。

上课要求：

(1) 严格训练场纪律，不准携带手机进入训练场，不准吸烟。

(2) 认真听讲，仔细看示范，刻苦训练，相互探讨，共同提高。

(3) 爱护器材，注意训练安全，防止出现伤害事故。

(4) 教师提前 25 分钟到达训练场布置场地，做好上课前的准备工作。

五、实训方法与步骤

（一）实训方法

1. 实训预习

授课教师事先告知参训学员本次实训的内容，要求复习本次实训内容相关的教学内容和课堂笔记，并熟读本次实训中所需器材的使用说明书。

2. 实训手段

(1)规范讲解和演示。

(2)学员操作。

(3)学员自评与互评。

(4)教师点评。

(二)实训步骤

1. 课前准备

(1)器材保障。

每次实训前后，授课教师安排一组学员，前往仓库负责领取所需各类实训器材并运送到实训场地，结束后再负责归还仓库。

(2)人员安排。

授课教师负责全程教训和监督。每次实训以一个区队为例，约 40 人，每个区队分为 5 个小组，每组 8 人，每组设立 1～2 名学员担任组长；每个小组的成员可以轮流扮演违法当事人，也可以相对固定该角色。

(3)教学分工。

主讲教官 1 名：负责教案编写，课堂的组织教学。

辅助教官 3 名：负责场地布置，器材保障，配合示范，分组指导训练，辅助主讲教官的教学。

2. 实训演示

授课教师在实训伊始，通过教师本人演示或播放视频，示范本次车辆查控的规范用语、程序和装备操作等方法。

授课教师在开始实训时，先通过规范的操作流程进行演示，然后将每个小组的组长，抽取组成第一特训小组开始实训，第一特训小组的训练过程必须非常详细和规范；在训练过程中，如果出现偏差和失误，应当及时纠正、讲解。训练完成以后，马上让其再重复进行一次完整、规范的实训过程，确保第一特训小组的每位成员都确实掌握了各类车辆查控执法的规范用语、程序和装备操作方法。在第一小组训练过程中，其他学员现场观摩并做笔记，第一小组完成训练以后，该小组成员作为小教员，回到各个小组中进行示范与训练，辅助教官分配至各个小组监督辅导。

3. 学员操作

所有学员根据模拟场景，进行各类车辆查控执法的规范实务操作，包括正确站位、规范用语、法定程序、文书制作以及安全防护等内容；各小组每次安排 2～4 学员进行实务操作，其他学员观摩并记录，依次轮换。

4. 教师点评

主讲教官和辅助教官在学员实务操作过程中进行巡视，及时发现、纠正学员实务操作中的不规范之处。

每名学员在实务操作之后，进行自我点评操作中的不足和失误，其他学员进行补充和纠正；授课教师可参与点评和记录学员的发言。本实训项目结束后，授课教师对各小组的实训过程进行归纳点评。

本次实训结束后，授课教师向学员布置课后作业。

六、实训考核标准与要求

本实训内容的考核点主要包括：实训案例的正确分析评估，发现和识别能力，车控基本技能的掌握程度，实战意识和战术应用能力，法律法规的正确应用，以及实训报告的总结能力。评定标准见表 6-2，考核成绩评分表见表 6-3。

表 6-2　车辆查控实训成绩评定标准

项目	具体评分标准	总分值
(一)实训案例的正确分析评估	A. 案情分析准确合理，符合实际情况，及时正确地做出评估(10～9 分) B. 案情分析基本合理，能为制订方案提供基本条件，能做出正确的评估(8～6 分) C. 能够对案情做出相对准确的分析，基本上能评估(5～2 分) D. 虽然分析案情，但不准确或偏差太大，没有评估或评估错误(1～0 分)	10 分
(二)发现和识别能力	A. 判断非常准确，能说清原因，符合实际情况，能够及时抓住要害(20～16 分) B. 发现识别准确，能起到指导行动的作用(16～12 分) C. 基本掌握发现识别所教内容，不能举一反三(12～8 分) D. 发现识别教条，不能处置新情况，或者识别错误(8～0 分)	20 分
(三)车控基本技能的掌握程度	A. 准确、合理、协调，达到行动的要求(20～16 分) B. 合理、协调，达到行动的要求(16～12 分) C. 一般协调，基本上符合行动的要求(12～8 分) D. 动作错误，造成行动失败(8～0 分)	20 分
(四)实战意识和战术应用能力	A. 基本合理，方法得当，行动上占据主动，实战安全意识强，能够灵活处置突发情况(30～24 分) B. 战术应用基本合理，处置得当，有实战安全意识(24～18 分) C. 有战术和安全意识，能够按程序处置，基本符合现场情况，漏洞很少(18～8 分) D. 运用不当，或基本不会运用(7～0 分)	30 分
(五)法律法规的正确应用	A. 法律法规的应用准确，能够熟练法规条文，并能区分不同法律对同一事实的不同规定(10～8 分) B. 法律法规的应用准确，能够基本熟练法规条文(7～6 分) C. 法律法规的应用正确，但不能说出条文(5～1 分) D. 法律法规的应用错误(0 分)	10 分
(六)实训报告的总结能力	A. 按时完成，总结到位，分析合情合理，能够发现自身不足，体会很深，总结很有深度(10～8 分) B. 按时完成，总结到位，分析合情合理，能够发现自身不足(7～6 分) C. 按时完成，总结全面(5～1 分) D. 没有按时完成或与他人雷同(0 分)	10 分

表 6-3 车辆查控实训考核成绩评分表

考核科目：车辆查控 考核时间： 年 月 日

区分 成绩 分值		所在组别	实训实施(90 分)					实训报告(10 分)	总分	
			分析评估	发现识别	基本技能	战术实战	法律应用	按评分标准	成绩	备注
序号	姓名	代号	10 分	20 分	20 分	30 分	10 分	10 分		
1										
2										
3										
4										
5										
6										
7										
8										
9										
备注										

考官：

实训项目七　常见阻碍和妨害交通警察执勤执法职务行为的处置

一、实训目的

知识方面：通过实训，使学员牢固掌握常见阻碍和妨害交通警察执勤执法职务行为的界定标准、处置依据及操作规程等业务知识。

能力方面：通过实训，锻炼和提升学员面对阻碍和妨害交通警察执勤执法职务行为时的情境判断能力、心理承受能力、情绪控制能力、安全防护能力、证据收集能力、语言使用能力、措施运用能力，从而具备对常见阻碍和妨害交通警察执勤执法职务行为进行规范、有效处置的能力。

素质方面：通过实训，锻炼和提升学员在执勤执法活动中立场坚定、执法为民的政治素质，有法必依、执法必严的法律素质，遇事冷静、处置果断的心理素质，应对规范、措施有效的业务素质。

二、常见阻碍和妨害交通警察执勤执法职务行为的处置导引

（一）阻碍和妨害交通警察执勤执法职务行为的界定

本实训项目根据当事人的行为方式和法律后果，将干扰交通警察执勤执法职务行为归类为“阻碍”和“妨害”两大类。

1. 阻碍交通警察执勤执法职务行为的界定

阻碍交通警察执勤执法职务行为是指当事人未主动与交通警察或者其他在场人员发生身体接触，但以口头、逃避等方式拒绝服从交通警察命令，或者以谩骂、侮辱等非暴力方式干扰交通警察依法执行职务，涉嫌违反治安管理法律规定的行为。

2. 妨害交通警察执勤执法职务行为的界定

妨害交通警察执勤执法职务行为是指当事人对交通警察或者其他在场人员实施暴力行为、损毁警用装备，或者以伤害、毁坏名誉等言语相威胁，干扰交通警察依法执行职务，涉嫌犯罪的行为。

（二）阻碍和妨害交通警察执勤执法职务行为的处置依据

（1）《人民警察法》的相关规定。

（2）《人民警察使用警械和武器条例》的相关规定。

（3）公安部及公安部交通管理局的相关规定。

《公安机关办理行政案件程序规定》、《公安机关办理刑事案件程序规定》、《公安机关现场执法视音频记录工作规定》、《交警系统执法记录仪使用管理规定》、《交通警察道路执勤执法工作规范》、《交通警察执勤执法安全防护规定（试行）》、《公安机关人民警察现场制止违法犯罪行为操作规程》和《常见阻碍和妨害交通民警执行职务行为现场处置规

程(试行)》等相关规定。

(三)处置阻碍和妨害交通警察执勤执法职务行为的一般操作规程

1. 阻碍交通警察执勤执法职务行为的一般处置操作规程(见图 7-1)

(1)控制情绪。交通警察应当保持头脑冷静，控制情绪。注意观察现场周围的情况，做到语言、行为不失控。

(2)及时取证。交通警察应当使用执法记录仪拍摄取证，可辅以相机、摄像机、手机等设备摄录，全程记录执法过程。有条件的，请求勤务指挥部门(指挥中心)利用街面监控视频对现场情况进行实时监控录像。尽量收集目击群众的联系方式，以便后续取证。多名警力在场时，应注意协调站位，选择最佳拍摄角度，必要时可一人手持执法记录仪拍摄。

(3)明确警告。在一般情况下，可以口头告知当事人，其行为属于阻碍交通警察依法执行职务的违法行为，已被执法记录仪完整记录，将依法承担法律责任，责令其立即配合执法。在特殊情况下，当事人有可能听不到口头警告的，可以采用条幅、纸板展示等方式进行警告。

(4)制止。对以谩骂、侮辱等方式干扰执法的当事人，经警告无效，交通警察可以使用口头制止，命令当事人停止干扰执法的行为。口头制止语应当明确、简洁、易懂，禁止使用侮辱性、歧视性语言。口头制止可能导致当事人逃跑、毁灭证据或者其他严重危害后果的，交通警察可以依法采取徒手制止措施。使用徒手措施，应当先行警告，但情况紧急来不及警告或者警告后可能导致更为严重后果的，可以直接使用徒手制止。徒手制止，应当以当事人停止实施违法犯罪行为为限度；除非必要，应当避免直接击打当事人的头部、裆部等致命部位。

(5)传唤带离。对拒绝配合执法或者因干扰执法已经被制止的当事人，应当口头传唤其到公安机关。当事人拒不接受口头传唤的，可以徒手或者依法使用手铐、约束带等约束性警械对其进行强制传唤、带离现场，移交属地治安部门，并在二十四小时内补办相应手续。

(6)查控。对于逃逸的当事人，要及时报告勤务指挥部门(指挥中心)，请求进行查控。

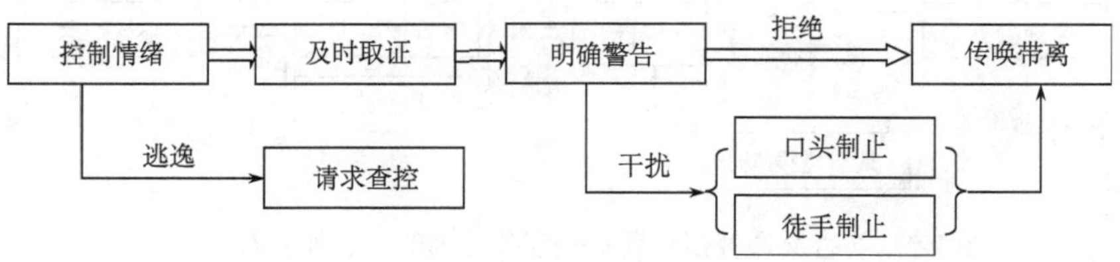

图 7-1　阻碍交通警察执勤执法职务行为的一般处置操作规程

2. 妨害交通警察执勤执法职务行为的一般处置操作规程(见图 7-2)。

(1)防护。由于当事人妨害执法时具有不同程度的危险性，所以交通警察首先要做好安全防护。注意安全站位，驾驶人下车前，身体原则上不得进入距车体两侧 80 厘米(比常人单臂略长)或者车门半径内，车前、车后位置不得站立。驾驶人、随车人员下车后，与其保持必要的安全距离，视情况可以依法使用警械保护自身安全。极度危险时，可以撤离危险区域，疏散周围群众，等待救援。

(2)取证。具体方法可参考“阻碍”情形的一般操作规程。

(3)果断处置。

① 请求查控。对当事人驾车冲撞闯卡的情形，应当立即报告勤务指挥部门(指挥中心)，请求进行查控。

② 请求增援。对不具备警力优势，需要等待警力增援的情形，应当及时向勤务指挥部门(指挥中心)请求增援，并做好防护。

③ 现场处置。对能够现场直接控制当事人或者增援警力到场后的情形，应当严正告知当事人行为涉嫌妨害公务，已被执法记录仪完整记录，将依法承担法律责任，责令其立即停止。对当事人正在以轻微暴力方式，尚未严重危及交通警察和其他在场人员人身安全，如当事人采取挣脱、拉扯衣服、推搡等方式，但未主动采取暴力手段攻击交通警察或其他在场人员的，经警告无效，可采取徒手制止。若情况紧急，来不及警告或者警告后可能导致更为严重危害后果的，可以直接使用徒手制止。当事人以暴力行为危及交通警察或者其他在场人员人身安全的，交通警察无法徒手制止的，经警告无效，可以依法使用警棍、催泪喷射器等驱逐性、制服性警械。使用驱逐性、制服性警械，应当以制止违法犯罪行为为限度；当事人停止实施违法犯罪行为时，应当立即停止使用。当事人采取暴力方法，严重危及交通警察及其他在场人员生命安全，严重危害公共安全，严重破坏社会治安秩序的，经警告无效，可以依法使用武器；来不及警告或者警告后可能导致更为严重后果的，可以直接依法使用武器。制止当事人犯罪行为后，应立即依法使用手铐、警绳等约束性警械将其约束，对其人身和携带物品进行安全检查后强行带离现场，移交属地治安或刑侦部门。

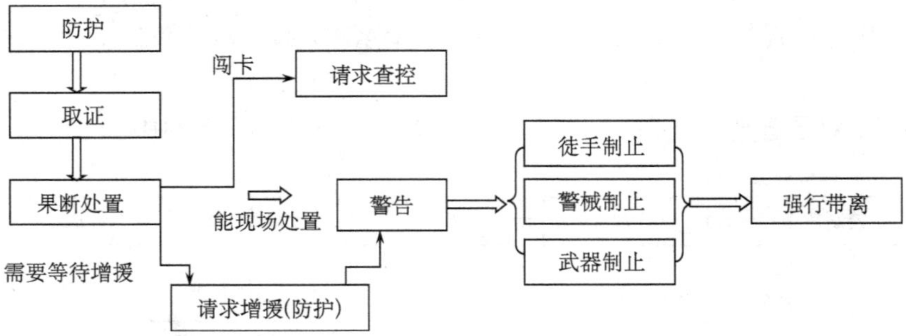

图 7-2　妨害交通警察执勤执法职务行为的一般处置操作规程

(四)风险点和战术要领

1. 情绪

战术要领：保持头脑清醒、控制情绪。

2. 语言

战术要领：使用规范用语。

3. 取证

战术要领：全程记录处置过程。

4. 站位

战术要领：与车辆、当事人、随车人员等保持必要的安全距离。

5. 警告方式

战术要领：除危急情况外，采取口头警告，当事人可能听不到口头警告的，要采取文字展示方式进行明确警告。

6. 制止方式

战术要领：经警告无效(或者危急情况来不及警告)，依法采用口头制止、徒手制止、警械制止、武器制止等方式，并且应当以制止违法犯罪行为为限度。

(五)处置常见阻碍交通警察执勤执法职务行为的操作规程

1. 以索要执法证件方式阻碍交通警察执勤执法职务行为的处置操作规程(见图 7-3)

(1)出示证件。当事人不服从管理并索要执法证件的，交通警察首先要主动出示人民警察证件，表明执法身份，但不能把人民警察证件交由当事人手中查验。然后要向当事人强调：人民警察证是代表人民警察执法身份的合法证明。

(2)及时取证。操作参考一般规程。

(3)依法告知。告知当事人，依据《公安机关人民警察证使用管理规定》，人民警察证是公安机关人民警察身份和依法执行职务的凭证与标志。若对执法人员身份有疑问，可事后向公安机关核实，不能作为阻碍交通警察正常执行职务的借口，其应当予以配合。

(4)明确警告。操作参考一般规程。

(5)传唤带离。操作参考一般规程。

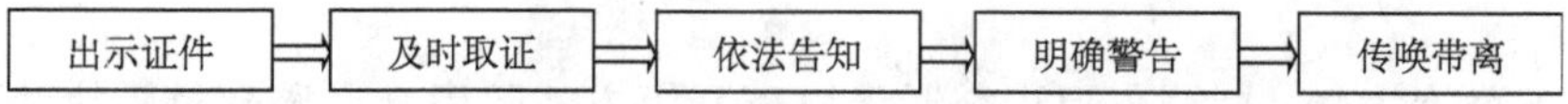

图 7-3　以索要执法证件方式阻碍交通警察执勤执法职务行为的处置操作规程

2. 以拒不出示驾驶证、行驶证等方式阻碍交通警察执勤执法职务行为的处置操作规程(见图 7-4)

(1)控制情绪。操作参考一般规程。

(2)及时取证。操作参考一般规程。

(3)明确警告。操作参考一般规程。

(4)扣留车辆。可以按照未携带机动车驾驶证依法扣留当事人的机动车。公安机关交通管理部门扣留车辆的，不得扣留车辆所载货物。对车辆所载货物应当通知当事人自行处理，当事人无法自行处理或者不自行处理的，应当登记并妥善保管，对容易腐烂、损毁、灭失或者其他不具备保管条件的物品，经县级以上公安机关交通管理部门负责人批准，可以在拍照或者录像后变卖或者拍卖，变卖、拍卖所得按照有关规定处理。

(5)传唤带离。口头传唤当事人到交警队接受处理。当事人拒不接受口头传唤的，对其进行强制传唤，将其带离现场，移交属地治安部门处理。

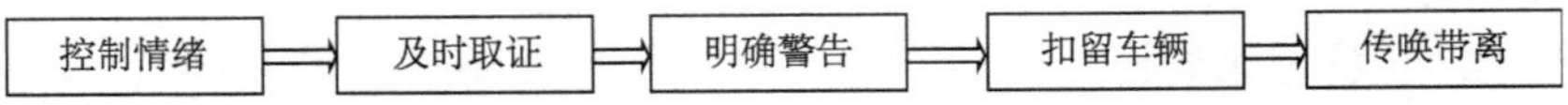

图 7-4　以拒不出示驾驶证、行驶证等方式阻碍交通警察执勤执法职务行为的处置操作规程

3. 以弃车逃逸方式阻碍交通警察执勤执法职务行为的处置操作规程(见图 7-5)

(1)准确判断。能够现场控制当事人的，应及时控制；如果当事人逃离现场，除其逃跑后可能对公共安全和他人生命安全有严重威胁以外，执勤交通警察和辅警不得徒步或驾车追缉。现场不能查证当事人存在其他违法行为的情况下，将机动车移至不妨碍交通的地点，同时注意妥善保管车内物品。

(2)及时报告。将相关情况及时上报勤务指挥部门(指挥中心)以便查明当事人的信息，请求进行查控。

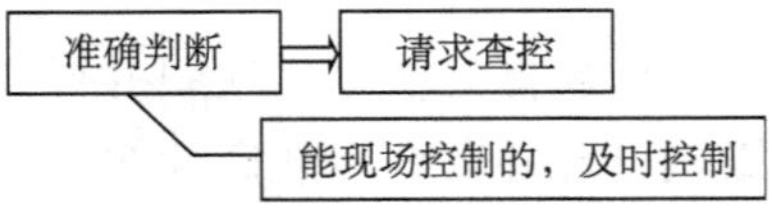

图 7-5　以弃车逃逸方式阻碍交通警察执勤执法职务行为的处置操作规程

4. 以语言威胁、辱骂等方式阻碍交通警察执勤执法职务行为的处置操作规程(见图 7-6)

具体操作参考一般规程。

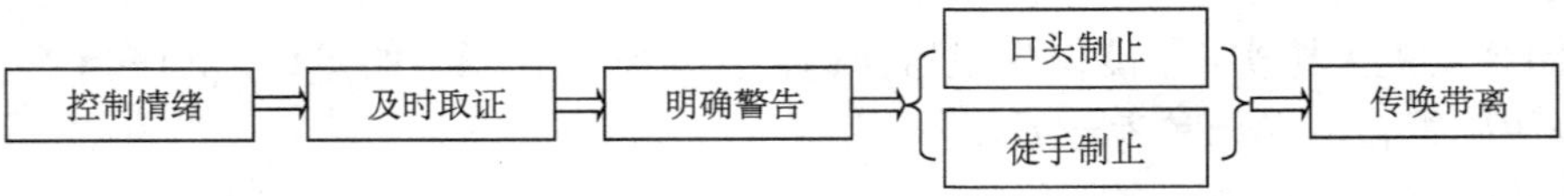

图 7-6　以语言威胁、辱骂等方式阻碍交通警察执勤执法职务行为的处置操作规程

5. 以下跪抱大腿、拦警车阻止交通警察离开等方式阻碍交通警察执勤执法职务行为的处置操作规程(见图 7-7)

在一般操作规程的基础上，增加一个“积极劝导”的程序，即遇当事人下跪等极端情况，交通警察应避免站立在下跪人正面，引起误解，可绕至下跪者身后搀扶其起身，或采取半蹲姿势(便于交流和不失尊严地放低姿态，但注意确保安全)进行劝解，但不得采取着警服下跪等非规范动作。告知当事人法律面前人人平等，每个人都应当为自己的行为负责，采取下跪等行为不利于事情解决，公安机关会依法公正、公平处理。其他交通警察注意疏导交通。

图 7-7　以下跪抱大腿、拦警车阻止交通警察离开等方式阻碍交通警察执勤执法职务行为的处置操作规程

6. 以锁闭车门、拒不下车接受检查等方式阻碍交通警察执勤执法职务行为的处置操作规程（见图 7-8）

（1）及时取证。操作参考一般规程。

（2）确保安全。设置现场警戒区域，劝离、疏散现场周边围观群众及车辆，安排专人维护秩序。可采用警车合围或放置破胎器等方法，防止当事人驾车逃跑。

（3）明确警告。对锁闭车门、拒不下车接受检查的，表明交通警察身份后，使用车载扩音器进行口头警告，或出示写有警告语言（例如，停车熄火下车接受检查，否则依法采取强制措施）的条幅、纸板等方式进行警告，严正指出当事人的行为属于阻碍交通警察依法执行职务的违法行为，已被执法记录仪完整记录，将依法承担法律责任，责令当事人下车接受检查。

（4）果断处置（破窗）。对涉嫌酒驾、毒驾等严重交通违法行为的，经请示勤务指挥部门（指挥中心）批准后，使用适当工具（如安全锤、含破窗功能的盾牌、警棍等）破窗。情况紧急时，可使用其他物品。破窗时应选择不易危及车内人员安全的一侧，首选无乘车人的位置，并尽量减少对车辆的损坏，避免人员受伤。

（5）传唤带离。操作参考一般规程。

图 7-8　以锁闭车门、拒不下车接受检查等方式阻碍交通警察执勤执法职务行为的处置操作规程

7. 以倒地不起、诬陷交通警察打人等方式阻碍交通警察执勤执法职务行为的处置操作规程（见图 7-9）

（1）及时取证。操作参考一般规程。

（2）保持距离。当事人诬陷交通警察打人时，交通警察要保持冷静，注意方式方法，不被当事人的言行激怒，与当事人保持适当距离，避免发生肢体接触，以便掌握现场处置主动权。

（3）明确警告。操作参考一般规程。

（4）传唤带离。操作参考一般规程。

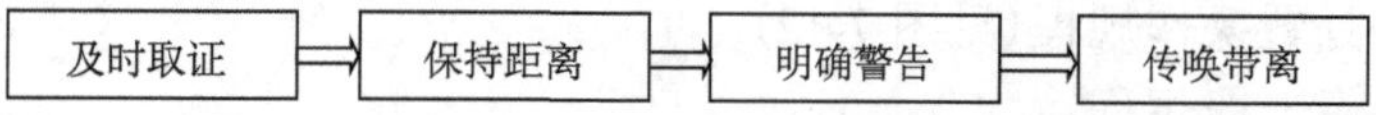

图 7-9　以倒地不起、诬陷交通警察打人等方式阻碍交通警察执勤执法职务行为的处置操作规程

8. 以煽动亲属朋友、周边群众或乘车人等方式阻碍交通警察执勤执法职务行为的处置操作规程（见图 7-10）

（1）控制情绪。操作参考一般规程。

（2）及时取证。操作参考一般规程。

（3）解释教育（警告）。注意辨别哄闹对象及其目的：对不明真相的围观群众讲清法理，说明事理，摆明情理，指出驾驶人的交通违法行为，争取大多数群众和乘车人的理解支持；对以帮助当事人逃避处罚为目的的哄闹，应严正警告其行为属于阻碍交通警察依法执行职务的违法犯罪行为，已被执法记录仪完整记录，将依法承担法律责任，责令其立即停止。

(4)及时报告。多人聚众哄闹阻碍执法且口头警告无效的，应立即向勤务指挥部门(指挥中心)报告，并进行现场评估。经评估不具备警力优势的，应请求警力增援。

(5)制止。能现场制止的，或者增援警力到达现场后，按照一般操作规程处置。

(6)强行带离。将带头闹事的主要人员强行带离现场。

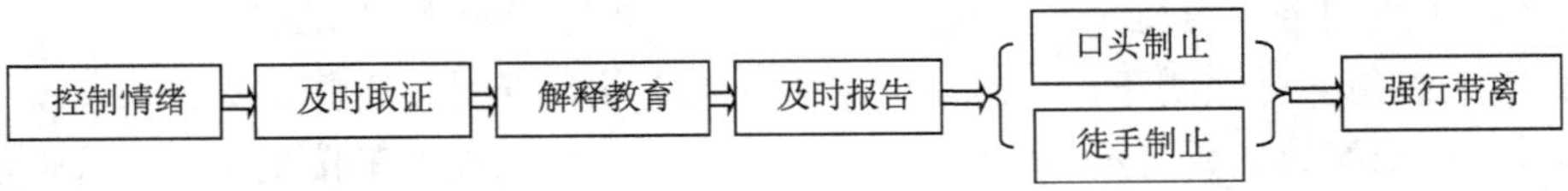

图 7-10　以煽动亲属朋友、周边群众或乘车人等方式阻碍交通警察执勤执法职务行为的处置操作规程

9. 对有未成年人随行的当事人阻碍交通警察执勤执法职务行为的处置操作规程(见图 7-11)

(1)及时取证。操作参考一般规程。

(2)耐心劝说。充分利用其未成年子女在场，指出其行为将会对子女产生不良影响，教育其应当为子女安全和健康成长着想，当好子女的行为表率，模范守法，配合执法。

(3)明确警告。操作参考一般规程。

(4)妥善处置。对于继续实施阻碍执法行为的当事人，按照一般规程进行制止和传唤带离。当事人未成年子女在场时，应确保其安全，要安排交通警察照看，温言安抚，避免其惊吓跑动造成交通意外。同时，现场处置时要防止未成年子女突然挤入处置现场造成干扰，或父母拿未成年子女作为抵挡工具、以伤害未成年子女相威胁，增加处置难度。

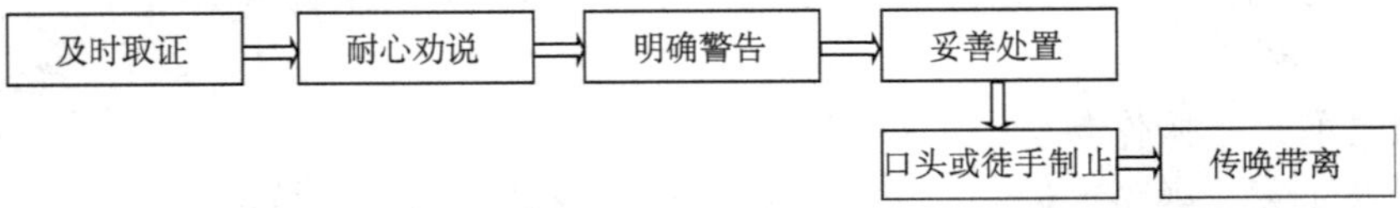

图 7-11　对有未成年人随行的当事人阻碍交通警察执勤执法职务行为的处置操作规程

(六)处置常见妨害交通警察执勤执法职务行为的操作规程

1. 以撕扯警服、摘警帽、抓挠、推搡、扇耳光、拳打脚踢等方式妨害交通警察执勤执法职务行为的处置操作规程(见图 7-12)

具体操作参考一般规程。

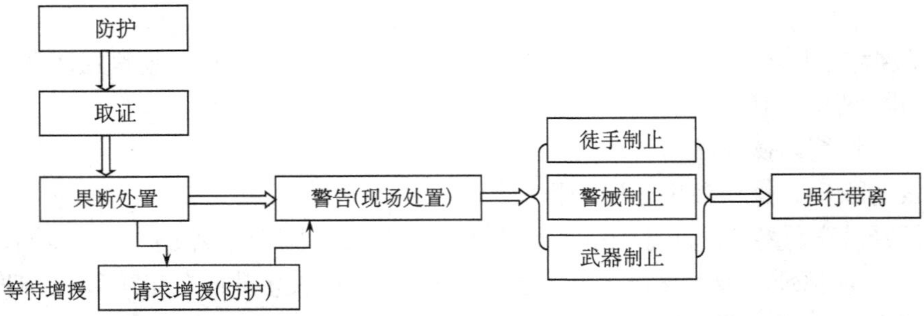

图 7-12　以撕扯警服、摘警帽，抓挠、推搡、扇耳光、拳打脚踢等方式妨害交通警察执勤执法职务行为的处置操作规程

2. 以驾车冲撞、拖拽交通警察等暴力方式妨害交通警察执勤执法职务行为的处置操作规程(见图7-13)

(1)防护。在一般操作规程的基础上，还应当注意观察判断违法车辆的行驶方向、速度，保持安全站位，并注视驾驶人的举动。如当事人强行闯关或故意冲撞，交通警察要及时避让，避免受到伤害。

(2)取证。要收集和固定违法车辆证据，并重点记录车辆牌照号码、驾驶人面貌特征等要素。

(3)请求查控。对闯卡逃逸的，交通警察要迅速记下机动车号牌、车型、特征、行驶方向等，立即报告勤务指挥部门(指挥中心)，请求进行查控。除机动车驾驶人驾车逃跑后可能对公共安全和他人生命安全有严重威胁以外，交通警察不得驾车追缉，不得拉拽车辆或驾乘人员。

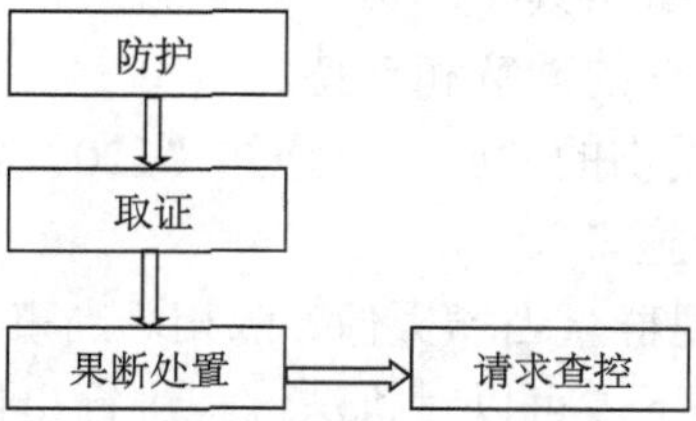

图7-13　以驾车冲撞、拖拽交通警察等暴力方式妨害交通警察执勤执法职务行为的处置操作规程

3. 以持棍棒等工具、刀具等凶器的方式袭击交通警察执勤执法职务行为的处置操作规程(见图7-14)

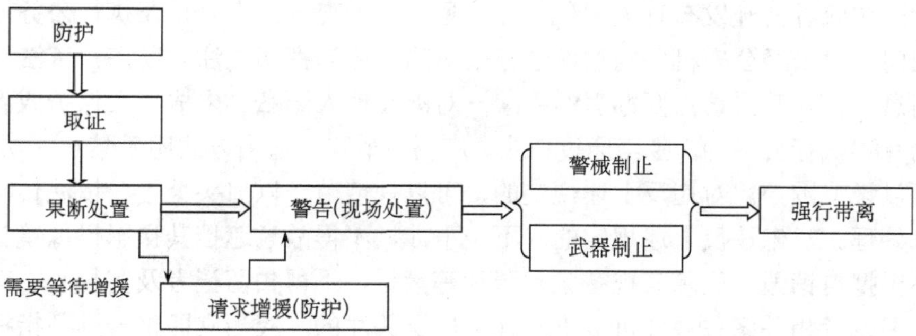

图7-14　以持棍棒等工具、刀具等凶器的方式袭击交通警察执勤执法职务行为的处置操作规程

(1)防护。操作参考一般规程。

(2)取证。在一般操作规程的基础上，要注意重点发现和记录其中起主要作用的关键人员。

(3)果断处置。此类行为危害性大，后果严重，经现场评估不具备警力优势的，应当在确保自身安全的同时，立即向勤务指挥部门(指挥中心)报告，请求多警种警力增援。在增援警力到达前，交通警察应与其保持安全距离，采取包围或半包围等安全站位，利用警械或现场可以利用的物品对违法犯罪嫌疑人进行控制，争取将其限制在特定的范围内，避免伤害现场围观群众。具备警力优势的，经警告无效，应使用警棍、催泪喷射器等警械予以制止，情况紧急或执勤执法人员人身安全受到严重威胁的，可依法使用枪支等武器制服违法犯罪嫌疑人。制止当事人犯罪行为后，应立即依法使用手铐、警绳等约束性警械将其约束，对其人身和携带物品进行安全检查后强行带离现场，移交属地治安或刑侦部门。

(六) 处置常见阻碍和妨害交通警察执勤执法职务行为的注意事项

(1) 女性、老人、残疾人。对警告无效，但不宜直接控制的女性、老人和残疾人等特殊群体，可采取保持距离、选取有利站位等方式避免冲突升级，耐心劝说教育；同时迅速向勤务指挥部门(指挥中心)报告，需使用强制手段制服的，尽可能进行徒手制服，控制女性执法对象时，避免坐压或接触其敏感部位，并在第一时间带离现场。

(2) 围观群众。条件允许的，应当划定警械区域，避免因群众围观而影响处置。遇有围观群众，可主动向群众说明事实真相，指出当事人的行为企图逃避处罚，并指出其行为的违法性和危害性，取得群众的理解和支持。

(3) 伤者。遇有现场人员受伤的，应及时通知“120”到场救治。在医务人员到达之前，应采取积极稳妥的救治措施。

(4) 当事人、随车人或围观群众当场摄像、照相。当事人、随车人或围观群众，在不影响交通警察执勤执法的前提下，可以对执法过程进行摄像、照相。交通警察应注意语言文明，程序规范，保持良好形象。但是，对涉及他人隐私、未成年人保护或者拍摄活动有碍执行公务的，应当通过口头明示禁止拍摄。对违反上述规定的，可以视情节予以口头警告、依法传唤到公安机关予以处理，但现场不得抢夺拍摄器材或强行要求删除。

(5) 新闻记者。遇有新闻记者现场采访，应当与其保持友好态度，但未经授权，不得接受记者采访或者公开发布有关案(事)件信息，现场交警应当以正在执行公务为由婉拒记者的询问。对未经公安机关同意而进行采访的，应当密切关注其动态，依法查验登记其身份信息，告知其采访需要办理的手续；对涉及他人隐私、未成年人保护或者采访、拍摄活动有碍执行公务的，应当通过口头、广播、举牌等适当方式明示禁止采访、拍摄，必要时可以设置围挡。对违反上述规定的，可以视情节予以口头警告、依法传唤到公安机关予以处理。对未违反上述规定的，不予干涉，不得故意遮挡其摄影摄像镜头、采访话筒，不得擅自销毁、删除其视音频、照片等素材，不得扣留记者及其物品；对现场媒体记者较多或者相关案(事)件可能引发社会广泛关注的，应当立即报告勤务指挥部门，通报所属公安机关新闻宣传部门处理。现场有境外媒体记者的，公安机关应当及时通知并配合有关主管部门做好相应工作。①

三、实训情境的设定

(一) 阻碍交通警察执勤执法职务行为的处置实训情境

情境一：2017 年××月××日上午 9:30 分左右，交警张某在路口执勤时，遇一中

① 孙茂利，2016. 公安机关执法细则. 3 版. 北京：中国民主法制出版社

年妇女蔡某骑电动自行车逆向行驶，将其拦停。交警敬礼后依法对其进行处罚，此时蔡某向交警索要执法证件，拒绝配合执法。

假如你是执勤交警，如何解决以下问题？

① 面对这种情况，你将如何处置？

② 蔡某如果不听你的任何解释，拒不配合执法，你将如何处置？

③ 蔡某情绪失控，搂抱你的大腿破口大骂，你将如何处置？

情境二：2017年××月××日下午14:30分左右，交警王某在路口执勤时，发现一辆小客车的前号牌被光盘遮挡，交警随即将其拦停，并要求驾驶人吴某出示机动车驾驶证、行驶证，吴某虽然将车窗玻璃降下，但拒不出示相关证件。

假如你是执勤交警，如何解决以下问题？

① 面对这种情况，你如何选择安全站位？

② 吴某拒不配合执法，也拒绝下车，你将如何处置？

③ 你发现吴某有酒后驾车嫌疑，吴某将车窗升起，并锁闭车门，你将如何处置？

情境三：2017年××月××日晚22:50分左右，交警杜某、薛某在路口执行查处酒驾任务，将一辆小客车拦停后，驾驶人拉开车门，弃车逃跑。

假如你是执勤交警，如何解决以下问题？

① 面对这种情况，你将如何处置？

② 驾驶人如果逃逸，你将如何处置其机动车？

③ 如果经过检查，你发现机动车后座放置有笔记本电脑一台，你将如何处置？

情境四：2017年××月××日晚22:50分左右，63岁的张某(男)骑自行车不按信号灯指示通行，执勤交警孙某对其违法行为依法予以处罚，张某倒地不起、诬陷交警打人。

假如你是执勤交警，如何解决以下问题？

① 面对这种情况，你将如何处置？

② 你在进行处置时，张某煽动不明情况围观群众哄闹，有围观群众指责你，你将如何处置？

③ 如果某电视台《都市报道》栏目记者到现场要求对你进行采访，你将如何处置？

情境五：2017年××月××日早7:30分左右，交警徐某在路口执勤，发现一小客车进入导向车道后不按指示方向通行，交警将其拦下，依法予以处罚。此时驾驶人霍某以送车内8岁儿子上学为由，拒绝接受处罚，孩子也下车央求交警不要处罚他的爸爸。

如果你是执勤交警，如何解决以下问题？

① 面对这种情况，你将如何处置？

② 如果霍某声称自己心脏病犯了，你将如何处置？

③ 有围观群众用手机进行摄录，你将如何处置？

(二)妨害交通警察执勤执法职务行为的处置实训情境

情境一：2017年××月××日下午16:30分左右，妇女邢某违法跨越道路中央隔离护栏，被巡逻交警吴某发现，交警在处理该违法行为时，邢某情绪激动，不断推搡交警。

如果你是执勤交警，如何解决以下问题？

① 面对这种情况，你将如何处置？

② 随着事态的发展，邢某拒不配合执法，并且用手抓挠交警，你将如何做好防护？

③ 口头制止无效，你将如何处置？

情境二：2017年×月×日晚23:30分左右，交警王某、刘某正在参加设点集中整治交通安全违法行为时，钱某驾车到检查点位后，拒不停车接受检查，并冲撞执勤交警。

如果你是执勤交警，如何解决以下问题？

① 面对这种情况，你将如何做好安全防护？

② 如果钱某顺利逃逸，你将如何进行追缉？

③ 如果钱某冲撞执勤点位后，车辆熄火，其从车中取出枪支，朝交警射击，你将如何处置？

四、实训器材与场地

（一）实训器材

(1) 室内实训。应当配备多媒体设备，交通警察执勤执法装备等。

(2) 室外实训。应当配备交通警察执勤执法装备、实训用道具车辆等。

具体实训器材见表7-1。

表7-1 实训器材一览表

序号	器材名称	类别	单位	数量	用途
1	交通警察单警装备（包括破窗工具、警械、道具武器等）	基本器材	套	若干	室内外情境训练
2	反光锥筒	基本器材（室外）	个	若干	室外情境训练
3	道具汽车	基本器材（室外）	辆	1	室外情境训练
4	自行车（或电动自行车）	基本器材（室外）	辆	1	室外情境训练
5	破胎器	选用器材（室外）	台	1	室外情境训练
6	多媒体设备	基本器材（室内）	套	1	室内情境训练

（二）实训场地

教室室内或者室外道路。

五、实训方法与步骤

（一）实训方法

(1) 室内。在教室内实训，可以根据训练时间及场地情况，配合使用多媒体设备，模拟既定情境进行训练。

(2) 室外。在室外实训，可以根据训练时间及场地情况，配合使用实训车辆，模拟既定情境进行训练。

(二)实训步骤

1. 实训准备

(1)理论准备。实训前，学员应掌握相关理论知识。

(2)器材和场地准备。将交警执勤执法装备及相关器材准备好，并做好统计。室内实训，应当使用多媒体设备展示实训情境；在室外路面实训，准备好实训用车辆，并且注意做好实训场地的安全防护。

2. 实训过程

向学员讲明实训目的和要求。根据实训时间及场地情况，将学员分组。每组不少于5人，选择扮演执勤交警、勤务指挥部门指挥员、当事人、随车人、围观群众、记者、未成年人等角色。各组轮流根据不同情境限时训练，一组训练时其他组观摩。如场地条件允许，也可以进行多组同时实训。教师要注意对各组的实训过程进行指导和监控。

3. 实训小结

实训完毕，指导教师要及时根据学员实训态度、实训表现、实训效果进行小结，重点总结学员在遇到阻碍和妨害交通警察执勤执法职务行为时，在情境判断、情绪控制、安全防护、证据采集、警告语使用、报告意识、措施运用等方面是否规范、合理，总结经验、提出不足，并且对后续实训提出要求。

六、实训考核标准与要求

1. 实训态度

重点评价与考核学员参与实训时态度的端正程度，即能否认真、积极地投入训练之中。

2. 实训表现

重点评价与考核学员在实训过程中，能否严格遵守和执行训练纪律、要求和指令。

3. 实训成果

重点评价与考核学员经过实训后，能否达到实训目的，能否掌握和运用相关知识与技能，在面对常见阻碍和妨害交通警察执勤执法职务行为时能够做出规范、有效的处置。

第二部分　道路交通安全违法行为查处要求与程序

实训项目八　公安交通管理行政强制措施的适用

一、实训目的

知识方面：通过实训，使学员掌握公安交通管理行政强制措施种类，以及使用依据；熟悉现行道路交通法律、法规等对公安交通管理行政强制措施适用的规定、适用的程序。

能力方面：通过实训，使学员初步具备采取公安交通管理行政强制措施操作规程的能力，具备对常见的几种行政强制措施适用程序的规范化处理能力，具备正确制作公安交通管理行政强制措施的法律文书的能力，正确使用执勤执法规范用语的能力。

素质方面：通过实训，使学员具备在执法中，依法规范化地适用公安交通管理行政强制措施的意识，树立依法执法、规范执法、文明执法的理念。

二、公安交通管理行政强制措施的适用导引

(一)公安交通管理行政强制措施的界定及种类

1. 公安交通管理行政强制措施的界定

《中华人民共和国行政强制法》第二条对行政强制措施的定义做了明确规定，行政强制措施是指行政机关在行政管理过程中，为制止违法行为、防止证据损毁、避免危害发生、控制危险扩大等情形，依法对公民的人身自由实施暂时性限制，或者对公民、法人或者其他组织的财物实施暂时性控制的行为。行政强制措施包括对人身的行政强制措施和对财物的行政强制措施。

公安交通管理行政强制措施是指公安机关交通管理部门及其交通警察，为了维护道路交通秩序、安全和畅通或者保护公民人身健康、安全的需要，依照法律、法规规定，针对特定公民、法人或者其他组织的人身、行为及财产进行约束与处置的限权性强制行为。它属于警察行政强制措施的一种。由于公安交通管理行政强制措施的实施直接涉及相对人的人身或财产权利，因此必须严格依法进行。

2. 公安交通管理行政强制措施的种类

依据《人民警察法》、《道路交通安全法》、《道路交通安全法实施条例》、《中华人民共和国行政强制法》以及《道路交通安全违法行为处理程序规定》和《行政案件程序规定》

等法律、法规的规定，公安机关交通管理部门及其交通警察在道路交通安全执法中可以依法采取相应的行政强制措施。根据公安机关交通管理部门采取行政强制措施对象不同，公安交通管理行政强制措施可以分为对人身的行政强制措施和对财物的行政强制措施。

根据道路交通安全违法行为的特点，《中华人民共和国行政强制法》以及《道路交通安全违法行为处理程序规定》规定了公安机关交通管理部门及其交通警察在执法过程中，依法可以采取行政强制措施的种类有：①扣留车辆；②扣留机动车驾驶证；③拖移机动车；④检验体内酒精、国家管制的精神药品、麻醉药品含量；⑤收缴物品；⑥法律、法规规定的其他行政强制措施。

（二）公安交通管理行政强制措施的适用依据

（1）《道路交通安全法》、《道路交通安全法实施条例》、《中华人民共和国行政强制法》等法律、法规的相关规定。

（2）《道路交通安全违法行为处理程序规定》和《行政案件程序规定》等规范性文件的相关规定。

（三）公安交通管理行政强制措施一般程序

根据《中华人民共和国行政强制法》以及《道路交通安全违法行为处理程序规定》，交通警察在执法过程中，需要对违法行为人采取扣留车辆、扣留机动车驾驶证、检验体内酒精、国家管制的精神药品、麻醉药品含量、收缴物品四种强制措施时，应当按表8-1中的规定进行。

表8-1　一般程序表

序号	程序	要求
1	申请	实施前需向所属的公安机关交通管理部门负责人报告并批准。情况紧急，需要当场实施行政强制措施的，可以立即实施，但应当在二十四小时内向所在公安机关交通管理部门负责人报告，并补办批准手续。所在公安机关交通管理部门负责人认为不应当采取行政强制措施的，应当立即解除
2	执法人员	由两名以上具有执法资格的民警实施
3	表明身份	出示执法身份证件
4	告知	采取行政强制措施前，应当场告知当事人违法基本事实拟作出行政强制措施的种类、理由、依据以及当事人依法享有的权利，救济途径
5	听取陈述和申辩	听取当事人的陈述和申辩，当事人提出的事实、理由或者证据成立的，应当采纳
6	制作《公安交通管理行政强制措施凭证》	制作《公安交通管理行政强制措施凭证》（兼做现场笔录）一式两份，由当事人签名、交通警察签名或盖章。当事人拒绝签名的，交通警察应当在行政强制措施凭证上注明
7	送达文书	将《公安交通管理行政强制措施凭证》（当事人联）当场交付当事人；当事人拒收的，由交通警察在《公安交通管理行政强制措施凭证》上注明，即为送达
8	上报	勤务结束后应当在二十四小时内，将《公安交通管理行政强制措施凭证》及证据材料交所属公安机关交通管理部门，并补办批准手续

(四)扣留车辆的操作规程

1. 适用情形

扣留车辆是《中华人民共和国行政强制法》第九条明确规定的“扣押财物”行政强制措施类别的一种表现形式。

公安机关交通管理部门及其交通警察在执法过程中扣留车辆法定情形有：①上道路行驶的机动车未悬挂机动车号牌，未放置检验合格标志、保险标志，或者未随车携带机动车行驶证、驾驶证的(《道路交通安全法》第九十五条)；②有伪造、变造或者使用伪造、变造的机动车登记证书、号牌、行驶证、检验合格标志、保险标志、驾驶证或者使用其他车辆的机动车登记证书、号牌、行驶证、检验合格标志、保险标志嫌疑的(《道路交通安全法》第九十六条)；③未按照国家规定投保机动车交通事故责任强制保险的(《道路交通安全法》第九十八条)；④公路客运车辆或者货运机动车超载的(《道路交通安全法》第九十二条)；⑤机动车有被盗抢嫌疑的；⑥机动车有拼装或者达到报废标准嫌疑的(《道路交通安全法》第一百条)；⑦未申领《剧毒化学品公路运输通行证》通过公路运输剧毒化学品的；⑧非机动车驾驶人拒绝接受罚款处罚的(《道路交通安全法》第八十九条)；⑨对发生道路交通事故，因收集证据需要的，可以依法扣留事故车辆(《道路交通安全法》第七十二条)。

2. 适用程序

公安机关交通管理部门实施扣留车辆的行政强制措施，应当遵守行政强制措施的一般程序规定外，扣留车辆的行政强制措施具体操作程序见图 8-1。

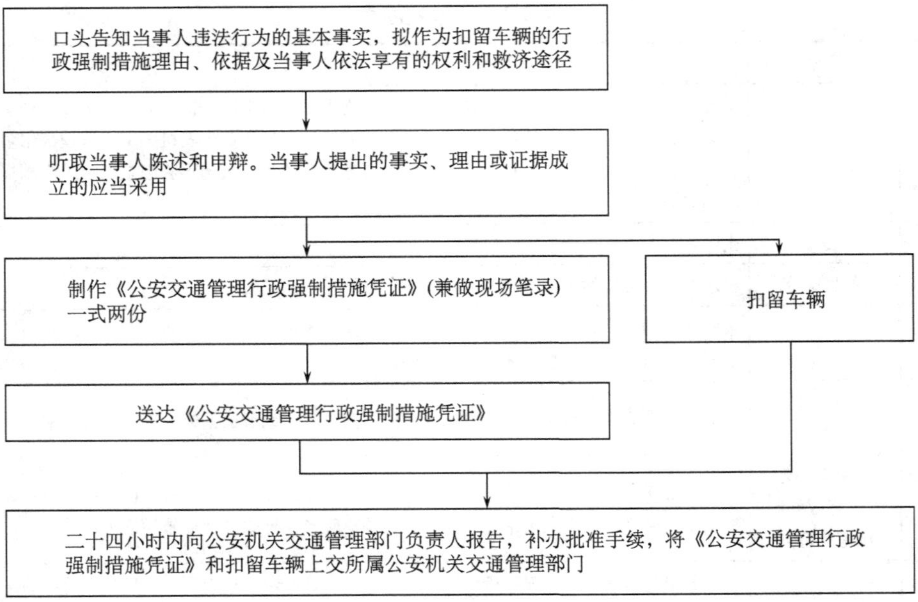

图 8-1 采取扣留车辆示意图

扣留车辆应属于公安即时强制措施，属于情况紧急的情形，所以交通警察在执法中无法实现“在实施前向行政机关负责人报告并经批准”这一规定，但交通警察应当在二十四小时内向行政机关负责人报告，并补办批准手续。

3. 常见问题的处理

1）当事人拒签《公安交通管理行政强制措施凭证》的问题

交通警察在制作《公安交通管理行政强制措施凭证》后，当事人拒绝签名的，或交通警察将《公安交通管理行政强制措施凭证》交当事人签名后送达，当事人拒绝的，应如何处理？

交通警察在制作《公安交通管理行政强制措施凭证》后，交付当事人签名，当事人拒绝签名的，交通警察应当在行政强制措施凭证上注明。

如果交警将《公安交通管理行政强制措施凭证》交当事人签名后送达，当事人拒绝的，由交通警察在《公安交通管理行政强制措施凭证》上注明，即为送达。

2）被扣留车辆的扣留期限等问题

对扣留的车辆，当事人接受处理或者提供、补办的相关证明或者手续经核实后，公安机关交通管理部门应当依法及时退还。公安机关交通管理部门核实的时间不得超过十日；需要延长的，经县级以上公安机关交通管理部门负责人批准，可以延长至十五日。核实时间自车辆驾驶人或者所有人、管理人提供被扣留车辆合法来历证明，补办相应手续，或者接受处理之日起计算。

发生道路交通事故因收集证据需要扣留车辆的，扣留车辆时间依照《道路交通事故处理程序规定》的有关规定执行。

扣押期限应适用《中华人民共和国行政强制法》的规定。当事人在规定扣押期限三十日内没有提供被扣留机动车的合法证明，没有补办相应手续，或者不到公安机关交通管理部门接受处理，仍需继续扣押的，公安机关交通管理部门应当做出延长扣押的决定并书面告知当事人，最长可延长三十日。

3）被扣留车辆处理问题

交通警察应当在实施扣留车辆的行政强制措施二十四小时内，将被扣留的车辆交所属公安机关交通管理部门进行登记、保管。

对扣留的车辆，当事人接受处理或者提供、补办的相关证明或者手续经核实后，公安机关交通管理部门应当依法及时退还。

非法拼装的机动车予以拆除；达到报废标准的机动车予以报废；机动车涉及其他违法犯罪行为的，移交有关部门处理。

4）被扣留车辆所载货物如何处理问题

公安机关交通管理部门扣留车辆的，不得扣留车辆所载货物，对车辆所载货物应当通知当事人自行妥善处理。当事人无法自行处理或者不自行处理的，交通警察应在《公安交通管理行政强制措施凭证》上注明，并填写《车辆装置货物登记清单》，登记货物名称、规格、数量、特征等事项后，由交通警察和当事人签名，有见证人的，见证人也应签名。当事人拒绝签名的，应当在货物登记明细上注明。经登记后，移交所属公安机关交通管理部门对所载货物妥善保管，对容易腐烂、损毁、灭失或者其他不具备保管条件的物品，经县级以上公安机关交通管理部门负责人批准，可以在拍照或者录像后变卖或者拍卖，变卖、拍卖所得按照有关规定处理。

5）对公路客运车辆载客超过核定乘员、货运机动车超过核定载质量的处理问题

公安机关交通管理部门发现公路客运车辆载客超过核定乘员、货运机动车超过核定载质量的，公安机关交通管理部门应扣留车辆至违法状态消除。违法行为人可以自行消除违法状态的，应当在公安机关交通管理部门的监督下，自行将超载的乘车人转运、将超载的货物卸载；违法行为人无法自行消除违法状态的，对超载的乘车人，公安机关交通管理部门应当及时通知有关部门联系转运；对超载的货物，应当在指定的场地卸载，并由违法行为人与指定场地的保管方签订卸载货物的保管合同。消除违法状态的费用由违法行为人承担。

（五）扣留机动车驾驶证的操作规程

1. 适用情形

扣留机动车驾驶证是《中华人民共和国行政强制法》第九条明确规定的“扣押财物”行政强制措施类别的一种表现形式。

根据《道路交通安全法》和《道路交通安全法实施条例》关于扣留机动车驾驶证的相关规定，以及在《道路交通安全违法行为处理程序规定》对扣留机动车驾驶证的具体适用情形也做了明确规定，具体见表 8-2。

表 8-2　采取扣留机动车驾驶证行政强制措施情形

适用情形	法律依据
饮酒后驾驶机动车的	《道路交通安全法》第九十一条第一款和第一百一十条第一款
将机动车交由未取得机动车驾驶证或者机动车驾驶证被吊销、暂扣的人驾驶的	《道路交通安全法》第九十九条第一款第二项、第二款和第一百一十条第一款
机动车行驶超过规定时速 50%的	《道路交通安全法》第九十九条第一款第四项和第一百一十条第一款
驾驶有拼装或者达到报废标准嫌疑的机动车上道路行驶的	《道路交通安全法》第一百条第二款和第一百一十条第一款
在一个记分周期内累积记分达到十二分的	《道路交通安全法》第二十四条第一款

2. 适用程序

公安机关交通管理部门实施扣留机动车驾驶证的行政强制措施，应当除遵守行政强制措施的一般程序规定外，扣留机动车驾驶证的行政强制措施具体操作程序如图 8-2 所示。

3. 常见问题的处理

（1）被扣留驾驶证的处理。

根据《道路交通安全违法行为处理程序规定》第三十条规定：交通警察应当在扣留机动车驾驶证后二十四小时内，将被扣留机动车驾驶证交所属公安机关交通管理部门。

（2）驾驶证扣留期限。

对于因在一个记分周期内累积记分达到十二分而被扣留机动车驾驶证的，扣留机动车驾驶证至考试合格之日；只对违法行为人做出罚款处罚的，缴纳罚款完毕后，应当立

即返还机动车驾驶证；其余情形被扣留机动车驾驶证的，扣留机动车驾驶证至做出处罚决定之日；处罚决定生效前先予扣留机动车驾驶证的，扣留一日折抵暂扣期限一日。

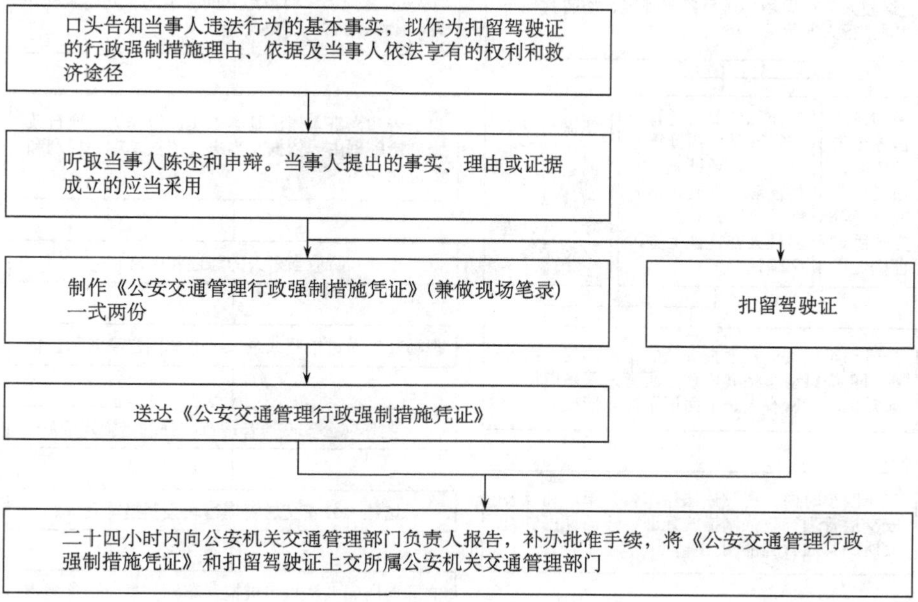

图 8-2　采取扣留机动车驾驶证示意图

(六)拖移机动车的操作规程

1. 适用情形

拖移机动车是公安机关交通管理部门及其交通警察依法对符合条件的机动车进行拖移，并停放于不妨碍交通的地点或者指定地点的行政强制措施。

采取拖移机动车的法定情形：机动车驾驶人违反机动车停放、临时停车规定的，驾驶人不在现场或者虽在现场但拒绝立即驶离，妨碍其他车辆、行人通行的，公安机关交通管理部门及其交通警察可以将机动车拖移至不妨碍交通的地点或者公安机关交通管理部门指定的地点。

2. 适用程序(见图 8-3)

拖移机动车在具体执法中分为两种情形，即驾驶人不在现场情形和驾驶人在现场但拒绝立即驶离情形。

1)驾驶人不在现场情形的适用程序

对于妨碍其他车辆、行人通行，并且驾驶人不在现场的违停车辆，或者违法犯罪嫌疑人为逃避、阻碍、抗拒检查而将车辆遗弃在现场的，按照以下程序将机动车拖移至指定的停车场。

(1)粘贴《违法停车告知单》，并通过拍照、录像等。

(2)制作《公安交通管理行政强制措施凭证》，可不填写当事人基本情况，在凭证上注明“驾驶人不在现场”，并由一名见证人在凭证上签字确认。

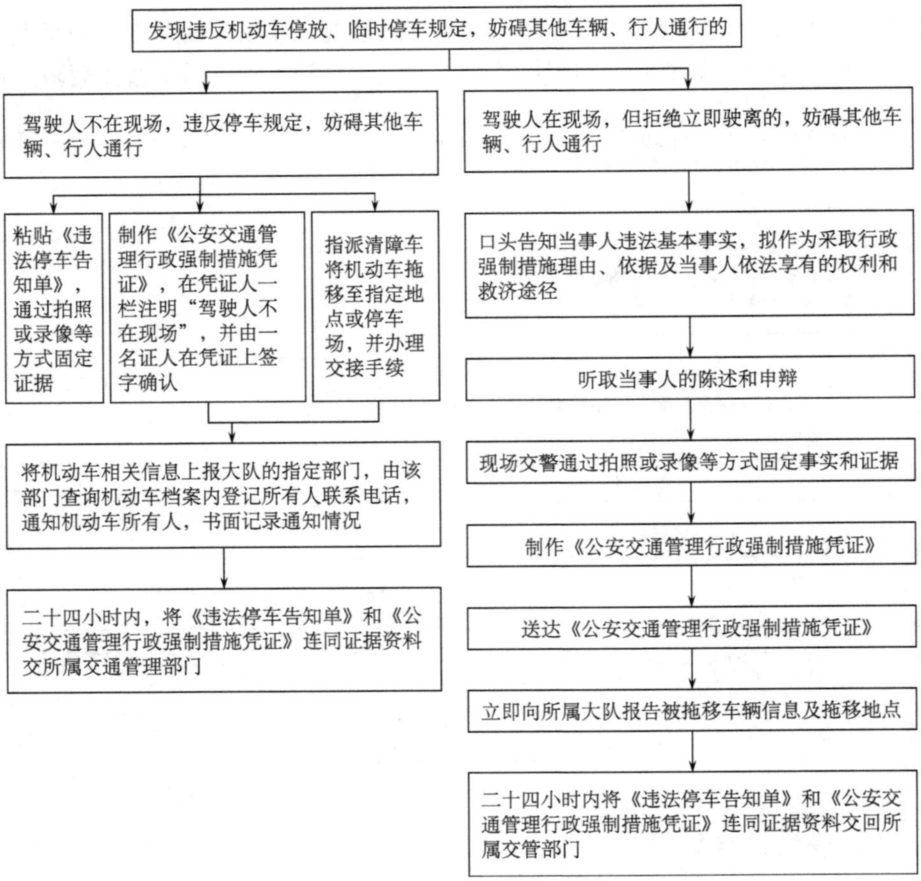

图 8-3　采取拖移车辆示意图

(3) 将机动车的相关信息上报所属大队的指定部门，由该部门查询机动车档案内登记的所有人联系电话，通知机动车所有人，书面记录通知情况。

(4) 将机动车拖移至指定停车场并按规定办好交接手续。

(5) 实施拖移后及时将《违法停车告知单》和《公安交通管理行政强制措施凭证》连同证据资料交所属交警大队指定部门，由其录入综合信息应用系统，情况特殊的，不得超过二十四小时。开具行政强制措施凭证的交警补办审批手续。

仅将机动车拖移至不妨碍通行地点的，可不开具《公安交通管理行政强制措施凭证》。

2) 驾驶人在现场但拒绝立即驶离情形的适用程序

对于驾驶人虽在现场但拒绝立即驶离的，应告知其妨碍执行公务的法律后果；仍拒绝驶离的，按以下程序实施。

(1) 由两名具有执法资格的人员实施。当场告知当事人采取行政强制措施的理由、依据以及当事人依法享有的权利和救济途径。

(2) 听取当事人的陈述和申辩，当事人提出的事实、理由或者证据成立的，应当采纳。

(3) 现场交通警察应当通过拍照、录像等方式固定违法事实和证据。

(4) 制作《公安交通管理行政强制措施凭证》(兼做现场笔录)，由交通警察签名或盖章。

(5)将《公安交通管理行政强制措施凭证》交当事人签名后送达；当事人拒绝的，由交通警察在《公安交通管理行政强制措施凭证》上注明。

(6)立即向所属的大队指定部门报告被拖移的机动车的车种、车号、拖移地点及存放的停车场名称等信息。

(7)实施拖移后在二十四小时内将《违法停车告知单》和《公安交通管理行政强制措施凭证》连同证据资料交所属的交警大队指定部门，并补办审批手续。

3. 常见问题的处理

(1)拖移车辆后告知问题。根据《道路交通安全违法行为处理程序规定》第三十二条，公安机关交通管理部门拖移车辆时应当公开拖移机动车查询电话，并通过设置拖移机动车专用标志牌明示或者以其他方式告知当事人。当事人可以通过电话查询接受处理的地点、期限和被拖移机动车的停放地点。

(2)对拖移车辆适用注意问题。对虽然违反道路交通安全法律、法规关于机动车停放、临时停车规定的，但不妨碍其他车辆、行人通行的，可对其进行粘贴《违法停车通知单》，告知机动车到指定地点接收处理，但不得对其采取拖移机动车的行政强制措施。

(3)现场交通警察应当通过拍照、录像等方式固定违法事实和证据。

(4)对不便拖移的大型车辆的处理问题。对于不便拖移的大型车辆，应通过电话等方式通知驾驶人或所有人、管理人到场，并警告其阻碍交通警察执行公务的法律后果。经通知和警告后仍拒不到场并拒不驶离车辆的，应当拍照固定证据的同时，报告所属公安机关勤务指挥部门协调其他警力，以阻碍警察执行公务为由强制传唤驾驶人或所有人、管理人携带车辆钥匙到现场，由交通警察或指定的驾驶人移动车辆，并依法按照阻碍警察执行公务进行处理。联系不到驾驶人或所有人、管理人的，固定证据后交由公安机关，事后以阻碍警察执行公务依法查处。

(5)分清“拖移机动车”与将机动车“移至”适用区别问题。“拖移机动车”是一种行政强制措施，前提必须是：①违反机动车停放、临时停车规定的，驾驶人不在现场或者虽在现场但拒绝立即驶离的；②妨碍其他车辆、行人通行的。

机动车“移至”则是机动车驾驶人有下列行为之一但又无其他机动车驾驶人即时替代驾驶的，公安机关交通管理部门除依法给予处罚外，还可以将其驾驶的机动车移至不妨碍交通的地点或者有关部门指定的地点停放：①不能出示本人有效驾驶证的；②驾驶的机动车与驾驶证载明的准驾车型不符的；③饮酒、服用国家管制的精神药品或者麻醉药品、患有妨碍安全驾驶的疾病，或者过度疲劳仍继续驾驶的；④学习驾驶人员没有教练人员随车指导单独驾驶的。

(七)检验体内酒精、国家管制的精神药品、麻醉药品含量的操作规程

1. 适用情形

检验体内酒精、国家管制的精神药品、麻醉药品含量是指公安机关交通管理部门及其交通警察依法对符合法定条件的车辆驾驶人采取提取血液或者尿液的方式，检验其体内酒精或者国家管制的精神药品、麻醉药品含量的公安行政强制措施。

根据《道路交通安全法》第二十二条第二款规定，“饮酒、服用国家管制的精神药品

或者麻醉药品，或者患有妨碍安全驾驶机动车的疾病，或者过度疲劳影响安全驾驶的，不得驾驶机动车。”

根据《道路交通安全法实施条例》第一百零五条规定：“机动车驾驶人有饮酒、醉酒、服用国家管制的精神药品或者麻醉药品嫌疑的，应当接受测试、检验。”

根据以上规定，对有以下法定情形的公安机关交通管理部门及其交通警察依法应对其检验体内酒精、国家管制的精神品、麻醉药品含量：①当事人对呼气酒精测试结果有异议的；②当事人拒绝配合呼气酒精测试的；③涉嫌醉酒驾驶机动车的；④涉嫌饮酒后驾驶机动车发生交通事故的；⑤涉嫌服用国家管制的精神药品、麻醉药品后驾驶车辆的。

2. 适用程序(见图 8-4)

检验车辆驾驶人体内酒精、国家管制的精神药品、麻醉药品含量的，应当按照下列程序实施：

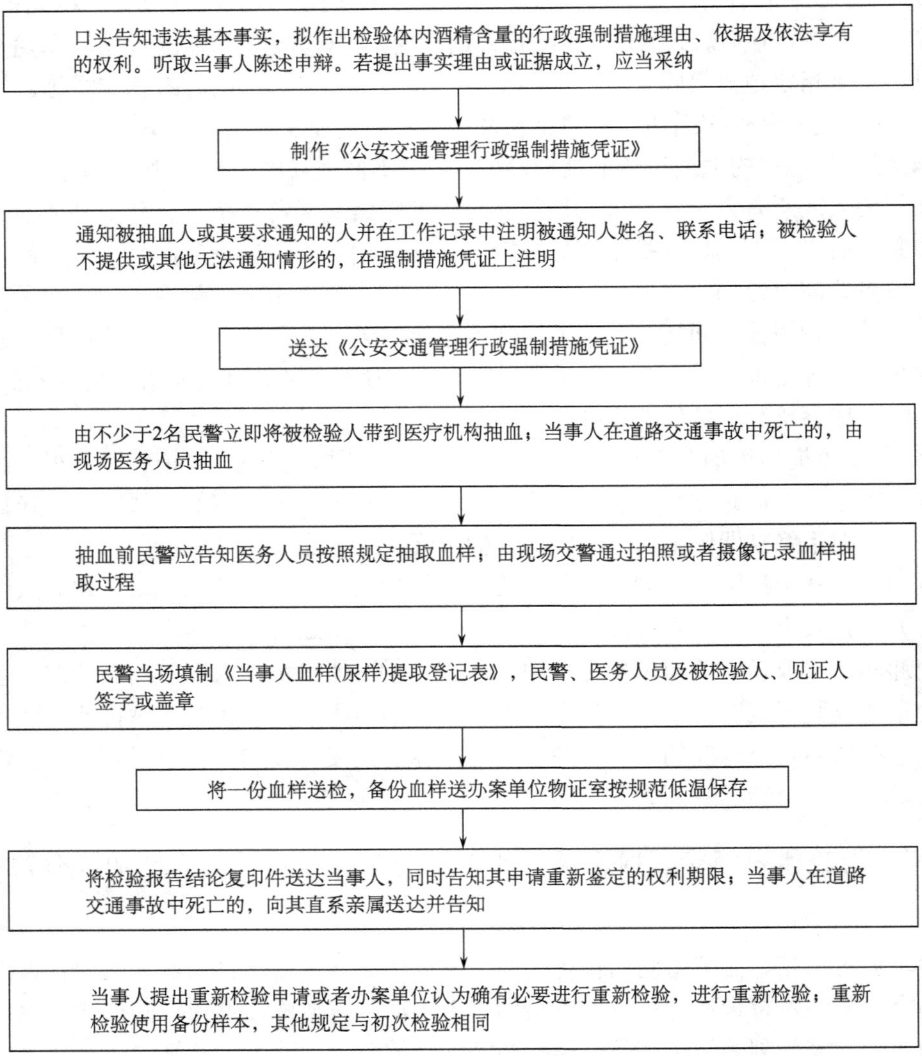

图 8-4 检验车辆驾驶人体内酒精含量的示意图

(1) 由交通警察将当事人带到医疗机构进行抽血或者提取尿样。

(2) 公安机关交通管理部门应当将抽取的血液或者提取的尿样及时送交有检验资格的机构进行检验，并将检验结果书面告知当事人。

检验车辆驾驶人体内酒精、国家管制的精神药品、麻醉药品含量的，应当通知其家属，但无法通知的除外。

3. 常见问题的处理

(1) 酒后行为失控问题。违法嫌疑人在醉酒状态中，对本人有危险或者对他人的人身、财产或者公共安全有威胁的，可以对其采取保护性措施约束至酒醒，也可以通知其家属、亲友或者所属单位将其领回看管，必要时，应当送医院醒酒。

对行为举止失控的醉酒人，可以使用约束带或者警绳等进行约束，但是不得使用手铐、脚镣等警械。约束过程中，应当指定专人严加看护。确认醉酒人酒醒后，应当立即解除约束，并进行询问。约束时间不计算在询问查证时间内。

(2) 按照规定，对当事人体内酒精、国家管制的精神药品、麻醉药品含量进行检验的，应当通知家属，如果通知家属不到场怎么处理的问题。

根据《道路交通安全违法行为处理程序规定》第三十四条规定："根据检验车辆驾驶人体内酒精、国家管制的精神药品、麻醉药品含量的，应当通知其家属，但无法通知的除外。"该规定只要求通知其家属，并不要求一定要家属到场，通知交警就已经履行了义务。

（八）收缴物品的操作规程

1. 适用情形

收缴物品是指公安机关交通管理部门及其交通警察对非法牌证、非法安装的警报器、标志灯具或者自行车、三轮车加装的动力装置以及拼装或者已达到报废标准的机动车依法直接强制接管或接收并进行处理的行为。

根据《中华人民共和国行政强制法》的规定，收缴不属于对财物的暂时性控制，不再适用《道路交通安全违法行为处理程序规定》关于强制措施的程序规定，而依据《道路交通安全违法行为处理程序规定》第六十八条规定："本规定未规定的违法行为处理程序，依照《公安机关办理行政案件程序规定》执行。"因此，根据《公安机关办理行政案件程序规定》第一百六十九条"收缴由县级以上公安机关决定。但是，违禁品，管制器具，吸食、注射毒品的用具以及非法财物价值在五百元以下且当事人对财物价值无异议的，公安派出所可以收缴。"的规定，对于拟收缴的财物，应当先采取扣押或扣留强制措施，将非法财物扣留或扣押回交警队，再由交警大队做出收缴决定。

(1) 收缴非法牌证。

根据《道路交通安全法》第九十六条的规定，公安机关交通管理部门应收缴非法牌证的情形有：①伪造、变造或者使用伪造、变造的机动车登记证书、号牌、行驶证、驾驶证、检验合格标志、保险标志的。②使用其他车辆的机动车登记证书、号牌、行驶证、检验合格标志、保险标志的。

(2) 收缴非法装置。

根据《道路交通安全法》以及《道路交通安全违法行为处理程序规定》的规定，公安机关交通管理部门对非法安装警报器、标志灯具的或者自行车、三轮车加装动力装置的应强制拆除，予以收缴，并依法予以处罚。

(3)收缴拼装或已达到报废标准的机动车。

根据《道路交通安全法》第一百条的规定，公安机关交通管理部门对驾驶拼装的机动车或者已达到报废标准的机动车上道路行驶的，应当予以收缴，强制报废。

2. 适用程序(见图8-5)

图8-5 收缴物品流程示意图

3. 常见问题的处理

根据《道路交通安全违法行为处理程序规定》第三十五条～第三十七条的规定，对收缴的物品应做以下处理。

对非法安装警报器、标志灯具或者自行车、三轮车加装动力装置的，公安机关交通管理部门应当强制拆除，予以收缴，并依法予以处罚。

交通警察现场收缴非法装置的，应当在二十四小时内，将收缴的物品交所属公安机关交通管理部门。对收缴的物品，除作为证据保存外，经县级以上公安机关交通管理部门批准后，依法予以销毁。

公安机关交通管理部门对扣留的拼装或者已达到报废标准的机动车，经县级以上公安机关交通管理部门批准后，予以收缴，强制报废。

对伪造、变造或者使用伪造、变造的机动车登记证书、号牌、行驶证、检验合格标志、保险标志、驾驶证的，应当予以收缴，依法处罚后予以销毁。

对使用其他车辆的机动车登记证书、号牌、行驶证、检验合格标志、保险标志的，应当予以收缴，依法处罚后转至机动车登记地车辆管理所。

三、风险点和战术要领

（一）风险点

(1) 交通警察在执勤执法未严格按照《交通警察道路执勤执法工作规范》和《交通警察执勤执法安全防护规定(试行)》要求进行，包括警力配置、装备配置、安全防护装备使用、执勤点的选择、站位不正确、手势指挥动作不规范等问题可能给交通警察带来自身安全隐患。

(2) 交通警察在执勤执法时采取行政强制措施未严格按照《交通警察道路执勤执法工作规范》中规定使用规范用语，引起影响当事人的误解和不必要的舆论，造成警民关系紧张甚至冲突。

(3) 交通警察采取行政强制措施未按规定的法律程序执行；违反或未能正确适用法律法规规定的九种扣留车辆、五种扣留机动车驾驶证、五种检验体内酒精、国家管制的精神药品、麻醉药品含量的，以及拖移机动车、收缴物品的法定情形等违法行为。

(4) 未按规定使用执法记录仪拍摄取证，全程记录执法过程；未按规定固定证据，及时取证，造成证据收集缺失与固定不当。

(5) 交通警察在执勤执法中可能出现被查的驾驶人阻碍和妨害交通警察执行职务行为，未能正确处置。

（二）战术要领

(1) 保持头脑清醒，控制情绪，正确使用执勤执法规范用语。

(2) 严格按照《交通警察道路执勤执法工作规范》、《交通警察执勤执法安全防护规定(试行)》以及《常见阻碍和妨害交通民警执行职务行为现场处置规程(试行)》关于交通警察执勤执法的着装与配备、安全防护等规定，齐全装备配备，正确选择执勤点和站位、规范手势指挥动作等，确保自身安全与防护。

(3) 及时取证。查处过程中应使用执法记录仪拍摄取证，可辅以相机、摄像机、手机等设备摄录，全程记录执法过程。

(4) 正确制作《公安交通管理行政强制措施凭证》等法律文书。

(5) 加强训练学习提高对常见的几种行政强制措施适用程序的规范化处理能力。

四、实训情境的设定

为了训练学员在机动车违法查处过程中采取行政强制措施的操作规程和处理常见问题的能力，可以酌情设定以下实训内容和实训情境进行模拟训练。

(一) 实训内容

(1) 交通警察应正确使用交通指挥手势示意停车检查。

(2) 及时规范取证。

(3) 违法行为认定以及正确适用行政强制措施的种类。

(4) 采取行政强制措施的规范用语和规范程序。

(5) 正确设置执勤执法中安全防护。

(6) 正确处置执法中出现的阻碍和妨害交通警察执行职务行为，如语言威胁、辱骂等方式阻碍交通警察执行职务行为的等。

(7) 正确填写行政强制措施凭证。

(二) 实训情境

情境一：某交警大队交通警察在道路某设卡点执勤，发现前方行驶中的一机动车未放置检验合格标志时

假如你是执勤交警你该如何开展执法工作？经调查，该机动车已达到报废年限，且未通过机动车安全技术检验合格并未办理延缓报废手续，公安交通管理部门该如何处理？

情境二：交通警察在查酒驾中，通过呼气式酒精测试仪时

① 如果驾驶人酒精含量达到 100mg/100mL，交通警察如何正确使用行政强制措施的种类？若驾驶人处于醉酒状态，且行为失控，交通警察应如何对其进行约束？

② 如果驾驶人酒精含量达到 59mg/100mL，交通警察如何正确适用行政强制措施的种类？

③ 若驾驶人酒精含量达到 59mg/100mL，但驾驶人对其测试结果有异议的，交通警察又该如何处理？

情境三：交通警察在现场查处超速违法行为时

① 经查发现某车以 50km/h 的时速通过一限速为 30km/h 的路段，交通警察应如何采取行政强制措施？

② 如果测得该车时速为 40km/h，交通警察又该如何处理？

五、实训器材与场地

（一）实训器材

一辆民用牌照小汽车，一辆制式警车，交通警察制式装备，呼气式酒精测试仪，含酒精饮料，警用文书包，对讲机，警务通，照相机，约束带，警绳，执法记录仪，测速仪，限速标志牌，发光指挥棒，配备足够数量的反光或发光锥筒，减速提示标志，警告标志，停车示意牌等。

（二）实训场地

校内实训，根据拟设定情境，选择校园中适宜执法的地点与道路，部分实训（酒驾）可选择夜间授课。

六、实训方法与步骤

（一）实训方法

(1)采用实训操作规范演示。
(2)学员操作。
(3)教师在学员实训中进行纠正。
(4)学员自评与互评。
(5)教师点评。
(6)教师布置作业。

（二）实训步骤

1. 实训必备知识的预习

要求学员了解本次实训内容，复习并掌握与实训内容相关的法律法规等方面知识，并熟悉本次实训中所需器材的使用。

2. 实训人员组织

将一个区队分成若干实训组，每组由 8 人组成。每个实训组由一名学员担任组长。组长分配好各学员角色。

3. 实训演示

授课教师对实训的要求、注意事项等内容讲解后，与一组学员示范本次实训的基本程序。

4. 学员实训

学员根据模拟场景以及拟设定的采取行政强制措施的情境，分组进行实训操作，其他学员观摩并记录，依次轮换。

七、实训考核标准与要求

教师在实训报告评价栏(表 8-3)中给出实训评议及成绩。

表 8-3 实训报告评价栏

	分项目	小组测评	教师测评	综合测评	备注
实训内容	交警站位	A(或 B/C/D/E)	A(或 B/C/D/E)	A(或 B/C/D/E)	A≥90 /B≥80/C≥70/D≥60/E<60
	装备运用				
	执法用语				
	违法认定				
	证据采集				
	适用程序				
	法律文书制作				
	安全意识				
存在问题(教师或小组成员填写)					
改进建议					
本次实训测评结论 签名： 日期				A(或 B/C/D/E)	

附：公安交通管理行政强制措施凭证(一式两份，一份送达当事人，一份附卷)

（此处印制公安机关交通管理部门名称）

公安交通管理行政强制措施凭证

编号：

当事人：＿＿＿＿＿＿联系方式：＿＿＿＿＿＿

机动车驾驶证/居民身份证号码：□□□□□□□□□□□□□□□□□□□□

机动车驾驶证档案编号：□□□□□□□□□□□□

发证机关：＿＿＿＿＿＿省（区、市）＿＿＿＿＿＿市准驾车型＿＿＿＿＿

车辆牌号：＿＿＿＿＿＿车辆类型：＿＿＿＿＿＿

当事人于＿＿＿年＿＿月＿＿日＿＿时＿＿分在＿＿＿＿＿＿＿＿＿

实施＿＿＿＿＿＿违法行为，（代码＿＿＿＿＿＿），根据：

□《道路交通安全法》第＿＿条第＿＿款第＿＿项；

□《道路交通安全法实施条例》第＿＿条第＿＿款第＿＿项；

□（地方性法规）第＿＿条第＿＿款第＿＿项。

采取行政强制措施：

□扣留机动车　　　　□扣留非机动车

□扣留机动车驾驶证　□扣留机动车行驶证

□收缴物品＿＿＿＿＿＿

□检验血液/尿样

□拖移机动车

请持本凭证在15日内到＿＿＿接受处理。逾期不处理的，依法承担法律责任。如不服本决定，可以在收到本凭证之日起60日内向＿＿＿＿＿＿＿＿＿＿申请复议；或者在3个月内向＿＿＿＿人民法院提起行政诉讼。

交通警察（签名或者盖章）：（公安机关交通管理部门盖章）

年　月　日

当事人对本凭证记载内容有无异议：＿＿＿＿＿＿

当事人签名：＿＿＿＿＿＿　　　　年　月　日

备注：

实训项目九　交通违法行为处理的简易程序

一、实训目的

知识方面： 通过实训，使学员了解交通违法行为处理简易程序的适用情形、适用依据及具体操作步骤，掌握按照简易程序进行交通违法行为处理的主要环节。

能力方面： 通过实训，使学员具备在当前复杂的执法环境下更好地与违法行为人进行警务沟通的能力，具有依法适用简易程序处理交通违法行为和制作相关法律文书的能力。

素质方面： 通过实训，培养学员准确理解和应用法律规范进行执法活动的能力，使学员进一步形成规范化执法的理念和素养。

二、交通违法行为处理简易程序导引

（一）交通违法行为处理简易程序的界定

交通违法行为处理的简易程序又称违法行为的当场处理程序，是相对于公安交通行政处罚的一般程序而言的。主要指对于案情较为清楚、情节较为轻微且有法定依据的道路交通安全违法行为，由交通警察在违法行为现场依法实施行政处罚的一种简便的违法行为处理程序。这种程序的特点在于当场实施、手续简单、处置时间相对较短、工作效率高。

（二）交通违法行为处理简易程序的适用情形

根据《中华人民共和国行政处罚法》第三十三条和《道路交通安全违法行为处理程序规定》第四十一条第一款的规定，适用简易程序处理的交通违法行为应当符合以下三项条件。

(1) 违法事实清楚、证据确凿。

(2) 道路交通安全法律、法规对违法行为有明确的处罚规定。

(3) 对违法行为人应当处以警告或者二百元以下罚款。

另外，《道路交通安全违法行为处理程序规定》第五十条规定，对交通技术监控设备记录的违法行为，当事人应当及时到公安机关交通管理部门接受处理，处以警告或者二百元以下罚款的，可以适用简易程序。

（三）交通违法行为处理简易程序的依据

交通违法行为处理简易程序的主要法律依据包括《中华人民共和国行政处罚法》第三十条至第三十五条；《道路交通安全法》第一百零七条、第一百零八条；《道路交通安全法实施条例》第一百零八条、第一百一十条；《行政案件程序规定》第三十四条至第三十六条、第一百四十三条、第一百五十条、第一百八十九条；《道路交通安全违法行为处理程序规定》第四十一条至第四十三条、第五十条；《交通警察道路执勤执法工作规范》第四十八条。

（四）交通违法行为处理简易程序的操作规程（见图 9-1）

(1)发现行人、非机动车驾驶人实施交通违法行为时，指挥当事人立即停靠路边或者在不影响道路通行和安全的地方接受处理；发现机动车驾驶人存在交通违法行为时，应当使用停车示意牌指挥机动车驾驶人靠边停车，在机动车驾驶人停车后向机动车驾驶人敬礼并要求机动车驾驶人出示机动车驾驶证和行驶证并熄灭发动机、下车接受处理。

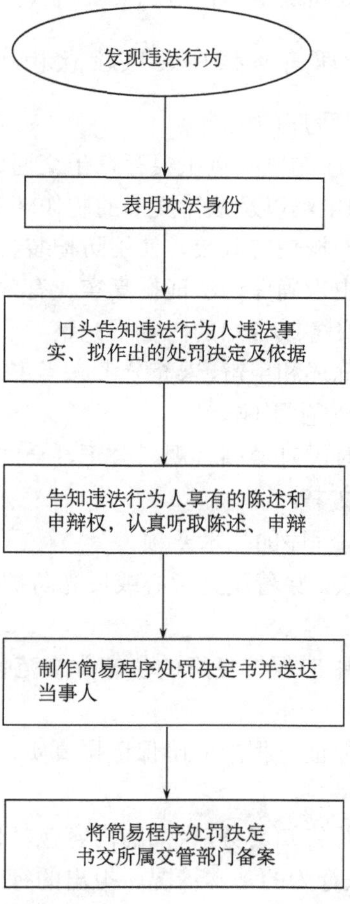

图 9-1　交通违法行为处理简易程序流程图

(2)检查机动车驾驶人的机动车驾驶证，询问机动车驾驶人姓名、出生年月、住址，对持证人的相貌与驾驶证上的照片进行核对；检查机动车行驶证，对类型、颜色、号牌进行核对；检查检验合格标志、保险标志等；查询机动车及机动车驾驶人的违法行为信息、机动车驾驶人记分情况。

(3)确定违法事实，口头告知违法行为人违法的基本事实，拟作出的行政处罚决定、依据以及违法行为人依法享有的权利。对于案情复杂、违法事实难以当场确定的，可以使用一般程序进行处理。

(4)听取违法行为人的陈述和申辩，违法行为人提出的事实、理由或者证据成立的，应当采纳。

(5)制作《公安交通管理简易程序处罚决定书》，将处罚决定书交被处罚人签名，被处罚人拒绝签名的，交通警察应当在处罚决定书上注明。

(6)将处罚决定书当场交付被处罚人；被处罚人拒收的，由交通警察在处罚决定书上注明，即为送达。

(7)在两日内将简易程序处罚决定书报所属公安机关交通管理部门备案。

（五）交通违法行为处理简易程序的风险点和战术要领

1. 交通违法行为处理简易程序的风险点

交通违法行为处理简易程序的风险点主要存在于交通违法行为现场调查取证、口头告知、听取违法行为人陈诉和申辩以及法律文书的制作环节。

(1)查处交通违法行为时未按规定着装、使用防护装备、携带和使用执勤执法装备。

(2)在现场调查取证过程中未确保违法证据真实、有效。

(3)没有按要求履行告知义务或告知的内容不完整。

(4)没有认真听取当事人陈述和申辩，未充分考虑当事人陈诉和申辩的内容对案件事实的认定与法律的适用是否会产生影响。

(5)在做出行政处罚决定时没有遵循客观、公正、合法的原则。

(6)没有规范地制作法律文书。

2. 交通违法行为处理简易程序的战术要领

(1)执勤交警应按规定着装、穿着反光背心或反光防护服，依法携带和使用执法记录仪等警用装备。

(2)执勤交警在执法过程中应保持良好的仪态并规范化地使用执法用语和违法行为人进行警务沟通。

(3)执勤交警在现场调查取证过程中应确保证据真实、有效，并能充分地证明违法行为。

(4)执勤交警应按规定履行告知义务，告知的内容包括使用执法记录仪进行录音录像的情况、违法行为人实施违法行为的基本情况、拟出的行政处罚决定及法律依据，违法行为人陈诉和申辩的权利、行政处罚的履行方式、实施行政救济的方法等。

(5)执勤交警应认真听取当事人陈述和申辩，对于陈述和申辩事实、理由或证据成立的，应当予以采纳。

(6)执勤交警应严格依照法律规定做出行政处罚决定。

(7)执勤交警应规范地制作法律文书。

(六)交通违法行为处理简易程序常见问题的处理

(1)使用简易程序对交通违法行为人进行处理时，应当尊重当事人，使用文明、礼貌、规范的语言，语气庄重、平和。对当事人不理解的，应当耐心解释，不得呵斥、讽刺当事人。

(2)在使用简易程序处理交通违法行为过程中，如果违法行为人的陈述和申辩有一定道理但还需进一步查证的情况下，可以改为使用一般程序对违法行为进行处理，以确保处理结果的客观、公正、合法。

(3)在使用简易程序处理交通违法行为时，交通警察符合回避条件的，应当依法回避。

(4)对于机动车驾驶人拒绝签收简易程序处罚决定书时，交通警察应当使用的规范用语是：依据法律规定，你拒绝签字或者拒收，法律文书同样生效并即为送达。

(5)非机动车驾驶人拒绝缴纳罚款时，交通警察应当使用的规范用语是：根据《道路交通安全法》第八十九条的规定，你拒绝接受罚款处罚，可以扣留你的非机动车。

(6)被处罚人是机动车驾驶人的，应当填写被处罚人姓名、机动车驾驶证档案编号、机动车驾驶证号、准驾车型、联系方式、车辆牌号、车辆类型、发证机关等项；未携带机动车驾驶证或者无机动车驾驶证的，填写居民身份证(或者其他有效身份证件)上的姓名；无有效身份证件的，填写当事人被处罚人(当事人)提供的姓名，并在备注栏注明“未提供有效身份证件”；属外国籍或者少数民族的人员，应当写明其汉语音译名，必要时，可以在汉语音译名后注明其使用的本国或者本民族文字姓名；属于外籍车辆的，加写“外”字。

被处罚人是非机动车驾驶人的，应当填写被处罚人姓名、居民身份证号码、联系方式、车辆类型(自行车、电动自行车、残疾人机动轮椅车、人力车、三轮车、畜力车，以及按照《道路交通安全法》第十八条第二款规定的，由各省、自治区、直辖市人民政府根据当地实际情况规定的依法应当登记的非机动车的种类)、有非机动车牌号的填写非机动车牌号及发证机关。

被处罚人是行人、乘车人的，应当填写被处罚人姓名、居民身份证号码和联系方式。

三、实训情境的设定

2017年××月××日14时40分，李某(持有准驾车型代号为C1的驾驶证)驾驶一辆东风日产小型轿车沿江阳西路由西向东行驶至某广场口时，因未系安全带，被正在路口执勤的交通警察刘某拦下并进行检查。经检查，驾驶人李某确实存在未系安全带驾驶小型汽车的交通违法行为，交通警察刘某根据《道路交通安全法》相关规定，使用简易程序对李某做出罚款50元的行政处罚决定。

① 如果驾驶人李某辩称安全带为当日驾车行驶过程中突然损坏，其正准备驾车去修理厂进行修理，则交警刘某应当如何处理？

② 如果驾驶人李某声称自己平时工作很忙，没有时间去银行缴纳罚款，要求当场将50元罚款交给交警刘某，刘某应如何处理？

③ 如果交警刘某将简易程序处罚决定书送达给驾驶人李某时，李某拒绝接收并将处

罚决定书扔在地上，交警刘某应如何处理？

四、实训器材与场地

（一）实训器材

具体实训器材见表 9-1。

表 9-1 实训器材一览表

序号	器材名称	类别	单位	数量	用途
1	执法记录仪	基本器材	个	5	录像、取证、监督
2	停车示意牌	基本器材	个	5	示意车辆靠边停车
3	反光背心	基本器材	件	5	外穿
4	小型汽车(模型)	基本器材	辆	1	道具
5	驾驶证、行驶证	基本器材	本	1	道具
6	警务通或证件查询器	基本器材	个	5	对牌证进行查询
7	公安交通管理简易程序处罚决定书	基本器材	份	30	处罚决定
8	摄像机	基本器材	台	1	记录实训过程
9	签字笔	基本器材	支	10	填写处罚决定书
10	发光指挥棒	选用器材	根	5	指挥引导车辆
11	多功能反光腰带	选用器材	套	5	穿戴

（二）实训场地

交通执法实训场(没有条件的情况下可变通地点)。

五、实训方法与步骤

（一）实训方法

本次实训主要采取模拟训练方法来进行，通过角色的选配、场景的设计、模拟案例演练一系列的操作来实现实训目的。实训时间为标准学时 2 学时(演练 1.5 个学时，总结、点评 0.5 个学时)。

（二）实训步骤

(1) 布置实训任务。本次实训任务是模拟简易程序处理交通安全违法行为，要求学员在学习《道路交通安全法》等相关课程的基础上提前预习和准备实训内容，明确交通违法行为处理简易程序的适用条件和步骤。

(2) 实训分组。各区队根据实际人数将学员分成若干组，5 人为一组。每一个实训组由三部分组成，分别是实训学员(2 人)、评审团评委(2 人)、实训辅助人员(1 人)。其中实训学员负责实训内容模拟演练；评审团评委负责对实训学员的实训程序、组织、整体效果当场打分；实训辅助人员协助准备实训器材、介绍违法行为基本情况、实训时间控制等。

(3)角色分配。结合案例，对实训组成员进行角色分配(见表 9-2)。

表 9-2　交通违法行为处理简易程序实训项目角色分配表

角色	学员人数/人	实训任务
违法行为人	1	接受询问、调查取证和处罚
交通警察	1	按照简易程序要求对违法行为进行处置
评审团评委	2	负责打分、记录、指出演练中问题
辅助人员	1	协助准备实训器材、负责介绍案件情况、时间控制等有关服务工作

(4)模拟演练。根据案情设定案件发生的场景，让扮演违法行为人和交通警察的学员完成违法行为简易程序处理的模拟演练，其余学员根据分工配合、协助完成实训。教师可根据实训情况和时间，组织每组学员互换角色训练。

(5)讲评和总结。每组实训后由评审团评委点评，参训学员自我总结。各组实训均完成后由教师对每组情况及学员总体实训表现进行总评。

(6)学员课后按要求完成实训报告，并在规定时间内上交给授课教师。

六、实训考核标准与要求

(一)考核标准

实训项目考核评价表见表 9-3。

表 9-3　实训项目考核评价表

考核标准	考核要求	教师评价 (权重 60%)	评审团评价 (权重 40%)
交通警察着装及站位	着装规范、站位准确		
执法装备的使用	全程使用执法记录仪进行记录，其他执法装备的选用准确、熟练		
执法用语	执法用语规范、准确、意思表达明确、合法		
处置流程	处置流程规范、完整		
法律文书制作	法律文书选用正确、制作规范、填写内容准确、表述清晰		
存在问题 (教师或评审团填写)			
改进建议(意见)			
实训结论： (具体分数或评价等级) 教师(签名)：　评审团代表(签名)：　日期：			

（二）实训报告的要求

⑴参训学员均需在实训结束后按要求提交实训报告，实训报告由学员本人亲自撰写，不允许互相抄袭。

⑵实训报告应包括两部分内容：一是介绍实训内容及过程，主要是对整个实训过程进行叙述，包括法律文书的制作；二是实训体会，主要是阐述对交通违法行为处理简易程序的认识、对执法交警能力要求认识，也可对实训过程中发现的某些问题进行分析，并提出建议。

⑶实训报告字数应不少于600字。

附：交通违法行为处理的简易程序实训过程中涉及的法律文书样本

（此处印制公安机关交通管理部门名称）

公安交通管理简易程序处罚决定书

编号：

被处罚人：__________机动车驾驶证档案编号：□□□□□□□□□□□□

机动车驾驶证/居民身份证号码：□□□□□□□□□□□□□□□□□□

准驾车型：_______　联系方式：______________________车辆牌号：________

车辆类型：_______　发证机关：____________省（区、市）____________市

被处罚人于_________年____月___日___时____分，在______________________

________实施___________________违法行为（代码_____）。根据

□《道路交通安全法》第____条第____款第____项的规定；

□《道路交通安全法实施条例》第____条第____款第____项的规定；

□《校车安全管理条例》第____条第____款第____项的规定；

□（其他法律、法规、规章）第____条第____款第____项的规定；

□（地方性法规）第____条第____款第____项的规定，

决定处以：□警告　□____元罚款。

□当场缴纳罚款　□持本决定书在15日内到______银行缴纳罚款。逾期不缴纳的，每日按罚款数额的3%加处罚款，加处罚款的数额不超过罚款本数。

对__________________予以收缴。附___________清单共____份。

如不服本决定，可以在收到本决定书之日起60日内向__________

申请行政复议；或者在6个月内向__________人民法院提起行政诉讼。

□该处罚决定将在122交通网（www.122.cn）公开公示，同时向信用中国网（www.creditchina.got.cn）推送。

处罚地点：

交通警察（盖章或签名）：　（公安机关交通管理部门盖章）

年　月　日

被处罚人签名：______________　年　月　日

备注：

根据《机动车驾驶证申领和使用规定》记____分

一式三份，一份由被处罚人交银行，一份送达被处罚人，一份存档

注：未作罚款处罚或者当场收缴罚款的，银行联不交被处罚人

实训项目十　交通违法行为处理的一般程序

一、实训目的

知识方面： 通过实训，使学员掌握按照一般程序进行违法行为处理的主要内容和流程，并能熟练制作相关法律文书。

能力方面： 通过实训，使学员初步具备运用一般程序进行违法行为处理的能力。

素质方面： 通过实训，使学员养成规范执法的理念，同时结合不同违法行为处理适用不同处理程序的情形，培养学员准确理解、适用法律法规的素养。

二、交通违法行为处理的一般程序导引

（一）交通违法行为处理的一般程序界定

交通违法行为处理的一般程序，也称普通程序，指对除简易程序和听证程序之外的违法行为实施行政处罚所适用的程序。《中华人民共和国行政处罚法》规定的一般程序包括案件受理、调查、决定以及执行。依照一般程序的规定处理交通违法行为，可以保证公安交管部门处理交通违法案件时，全面、客观、公正地调查、收集有关证据，在查明事实的基础上，根据违法行为的情节、危害后果的严重程度，按照法律、法规的规定，依法做出行政处罚决定，切实保障公民、法人或者其他组织的合法权益。

（二）交通违法行为处理的一般程序适用情形

(1)《道路交通安全违法行为处理程序规定》第四十一条规定：对违法行为人处以警告或者二百元以下罚款的，可以适用简易程序。对违法行为人处以二百元(不含)以上罚款、暂扣或者吊销机动车驾驶证的，应当适用一般程序。

(2)《道路交通安全违法行为处理程序规定》第五十条规定：对交通技术监控设备记录的违法行为，当事人应当及时到公安机关交通管理部门接受处理，处以警告或者二百元以下罚款的，可以适用简易程序；处以二百元(不含)以上罚款、吊销机动车驾驶证的，应当适用一般程序。

根据上述规定，一般程序与简易程序的关系可表述为：一般程序是简易程序的基础，简易程序是一般程序的简化。因此，适用一般程序处理的情形[①]如下：

① 适用简易程序不能做出行政处罚决定的交通安全违法行为。道路交通安全违法行为本身适合简易程序做出处罚的法定条件，但在实施处罚的过程中，发现案件较为复杂，导致适用简易程序不能做出行政处罚决定，应及时转为一般程序进行处理。

② 不适用简易程序当场处罚的道路交通安全违法行为。从适用处罚的种类或者处罚

---

① 刘玉增，管满泉，2015. 道路交通秩序管理. 北京：中国人民大学出版社

幅度上看，二百元(不含)以上罚款、暂扣或者吊销机动车驾驶证的违法行为，已经超过了适用简易程序的法律规定范围，应当按照一般程序处理。对用于一般程序处理的案件，即使发现很简单也不能转为简易程序处理。

(三)交通违法行为处理的一般程序依据

交通违法行为处理的一般程序适用依据主要有：

(1)《中华人民共和国行政处罚法》。

(2)《道路交通安全违法行为处理程序规定》。

(3)《交通警察道路执勤执法工作规范》。

(4)《行政案件程序规定》中的相关条款规定。

(四)交通违法行为处理的一般程序操作规程

1. 对查获的违法行为进行现场取证并制作现场文书(见图10-1)

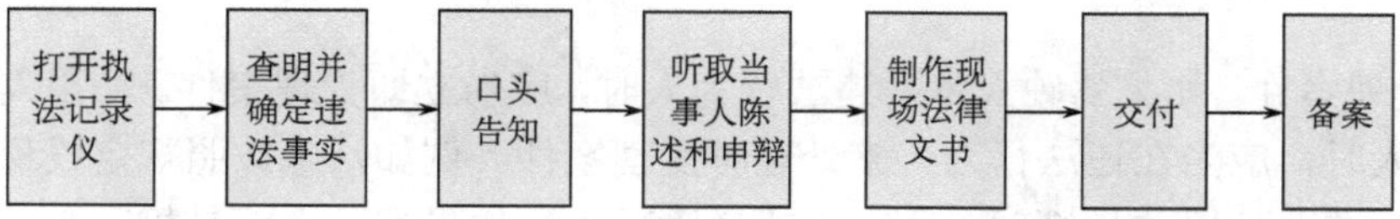

图10-1　制作现场文书示意图

(1)打开执法记录仪。对违法行为进行现场处置时，应进行全过程视音频同步记录。

(2)查明并确定违法事实。通过查验、询问、对照来确认违法事实。查验要查“五证两信息”(指的是机动车驾驶证、行驶证、号牌、检验合格标志、保险标志等牌证以及机动车和驾驶人违法信息)，对运载爆炸物品、易燃易爆化学物品以及剧毒、放射性等危险物品车辆驾驶人违法行为调查的，还应当查验其他相关证件及信息。查验机动车驾驶证时，应当询问驾驶人姓名、住址、出生年月并与驾驶证上记录的内容进行核对；对持证人的相貌与驾驶证上的照片进行核对。必要时，可以要求驾驶人出示居民身份证进行核对。

(3)口头告知。口头告知违法行为人违法的基本事实，拟做出的处理、依据及其依法享有的权利。

(4)听取当事人陈述和申辩。耐心听取当事人陈述和申辩，当事人提出的事实、理由或证据成立的，应当采纳。

(5)制作现场法律文书。现场文书主要是《公安交通管理行政强制措施凭证》(以下简称《强制措施凭证》)和《道路交通安全违法行为处理通知书》(以下简称《违法行为处理通知书》)。对符合采取行政强制措施条件的违法行为(具体情形见实训项目八)，现场采取行政强制措施，并制作《强制措施凭证》。适用于需要按照一般程序做出行政处罚决定，但现场不需要采取行政强制措施的违法行为；或者根据交通技术监控记录资料，对违法机动车所有人、管理人或者机动车驾驶人告知违法事实，并通知其到指定地点接受处理时适用《违法行为处理通知书》。《违法行为处理通知书》中，“当事人对本通知书记载内容有无异议”栏，应当在当事人接受处理时，请当事人填写，并在“当事人签名”

栏签名。当事人无异议的，可填写“无异议”；当事人有异议的，应填写异议的具体内容。“交通警察”栏由制作通知书的交通警察签名或者盖章。

(6) 交付。将现场法律文书当场交付被处罚人，并由被处罚人在上面签名。

(7) 备案。二十四小时内将现场法律文书交给违法处理部门，并录入综合信息系统。

注意事项：当事人对违法事实无异议，且有两名以上交警在场并开具的文书，可以作为一般程序处理的现场笔录。若当事人在接受处理时有异议的，则需另行制作询问笔录。只有交警盖章或者一名交警开具文书的，适用一般程序处理时应当制作询问笔录。

2. 适用一般程序做出处罚决定[①] (见图 10-2)

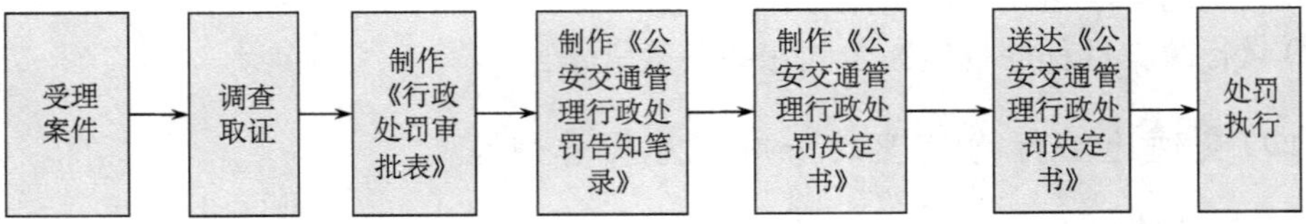

图 10-2 做出处罚决定示意图

(1) 受理案件。如果驾驶人就是违法行为人时，应当立即受理案件。如果驾驶人不是违法行为人时，应当在违法行为人来处理时受理案件。例如，未按照规定投保机动车责任强制保险的，处罚的是机动车所有人或者管理人，如果驾驶人就是机动车所有人或者管理人的，应当立即受理案件，如果驾驶人不是机动车所有人或者管理人的，应当在机动车所有人或者管理人来接受处理时受理案件。受理案件制作《受案登记表》，并由办案部门负责人审批。

(2) 调查取证。调查取证是案件查处的重要环节，既是查清违法事实和情节的前提，也是违法事实和违法情节认定的基础。调查取证时，有两名以上交通警察进行调查取证，并在询问过程中制作《询问笔录》。在进行询问时，要询问被询问人基本情况、询问查证违法事实、询问被询问人是否有其他违法犯罪行为、是否有补充陈述、所做陈述是否属实等内容，询问结束后，笔录应当交被询问人核对，由其在询问笔录上逐页签名或者捺指印，在笔录末应当由被询问人签署意见并签名或者捺指印、注明日期。在询问查证违法事实时，着重记录违法的时间、地点、情节、后果以及相关证据，主要包括以下内容：①违法行为是否存在；②违法行为是否为当事人实施；③实施违法行为的时间、地点、手段、后果以及其他情节；④当事人有无法定从重、从轻、减轻以及不予处罚的情形。如在调查准驾不符案件，不仅要确定违法行为人驾驶与驾驶证载明的准驾车型不相符的机动车的事实，还应调查询问准驾不符的具体、详细情况(应有机动车行驶证和驾驶证复印件等证明材料。机动车未注册的，应有机动车车辆类型、车辆型号、发动机型号、排量/功率等证明机动车性质的证据)。询问时，可以全程录音、录像，并保持录音、录像资料的完整性。

(3) 制作《行政处罚审批表》，提出处罚意见。本环节要在经过调查取证，并在查清

① 别占军，刘钺，金晓东，2010. 道路交通违法案件卷宗规范. 北京：群众出版社

违法事实的基础上进行。办案交警认为违法事实成立，填写《领导审批表》，写明认定的违法事实、相关证据及其证明事项、案件性质、自由裁量理由、处罚依据、处罚建议等，报领导审批。按照承办人提出建议—承办单位负责人建议—法制部门审核—领导审批的程序逐级进行审核，相互监督，相互制约。在制作《行政处罚审批表》时，应当考虑以下几种情况：①“一事不再罚”原则的应用；②考虑从轻、减轻处罚或者不予处罚的情形；③对于一人有两个以上违法行为，适用一般程序处理时，对已经证实的违法行为，因情节轻微，拟免予处罚或警告处罚的，应当在审批表中进行简要说明，一并审批。

(4)制作《公安交通管理行政处罚告知笔录》。办案单位提出处罚意见后，为了维护当事人合法权益，应按要求履行告知程序。告知拟做出行政处罚决定的事实、理由、依据及当事人权利。在做出吊销驾驶证或者对个人罚款2000元以上决定之前，应当告知当事人对被处罚的行为有要求举行听证的权利。当事人放弃听证或者撤回听证要求后，处罚决定做出前，又提出听证要求的，只要在听证申请有效期限内，应当允许。告知常采用笔录形式或邮寄形式进行。

(5)制作《公安交通管理行政处罚决定书》。《公安交通管理行政处罚决定书》是公安机关交通管理部门按照一般程序对违法行为人做出行政处罚决定使用的文书。“证据”栏填写做出行政处罚决定所依据的证据名称。“根据”栏填写做出行政处罚决定所依据的法律、法规的具体条、款、项。处罚信息处填写处罚种类、具体内容。做出暂扣机动车驾驶证处罚的，应当注明机动车驾驶证是否转递，并填写到期领取机动车驾驶证的时间、地点。需要对非法物品予以收缴的，应当填写收缴物品的名称及数量。“清单”栏填写收缴物品或者没收违法所得清单及份数。“被处罚人签名”栏由被处罚人签名，并注明签名时间，被处罚人拒绝签名的，交通警察应当在处罚决定书上注明。被处罚人的交通违法被记分的，应当注明分值。调查机动车驾驶人政治面貌、职业时，根据当事人自述确定。对于一人有两种以上违法行为的情形，分别裁决，合并执行，可以制作一份行政处罚决定书，但只有一种违法行为，依法应当并处两个以上处罚种类且涉及两个处罚主体的，应当分别制作行政处罚决定书。

(6)送达《公安交通管理行政处罚决定书》。《公安交通管理行政处罚决定书》应当当场交付被处罚人；被处罚人拒收的，由交通警察在处罚决定书上注明，即为送达；被处罚人不在场的，应当依照《行政案件程序规定》的有关规定送达。

(7)处罚执行。在罚款的收缴上，做出罚款决定的公安机关交通管理部门应当与收缴罚款的机构分离。做出处罚决定的公安机关交通管理部门不得自行收缴罚款。当事人应当在法定期限内，到指定的银行缴纳罚款。逾期不缴纳罚款的，每日按罚款数额的3%加处罚款，但加处罚款不得超出罚款数额。根据《中华人民共和国行政处罚法》第四十七条、第四十八条的规定，符合当场收缴的适用范围情形，公安机关交通管理部门当场收缴罚款的，必须向当事人出具省、自治区、直辖市财政部门统一制发的罚款收据；不出具财政部门统一制发的罚款收据的，当事人有权拒绝缴纳罚款；对非本辖区机动车驾驶人给予暂扣、吊销机动车驾驶证处罚的，在做出处罚决定之日起十五日内，应当将机动车驾驶证转至核发地公安机关交通管理部门，即发回驾驶证发证地，在外地违法的驾驶人可以去发证地处理、学习和考试。如违法行为人申请不将暂扣的机动车驾驶证转递的，应当准许，并在行政处罚决定书上注明；对违法行为人决定行政拘留并处罚款的，公安机关交通管理部门应当告知违法行为人可以委托他人代缴罚款。

（五）交通违法行为处理的一般程序风险点和战术要领

交通违法行为处理的一般程序风险点主要在于执法过程不符合法定程序，如调查取证环节，证据收集固定不当，不利用查明违法事实；再如法律文书制作不规范，会影响法律文书的功能和价值的发挥等。根据上述风险点，交通警察在运用一般程序进行违法行为处理时，要重点从以下两个方面进行风险规避。

(1) 现场处置措施要恰当，并符合程序规定。现场处置中，要根据当事人的违法行为，采取恰当的程序进行处置，尤其在执行环节，要实现罚缴分离。完成程序的过程中，最容易出现的漏洞之一是法律文书制作不规范。在制作时，要做到内容上的合法性、语言表述上的规范性、准确性及书写的正确性。

(2) 调查取证中各种证据的获取及运用。调查取证要保障取证的合法性，如人数要求，人员要有执法资格，取证过程要符合《道路交通安全违法行为处理程序规定》的规定，交通违法图像取证要符合《道路交通安全违法行为图像取证技术规范》(GA/T 832—2014) 的规定。办案民警、法制部门、负责审批领导要根据法律规定和办案经验，对证据材料进行逐级审核认定，根据已认定的证据推断案件事实，最终对违法行为做出处罚。

（六）交通违法行为处理的一般程序常见问题处理

1.执法主体资格不符合程序要求问题的处理

根据《中华人民共和国行政强制法》第十八条第二项的规定，现场实施行政强制措施应当由两名以上具有行政执法资格的民警实施；《道路交通安全违法行为处理程序规定》第四十六条也明确规定，在按照一般程序做出处罚决定时，应当由两名以上交通警察按照规定程序进行调查、取证。而在具体实践操作时，交通警察带领协警现场执勤执法中，对一些违法行为的现场处置，往往会出现协警单独执法并开具现场文书的情况；在按照一般程序对案件进行调查取证中，有时也会出现一名办案民警带领几名协警共同办案的情况。这些都是执法主体资格不符合规定程序的情形。因此，应严格执行一般程序规定，按照规定人数由具有执法资格的民警对违法行为人做出行政处罚或者行政强制措施决定。

2. 执法过程中执法记录仪使用存在问题的处理

根据公安部 2016 年 7 月 1 日出台的《公安机关现场执法视音频记录工作规定》，现场执法时，应全程记录执法过程。而在运用执法记录仪记录执法过程中存在的问题在于以下方面：①使用不规范。主要表现为少部分违法行为处理通知书无执法记录视频。②执法过程不规范。主要表现在法律文书对应的执法记录仪视频画面无相关执法内容；或只有开具法律文书过程，其他执法信息、当事人及违法车辆信息无法通过视频画面看到。因此，应加强执法记录仪使用的训练。

3. 执法文书书写方面存在问题的处理

如交通违法行为发生时间记录不规范，把下午 15：30 写为 3：30；交通违法发生地点记录不规范，如应正确表示为“××广场”，简单地以“广场”二字表示，事后无法自证违法行为发生的具体地点；如姓名填写不准的问题、车牌号码填写不准确的问题等。执法文书书写不规范，容易让被处罚对象找茬或产生异议。因此，应强调法律文书规范书写的重要性。

三、实训情境的设定

情境一：2017 年××月××日上午 10:40 分左右，侯某(持有准驾代号为 E 的驾驶证)驾驶一辆黄色小型轿车载着同事张某沿人民路由西向东行驶至劳动路交叉口。

(1)假如你是执勤交警，遇下列情形该如何处置？

① 在现场如何认定侯某的违法行为？

② 确定侯某的违法行为后，需采取何种措施，并制作哪种法律文书？

③ 当事人拒收法律文书时，如何处置？

④ 如同事张某不具备替代资格，车辆如何处置？

(2)侯某在规定的时间内到交通巡防大队处理，假如交警李某和高某受理案件，遇下列情形该如何处置？

① 如黄色小型轿车还未注册，该如何进行调查取证？

② 侯某在询问笔录上签名时，在名字中写了一个与驾驶证上姓名不同的同音异字，如何处置？

情境二：李某驾驶货车载物经过交叉路口，在该车等信号灯的时候，执勤交警示意靠边接受检查。

假如你是执勤交警，遇下列情形该如何处置？

① 在询问车上载物多少时，李某支支吾吾，始终不愿正面回答交警的询问。

② 经检查，货车超过核定载质量，但未达 30%，李某要求当场做出处罚决定，并当场缴纳罚款。

③ 李某没有正当理由，也一直没去指定地点接受处理。

四、实训器材与场地

(一)实训器材

以情境一为例，所需要的实训器材见表 10-1。

表 10-1　实训器材一览表

序号	器材名称	类别	单位	数量	用途
1	执法记录仪	基本器材	个	3	录像、取证、监督
2	计算机	基本器材	个	1	信息录入、查询；打印文书
3	驾驶证(准驾代号为 E)	基本器材	本	1	道具
4	违法车辆(模型)	基本器材	台	1	道具
5	道路交通安全违法行为处罚标准代码本	基本器材	本	2	查询
6	处理通知书和强制措施凭证	基本器材	份	各 1	现场处置选择使用
7	受案登记表	基本器材	份	1	受理案件

续表

序号	器材名称	类别	单位	数量	用途
8	询问笔录	基本器材	份	1	案件调查
9	领导审批表	基本器材	份	1	案件审批
10	公安行政处罚告知笔录	基本器材	份	1	处罚告知
11	公安交通管理行政处罚决定书	基本器材	份	1	处罚决定
12	实训手册	选用器材	份	若干	学员参考使用

（二）实训场地

有条件的可以借助《六合一模拟实战训练系统》，在实训室进行；没有条件的，可在教室内，使用打印出来的仿真法律文书进行实训。

五、实训方法与步骤

（一）实训方法

本实训可以采用模拟训练方法进行。实训时间为标准学时 2 学时（演练 1.5 个学时，总结、点评 0.5 个学时）。

（二）实训步骤

(1) 布置实训任务。实训教师对实训教学内容进行讲解，并对实训环节、实训任务进行安排。

(2) 实训分组。根据实训内容将学员分成若干小组，对情境一而言，需要一个 9 人的实训小组来进行实训内容的模拟演练。

(3) 角色分配。结合案例，对实训组成员进行角色分配。情境一所需要的 9 人实训小组角色分配见表 10-2。

表 10-2　情境一角色分配表

角色	数量/人	实训任务
违法行为人侯某	1	接受询问、调查取证和处罚
交警魏某和范某	2	按照一般程序进行现场处置
交警李某和高某	2	按照一般程序做出处罚决定
同事张某	1	接受询问调查及配合演练
法制员、领导、承办单位负责人	3	负责审核

(4) 模拟演练。根据案情设定案件发生的场景，让扮演侯某、魏某、范某、张某的学员完成现场处置的模拟演练，结合案情，制作相关法律文书；让扮演侯某、李某、高某的学员及负责审核人员的学员完成做出一般程序处理的模拟演练。期间，实训教师要对

整个实训现场进行直接监控，及时发现实训过程中的错误及维持实训秩序。同时，要耐心回答学员提出的问题，做好实训指导工作。

(5)讲评和再训。每组实训后由参训学员自评，小组自评，教师对实训程序、组织、整体效果进行总评。根据实训情况和时间，教师可组织学员互换角色再次训练。

(6)实训收尾安排。实训结束后，实训教师要敦促学员整理好实训器材，并指导学员按要求完成实训报告。

六、实训考核标准与要求

考核标准见表 10-3。考核要求为：①考核形式为现场操作；②学员随机获取案例并自行分组；③按抽签顺序完成考核。

表 10-3　实训项目考核标准

考核标准		教师评价(权重 30%)	学员自评(权重 20%)	小组评价(权重 20%)	“双千”教师评价(权重 30%)
现场处置	交警站位、装备运用、执法用语				
	法律文书的选择是否正确				
	处置程序是否恰当				
法律文书制作	出具时间是否倒置				
	法律条文引用是否正确				
	审批表、告知笔录、决定书等法律文书上认定的事实叙述是否正确、规范、简明				
	材料是否齐全、制作是否规范				
得分					
实训反思(由评价主体分别进行填写)		签名：　　　　年　月　日			

附：实训过程中涉及法律文书的样本如下所示。

(此处印制公安机关交通管理部门名称)

道路交通安全违法行为处理通知书

编号：

当事人：____________________ 联系方式：____________________

机动车驾驶证/居民身份证号码：□□□□□□□□□□□□□□□□□□

机动车驾驶证档案编号：□□□□□□□□□□□□

发证机关：______省(区、市)______市 准驾车型：__________

车辆牌号：________________________ 车辆类型：__________

当事人驾驶/你(单位)所有的牌号为________、车辆类型为________的机动车，于______年___月___日___时___分，在______________，实施______________违法行为(代码__________)。

法律依据：

□《道路交通安全法》第_____条第_____款_____项；

□《道路交通安全法实施条例》第_____条第_____款_____项；

□《校车安全管理条例》第_____条第_____款第_____项的规定；

□(其他法律、法规、规章)第_____条第_____款第_____项的规定；

□(地方性法规)第_____条第_____款_____项，

请于15日内携带本通知书及有关证件，到__________________接受处理。

(公安机关交通管理部门盖章)

年 月 日

交通警察(签名或者盖章)：

当事人对本通知书记载内容有无异议：

当事人签名： 年 月 日

备注：

本通知书同时作为现场笔录

一式两份，一份送达当事人，一份附卷

（此处印制公安机关交通管理部门名称）

公安交通管理行政处罚决定书

×公交决字[　　]第　　号

被处罚人：____________ 联系方式：____________________

职业：____________ 政治面貌：____________________

机动车驾驶证/居民身份证号码：____________________

机动车驾驶证档案编号：____________ 准驾车型：____________

发证机关：____________________

车辆牌号：____________ 车辆类型：____________

现查明被处罚人于____年___月___日___时___分，在____________

__________实施__________违法行为(代码____)。

以上事实有____________________等证据证明。

根据________________________，决定给予：

□罚款______元　　持本决定书在15日内到_______银行缴纳。到期不缴纳罚款的，每日按罚款数额3%加处罚款，加处罚款的数额不超过罚款本数。

□暂扣机动车驾驶证____月　　机动车驾驶证是否转递：□是　　□否

____年____月____日后到______________领取。

□吊销机动车驾驶证　　□五年内　□十年内　□终生不得重新取得机动车驾驶证

□没收违法所得

对____________予以收缴。附清单共______份。

如不服本决定，可以在收到本决定书之日起60日内向_______申请行政复议；或者在6个月内向____________人民法院提起行政诉讼。

□该处罚决定将在122交通网(www.122.cn)公开公示，同时向信用中国网(www.creditchina.gov.cn)推送。

（公安机关交通管理部门盖章）

年　　月　　日

被处罚人签名：

年　　月　　日

备注：

根据《机动车驾驶证申领和使用规定》记____分

一式三份，一份由被处罚人交银行，一份送达被处罚人，一份附卷

注：未作罚款处罚的，银行联不交被处罚人

受案登记表

(受案单位名称和印章)　　　　　×公(　　)受案字〔　　〕号

<table>
<tr><td>案件来源</td><td colspan="6">□110 指令　□工作中发现　□报案　□投案　□移送　□扭送　□其他</td></tr>
<tr><td rowspan="4">报案人</td><td>姓名</td><td></td><td>性别</td><td></td><td>出生日期</td><td></td></tr>
<tr><td>证件类型</td><td></td><td>证件号码</td><td colspan="3"></td></tr>
<tr><td>工作单位</td><td colspan="2"></td><td>联系方式</td><td colspan="2"></td></tr>
<tr><td>现住址</td><td colspan="5"></td></tr>
<tr><td>移送单位</td><td></td><td>移送人</td><td></td><td>联系方式</td><td colspan="2"></td></tr>
<tr><td>接报民警</td><td></td><td>接报时间</td><td>年　月　日
时　　分</td><td>接报地点</td><td colspan="2"></td></tr>
<tr><td colspan="7">简要案情或者报案记录(发案时间、地点、简要过程、涉案人基本情况、受害情况等)以及是否接受证据：</td></tr>
<tr><td>受案意见</td><td colspan="6">□属本单位管辖的行政案件，建议及时调查处理
□属本单位管辖的刑事案件，建议及时立案侦查
□不属于本单位管辖，建议移送处理
□不属于公安机关职责范围，不予调查处理并当场书面告知当事人
□其他
受案民警　　　　　　　　年　月　日</td></tr>
<tr><td>受案审批</td><td colspan="6">受案部门负责人　　　　　　　　年　月　日</td></tr>
</table>

一式两份，一份留存，一份附卷

（此处印制公安机关名称）

行政处罚告知笔录

执行告知单位：________________________　告知人：______________

被告知人：__________________________

被告知单位：________________________　法定代表人：___________

告知内容：__________________________

□处罚前告知

根据《中华人民共和国行政处罚法》第三十一条之规定，现将拟做出行政处罚决定的事实、理由、依据告知如下：

问：对上述告知事项，你（单位）是否提出陈述和申辩？（对被告知人的陈述和申辩可附页记录，被告知人提供书面陈述、申辩材料的，应当附上，并在本告知笔录中注明）

答：

复核意见

被告知人（签名）

年　　月　　日　　时　　分

□听证告知

公安机关拟对你（单位）做出____________________________的行政处罚，

根据《中华人民共和国行政处罚法》第四十二条之规定，你（单位）有权要求听证。如果要求听证，你（单位）应在被告知后三日内向______________提出，逾期视为放弃听证。

问：对上述告知事项，你是否要求听证？

答：

对要求听证的，公安机关将在二日内决定是否受理。符合听证条件的，公安机关将在十日内举行听证。对放弃听证的，公安机关将依法做出处理决定。

被告知人（签名）

年　　月　　日　　时　　分

第　　次

询问笔录

时间：____年____月____日____时____分至____年____月____日____时____分

地点：

询问人(签名)、工作单位：

记录人(签名)工作单位：

被询问人性别：　　　　　　　　　年龄：　　　　　出生日期：

证件类型及号码：

□是□否人大代表

现住址联系方式：

户籍所在地：

(口头传唤的被询问人____月____日____时____分到达，____月____日____时____分离开，本人签名 ___________)。

问：

答：

第　　页　　共　　页

领导审批表

×公（交管）审字[　　]第　　　号

<table>
<tr><td>案　　由</td><td colspan="4"></td><td>发案时间</td><td></td></tr>
<tr><td>案件文号</td><td colspan="6"></td></tr>
<tr><td rowspan="7">违法嫌疑人</td><td>姓名</td><td></td><td>性别</td><td></td><td>民族</td><td></td></tr>
<tr><td>出生日期</td><td colspan="2"></td><td colspan="2">文化程度</td><td></td></tr>
<tr><td colspan="2">身份证件种类及号码</td><td colspan="4"></td></tr>
<tr><td>现住址</td><td colspan="5"></td></tr>
<tr><td>户籍所在地</td><td colspan="5"></td></tr>
<tr><td>工作单位</td><td colspan="5"></td></tr>
<tr><td>违法犯罪记录</td><td colspan="5"></td></tr>
<tr><td rowspan="2">违法嫌疑单　　位</td><td>名称</td><td></td><td colspan="2">法定代表人</td><td colspan="2"></td></tr>
<tr><td>地址</td><td colspan="5"></td></tr>
<tr><td>同案其他人</td><td colspan="6"></td></tr>
<tr><td>违法事实及证据</td><td colspan="6"></td></tr>
</table>

承办人意见	承办人： 年 月 日
承办单位意见	负责人： 年 月 日
审核部门意见	负责人： 年 月 日
领导审批意见	领导： 年 月 日

实训项目十一　轻微道路交通事故的快速处理

一、实训目的

知识方面：了解并熟练掌握交通警察适用简易程序进行轻微道路交通事故快速处理的事故类型、具体操作程序及工作规范。

能力方面：熟练掌握交通警察处理轻微道路交通事故的简易程序要求，并且学会如何合理、合法地处理不同道路交通事故中出现的各种问题，具备一定的快速处理道路交通事故的应急应变能力。

素质方面：通过实训，增强学员执勤执法的风险意识和自我保护意识，进一步树立严格、规范、高效、文明的执法理念，培养学员灵活应变的现场快速处理素质等交通警察应具备的综合素质。

二、轻微道路交通事故的快速处理导引

（一）轻微道路交通事故快速处理的界定

轻微道路交通事故快速处理适用的交通事故类型有以下两种。

（1）两车碰撞事故或单方事故。即仅造成财产损失的机动车碰撞交通事故，简言之，就是“车能动，人未伤，有保险，车有牌，人有证，没有严重交通违法行为”等轻微道路交通事故。此类事故当事人对事实及成因无争议的，可以即行撤离现场，恢复交通并自行协商处理损害赔偿事宜；对交通事故事实及成因有争议的，应当迅速报警。

（2）对未造成人身伤亡，或者当事人伤势轻微，各方当事人一致同意采用简易程序处理的伤人事故，由办案人员在事故现场将事故处理完结。

（二）轻微道路交通事故快速处理的法律依据

（1）《道路交通安全法》中第七十条的规定。

（2）《道路交通安全法实施条例》中第八十六条、第八十七条、第八十八条、第八十九条等条文的规定。

（3）《道路交通事故处理程序规定》（公安部令第 104 号）中第十三条、第十四条、第十五条、第十六条、第十七条、第十八条等条文的规定。

（4）《道路交通事故处理工作规范》中第二十一条、第二十二条、第二十三条、第二十四条等条文的规定。

（三）轻微道路交通事故快速处理的适用情形

符合上述轻微道路交通事故界定标准的，均可以适用简易程序快速处理，但有以下例外情形。

有下列情形之一的，不适用快速处理的简易程序：

(1)造成人员伤、亡的。

(2)驾驶人未随身携带有效机动车驾驶证或无有效机动车驾驶证的。

(3)驾驶人有饮酒、服用国家管制的精神药品或者麻醉药品嫌疑的。

(4)事故车辆不能自行驾驶移动的。

(5)一方肇事逃逸的。

(6)事故车辆无号牌、无检验合格标志、无保险标志的。

(7)载运爆炸物品、易燃易爆化学物品以及毒害性、放射性、腐蚀性、传染病病原体等危险物品的事故车辆。

(8)碰撞建筑物、公共设施或者其他设施的。

(四)轻微道路交通事故快速处理操作规程

1. 快速出警

2. 现场防护

引导事故当事人和围观群众到道路人行道或道路两侧的安全区域。将自己所驾驶的警用车辆停放在事故现场来车方向 50m 的地方以起到防护和警示作用，摩托车应横向、警用汽车应斜向停放，以防其他驶来车辆撞到警车后，导致警车驶向事故现场对其中的人员造成伤害。警用车辆应打开所有警示灯光，随车有警示标志或者反光锥筒的应当按规定进行摆放和设置。

3. 拍摄现场照片，固定证据

拍摄现场照片要求：①能反映车辆行驶方向或是轨迹；②能反映车辆与道路标线的位置关系；③能反映事故车辆之间的关系；④能反映车辆之间的接触位置以及车辆的损伤部位；⑤能清楚辨明车辆号牌和车型，甚至特征；⑥对当事人的驾驶证、行驶证、身份证等资料照相采集。

应当拍摄 4 张以上的照片，具体方法如下。

第一张照片：拍摄时站在事故车辆正前方，大约 15m 的距离。照片要能显示事故现场情况，如道路上的标志标线、车辆的行驶方向、车牌信息以及道路信息等。

第二张照片：拍摄时站在事故车辆正后方，大约 15m 的距离，照片要显示事故现场情况，如道路上的标志标线、车辆的行驶方向、车牌信息、道路信息以及有可能出现的刹车印痕等信息。

第三张照片：拍摄车辆碰撞部位及车辆损坏情况。

第四、第五张照片: 追尾或者相撞事故，除前后外还应当在左右两侧拍照，拍摄时站在事故车辆两边正测方，大约 10m 的距离。

其他几张：各方当事人的驾驶证、行驶证、保险凭证等照片，这些照片可以在撤除现场后再拍。

4. 撤除现场，恢复交通

将事故车辆移到不妨碍交通的地点。

5. 当场制作《道路交通事故认定书》，或引导当事人前往交通事故快处快赔中心对事

故责任进行认定

6. 按照《道路交通事故认定书》对当事人违法行为进行处罚

7. 当场调解事故赔偿

当事人共同请求调解的，应当当场进行调解，并在道路交通事故认定书上记录调解结果，由当事人签名，交付当事人。当事人对道路交通事故认定有异议，或者拒绝在《道路交通事故认定书》上签名，或者不同意由交通警察调解的，交通警察应当在《道路交通事故认定书》上予以记录，交付当事人，并告知当事人可以向人民法院提起民事诉讼。当事人拒绝接收的，应当在《道路交通事故认定书》上予以记录。

8. 及时向指挥中心反馈处理情况和道路交通情况

到达现场要第一时间通过对讲机向指挥中心反馈现场情况，以及是否需要增援和再次派警；现场处理完毕及时通过对讲机向指挥中心反馈处理情况和道路通行情况。

发生追尾事故情形的处理：

(1) 事故发生后，应在第一时间开启车辆危险报警闪光灯，夜间还应开启示廓灯和后位灯。下车后，立刻在车后来车方向 150m 处放置三角警示牌。

(2) 相互记下车牌号和联系方式，检查事故具体情况，并互相查验驾驶证和保险凭证。

(3) 不符合快速处理事故范围的，当事人不能挪动车辆，应立即报警，在现场路边等候交通警察处理。

(4) 符合快速处理的交通事故，当事人可以自己对事故现场进行拍照以固定证据，也可以由交通警察到现场对事故按简易程序进行处理。拍照时，双方驾驶人站在车头位置，将两辆车的全貌及道路上标志、标线等情况全部拍摄清楚，再到车后的逆行方向拍摄一张，最后在两车相撞位置拍摄一张局部照片，并将对方驾驶证和行驶证放在一起拍一张照片。

(5) 拍照固定证据后，当事人应迅速将车辆移至不妨碍交通的地点，与对方共同协商事故责任。

(6) 双方能协商私了的交通事故，双方签订书面的赔偿协议，支付赔偿款，不需要再报保险公司。

(7) 双方不能协商私了的交通事故，给保险公司打电话报案，记录完整的报案号。

(8) 双方共同约定在四十八小时内到快处快赔中心去认定事故责任，进行保险理赔。

(9) 双方共同填写《轻微交通事故当事人自行协商处理现场记录书》，由各方当事人签名。

(10) 由中心交通警察查勘痕迹、照片等证据，并做出责任认定。

(11) 保险公司对车辆进行定损和理赔。

两车变道时引发事故情形的处理：

(1) 事故发生后，应在第一时间开启车辆危险报警闪光灯，夜间还应开启示廓灯和后位灯。下车后，立刻在车后来车方向放置三角警示牌。

(2) 相互记下车牌号和联系方式，检查事故具体情况，并互相查验驾驶证和保险凭证。

(3) 不符合快处快赔事故范围的，当事人不能挪动车辆，应立即报警，在现场等候交通警察处理。

(4) 符合快处快赔条件的交通事故，当事人可以对事故现场进行拍照以固定证据，也可以等交通警察到现场对事故按简易程序处理。拍照时，双方驾驶人站在车头位置，将两辆车的全貌及道路上的标志、标线等情况全部拍摄清楚，再到车后的逆行方向拍摄一张，最后在两车相撞位置拍摄一张局部照片，在拍照时一定要把道路的标志、标线的情况拍摄清楚，以利于交通警察通过两车碰撞位置，确定事故责任。最后要将对方驾驶证和行驶证放在一起拍一张照片。

(5) 拍照固定证据后，当事人应迅速将车辆移至不妨碍交通的地点，与对方共同协商事故责任。

(6) 双方能协商私了的交通事故，双方签订书面的赔偿协议，支付赔偿款，不需要再报保险公司。

(7) 双方不能协商私了的交通事故，给保险公司打电话报案，记录完整的报案号。

(8) 双方共同约定在四十八小时内到快处快赔中心去认定事故责任，进行保险理赔。

(9) 双方共同填写《轻微交通事故当事人自行协商处理现场记录书》，由各方当事人签名。

(10) 由中心交通警察查勘痕迹、照片等证据，并做出责任认定。

(11) 保险公司对车辆进行定损和理赔。

(五) 风险点和战略要领

1. 风险点

(1) 处理道路交通事故时注意现场安全防护，防止发生次生事故。

(2) 在执法时注意使用执法规范用语，避免引起当事人的误解。

(3) 必须严格按法定程序要求操作，公平、公正处理事故。

(4) 书写法律文书严谨规范。

(5) 依法处理各种突发状况。

2. 战略要领

(1) 注意安全防护，防止发生次生事故。

(2) 尽快处理完事故，尽快撤除现场，减少路面交通拥堵。

(3) 按法定程序合理、合法、公平、公正处理事故。

(六) 轻微道路交通事故快速处理中常见问题的处理

(1) 符合快处快赔条件的，当事人不及时撤除现场会产生什么样的法律后果？

符合快处快赔条件的，应当适用快处撤离现场而不及时撤离现场的，对驾驶人依法予以罚款 200 元处罚；拒不撤离现场的，予以强制撤离；性质恶劣的，移送辖区公安机关以妨碍公务行为依法做出行政拘留、罚款的处罚。驾驶人有其他道路交通安全违法行为的，一并从严处罚。

(2) 快处快赔在方便当事人的同时，如何防止当事人故意制造或虚构交通事故或故意扩大损失骗取保险的行为？

对于短期内多次申请快处快赔的当事人，公安机关应重点关注，与保险公司互通信息。发现有骗保行为的，由公安机关依法对当事人追究行政甚至刑事责任，同时保险公司依法不承担赔偿责任，对已支付的赔款，依法追回。

(3)要保证拍摄的照片有用，拍摄时应注意哪些问题？

在拍摄照片时要保证拍摄的照片能将此次事故的因果体现出来，还要体现事故车辆在道路上所处位置。车辆损毁情况等细节必须拍摄清楚。拍摄的照片需要体现出发生事故的时间。拍摄照片时，当事人一定要站立在车子前后方的正中间位置拍摄(不要斜着拍，否则易造成角度偏差，可能影响交警判断)。拍摄照片时要拍下涉事车辆的全景，特别是车道及标线等。

(4)到达现场后发现有人员伤(亡)或者损失明显较大，不属于轻微道路交通事故怎么办？

① 造成人员受伤或者财产损失较大的交通事故，迅速向指挥中心反馈情况，组织抢救伤者，请求增援，指派事故处理民警赶赴现场，并对事故现场进行拍照、标记车辆、人体、散落物位置后，将事故车辆移至不妨碍交通的地方，恢复交通，向指挥中心反馈情况，等候事故处理民警到达后移交。视情况协助事故处理民警勘查事故现场，维护现场秩序。

② 造成当事人现场死亡的交通事故，迅速向指挥中心反馈情况，请求增援，指派事故处理民警赶赴现场，并依法保护现场、维护现场秩序、疏散群众、疏导交通，等候事故处理民警处理，并协助事故处理民警勘查事故现场，维护现场秩序，恢复交通后才能离开。

(5)到达现场后发现有一方事故当事人逃逸怎么办？

处理办法：迅速向指挥中心反馈情况，堵截逃逸车辆，指派事故处理民警赶赴现场，并对事故现场进行拍照、标记车辆、人体、散落物位置后，将事故车辆移至不妨碍交通的地点，恢复交通，向指挥中心反馈情况，等候事故处理民警到达后移交。

(6)遇到可以适用简易程序处理的交通事故时，但当事人有比较严重的交通违法行为的怎么处理？

处理办法：遇到下列事故，迅速向指挥中心反馈情况，指派事故处理民警赶赴现场处理，并对事故现场进行拍照、标记车辆、人体、散落物位置后，将事故车辆移至不妨碍交通的地点，恢复交通，向指挥中心反馈情况，等候事故处理民警到达后移交。

(7)符合快处快赔条件的事故，如何引导？

对于这类事故的处理办法：

①确认事故损失和形态；

②确认事故车辆和当事人；

③确认事故符合快处快赔，并协助当事人拍照固定证据，并撤除现场；

④告知当事人共同前往就近的快处快赔中心处理以及相关的法律责任，不要明确当事人的责任或者说一些暗含责任的言语。

在处理该类事故中应当注意以下事项。

① 对拒不撤除现场的强制撤除，对当事人依法进行处罚。

② 告知当事人互相确认对方证照和电话号码。

③ 一方不按约定前往快处快赔中心处理的，按逃逸事故由辖区事故中队处理。

④ 在中心工作时间外的事故可以在次日到快处快赔中心处理，但要电话告知承保公司。

⑤ 军车、警车、消防车、救护车适用快处快赔。

三、实训情境的设定

情境一： 两辆汽车在同一车道内前、后行驶，后车驾驶人听到手机铃声，便拿出手机准备接听电话，在此过程中他便将注意力转移到接听手机上，没有完全注意前方的交通状况。前车的驾驶人因为看到有一个小孩在车前30m左右的距离突然横穿马路，为了避让该小孩，他紧急刹车。后车驾驶人这时正准备接电话，对这一突发情况预判不足，在距离前车很近时，才发现前车在紧急刹车，赶紧刹车，但因为反应太慢，跟车距离太近，导致与前车发生了追尾事故。经检查，双方车辆都能正常开动，两车轻微受损，初步估计车损小于2000元。

① 假如你是交警，对于这起轻微交通事故，应如何快速地做出处理？

② 如果后方车辆没有车牌，并且后车驾驶人事发后就驾车逃离现场，应如何处理？

③ 如果你到现场拍照取证后，让当事人撤离现场，但因一方当事人对事故处理不满意，拒不撤离现场，导致现场车辆拥堵，如何处理？

情境二： 一辆汽车在通过路口时，因为前方等候左转弯的车辆排长队，便停在右侧直行车道里等候伺机变道到左侧左转弯车道。在左转弯信号灯变成绿灯，排队的左转弯车辆依次通过路口时，该车驾驶人强行压实线从右侧车道变道到左转弯车道，在车头挤进左转弯车道时，便与后面一辆一直在此车道上等候左转的小车发生了剐蹭事故。事故发生后，两部车都能正常开动，车损不超过2000元，但两位驾驶人就事故责任认定和赔偿数额发生纠纷，以致两车驾驶人在现场发生激烈争吵，两辆汽车一直堵在发生事故的路口，汽车后面也没有放警示标志，造成该路口严重交通拥堵。

① 假如你是交警，应如何快速处理这起事故？

② 应如何固定现场的相关证据？

③ 如双方当事人能够对事故责任认定达成一致意见，此交通事故如何处理？如双方不能对事故责任认定达成一致意见，此交通事故如何处理？

④ 如果其中一辆汽车经查验，未购买交强险，应如何处理？

四、实训器材与场地

（一）实训器材

具体实训器材见表11-1。

表11-1 实训器材一览表

序号	器材名称	类别	数量	用途
1	小汽车	基本器材	2辆	模拟事故
2	数码相机	基本器材	1台	拍现场照

续表

序号	器材名称	类别	数量	用途
3	警示三脚架	基本器材	1副	警示后车
4	警用摩托车	选用器材	1辆	处警使用
5	反光背心	基本器材	1套	交警穿着
6	反光锥筒	基本器材	数十个	警示作用
7	警戒线	选用器材	1卷	警示作用
8	对讲机	选用器材	1台	交警通信
9	执法记录仪	基本器材	1台	记录执法
10	停车示意牌	选用器材	1块	备用
11	警用公文包	选用器材	1个	装材料

（二）实训场地

选择校园内划有道路标线的路段。

五、实训方法与步骤

（一）实训基础与准备工作

1. 实训理论学习基础

轻微交通事故快处快赔实训项目，应在学员完成“道路交通事故处理”课程中道路交通事故处理程序内容部分的学习，并熟悉、了解和掌握《道路交通安全法》和《道路交通事故处理程序规定》等法律规范中有关道路交通巡逻勤务规定等理论学习的基础上进行。

2. 轻微道路交通事故发生的环境与情境设定

事先由扮演事故双方当事人的学员在道路上任意设置一个轻微道路交通事故的情形，而后报警，由交通警察到现场根据现场的不同情形按快处快赔的相关程序立即进行现场处理。

（二）实训过程与要求

1. 课前准备

(1)实训所需器材准备。

实训用车辆，由授课教师用自己的车辆作为事故车辆摆放在现场，其他实训器材在每次实训前，由授课教师安排一组学员，前往实验室领取所需各类实训器材并领到实训场地，结束后经清点无误后再归还至实验室。

(2)实训辅导教师与学员分组安排。

授课教师负责全程训练、监督与管理。根据学员人数和分组情况配备实训辅导教师3～5名。

每次实训以一个区队为单位，每组6～8人，每组设立1～2名学员担任小组长。

2. 实训过程规范演示

为了保证学员在实训过程的操作规范，提高实训效果，授课教师在学员分组实训开始前，根据具体实训条件和情况，采取授课教师给所有参加实训学员具体讲解不同类型轻微道路交通事故的处理程序和方法，让学员充分熟悉和了解轻微道路交通事故快速处理的具体操作规范与要求。

3. 学员分组进行实训

一个区队 6～8 名学员一个小组，进行实训。2 名学员扮演事故当事人，可以随意设置轻微道路交通事故的事故形态，如追尾碰撞情形、变道碰撞情形、撞到路旁电线杆等各种情形，其余学员扮演交通警察，由他们各自独立地对发生的轻微道路交通事故，按简易程序的方式进行处理。

授课教师在学员处理不同情形的轻微交通事故实务操作过程中进行巡视与监管，及时发现、纠正学员实务操作中的不规范之处。

（三）点评与总结

1. 学员自评与互评

实训结束后，由各小组长对各自小组的成员实训情况进行自评和互评，并根据本小组成员分工按时提交实训报告。

2. 教师点评

实训完成后，针对实训过程中出现比较多的错误点进行点评，针对实训报告的完成情况进行评议。

六、实训考核标准与要求

（一）考核标准

(1) 处理事故过程中的执法语言是否规范。

(2) 是否严格按法定程序操作。

(3) 法律文书书写是否规范。

(4) 突发情况的应急处理能力。

（二）考核要求

在考核中要求每一位学员都能熟练掌握处理轻微道路交通事故的操作规范，能使用简易程序高效地处理好路面上发生的交通事故，应对事故处理中发生的各种突发状况，确保能快速撤除事故现场，减少轻微道路交通事故对道路交通拥堵的影响。

实训报告要求学员必须以严谨认真的态度完成，书写字体工整，书写文书符合规范，收集证据时必须严格按照法定程序进行，做到依法收集和固定相关证据，确保自己收集的所有证据能被采用。

第三部分　典型道路交通违法行为的查处

实训项目十二　机动车涉牌涉证违法行为的查处

一、实训目的

知识方面：熟知现行道路交通法律、法规、规章对涉牌涉证各类违法行为查处的相关规定，包括《中华人民共和国宪法》《人民警察法》《中华人民共和国刑法》《道路交通安全法》《道路交通安全法实施条例》《行政案件程序规定》《道路交通安全违法行为处理程序规定》《交通警察执勤执法工作规范》《机动车登记规定》《机动车号牌查验手册》《中华人民共和国机动车号牌》（GA 36—2014）等相关的法律和专业知识。

能力方面：掌握查处涉牌涉证各类违法行为的执法程序，具有规范查处涉牌涉证各类违法行为的实战能力；准确运用查处涉牌涉证违法行为所涉及的法律法规的能力；现场初步甄别假、套牌证的能力；发现与认定涉牌涉证违法行为的能力；及时采集和固定证据的能力；规范查处涉牌涉证违法行为的法定程序和规范用语；规范制作相关法律文书的能力；执法中遭遇突发情况的处置能力等。

素质方面：牢固树立执法为民、规范执法、文明执法的理念，全心全意为人民服务的理念，执法全过程接受人民合法监督的理念，执法中忠于职守、清正廉洁、便民利民的理念。

二、涉牌涉证违法行为的查处导引

涉牌涉证违法行为是指机动车驾驶人在使用机动车驾驶证、机动车号牌及行驶证过程中所引发的有关违法行为的统称，主要包括：上道路行驶的机动车未悬挂机动车号牌，故意遮挡、污损机动车号牌，未按规定安装机动车号牌，伪造、变造机动车牌证等。这类行为一直是公安交通管理工作重点管理的内容之一。

（一）涉牌涉证违法行为的界定

(1) 有下列情形之一的，应当认定为上道路行驶的机动车未悬挂机动车号牌：

① 尚未取得机动车号牌（包括临时行驶车号牌）的；

② 已申领机动车号牌但未悬挂或者未粘贴的；

③ 使用公告作废的机动车号牌的；
④ 使用过期的临时行驶车号牌的；
⑤ 办理变更、转移、注销登记业务后继续使用应当收回的机动车号牌的。
部分“未悬挂机动车号牌”违法行为示例，如图 12-1 所示。

图 12-1　未悬挂机动车号牌

(2) 有下列情形之一的，应当认定为上道路行驶的机动车故意遮挡、污损机动车号牌：
① 使用纸片、光盘、布条等物品遮住机动车号牌的；
② 加装防撞装置、备胎等遮挡机动车号牌的；
③ 使用油漆、泥浆等物质覆盖机动车号牌的；
④ 人为使机动车号牌变形、折断、油漆脱落的，影响号牌上汉字、字母或者数字识别的。
部分“故意遮挡、污损机动车号牌”违法行为示例，如图 12-2 和图 12-3 所示。

图 12-2　故意遮挡机动车号牌

图 12-3　故意污损机动车号牌

(3)有下列情形之一的，应当认定为上道路行驶的机动车未按规定安装机动车号牌：

① 前后机动车号牌未安装或者未粘贴在机动车指定位置的；

② 倒置、翻转、反向安装机动车号牌的；

③ 只悬挂一块机动车号牌的；

④ 使用可拆卸号牌架、翻转号牌架、全覆盖式有机玻璃号牌架的；

⑤ 使用的号牌架内侧边缘距离号牌上汉字、字母或者数字边缘不足 5mm 的。

部分“未按规定安装机动车号牌”违法行为示例，如图 12-4 和图 12-5 所示。

图 12-4　未按规定安装机动车号牌 1

图 12-5　未按规定安装机动车号牌 2

(4)有下列情形之一的，应当认定为变造机动车牌证：

① 在机动车号牌上粘贴数字贴、符号贴或者使用胶粘、涂抹、拼接等方式改变号牌原有汉字、数字、字母的；

② 更换行驶证、驾驶证上机动车或者驾驶人照片的；

③ 涂改行驶证、驾驶证以及临时行驶车号牌记载的信息的。

部分“变造机动车牌证”违法行为示例，如图 12-6 和图 12-7 所示。

图 12-6　变造机动车牌证 1

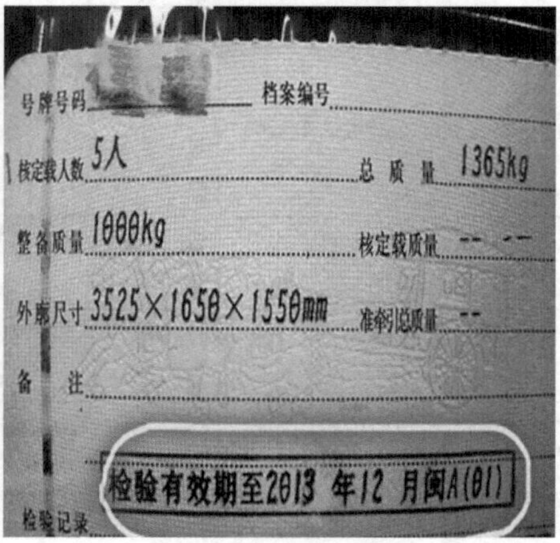

图 12-7　变造机动车牌证 2

(5)有下列情形之一的，应当认定为使用伪造机动车牌证：

① 非法制作的虚假机动车牌证；

② 通过非法手段，从有机动车牌证制作、生产资质的单位取得的机动车牌证；

③ 以欺骗、贿赂等不正当手段，从车管所取得的机动车牌证。

(二)查处涉牌涉证违法行为的法律依据

(1)《道路交通安全法》第九十五条、第九十六条、第一百条等法律条文的有关规定。

(2)《道路交通安全法实施条例》第十三条、第三十七条、第一百零七条等法律条文的有关规定。

(3)《机动车驾驶证申领和使用规定》(公安部令第 139 号)附则 4。

(4)《中华人民共和国机动车号牌》(GA 36—2014)金属材料号牌的安装要求。

(5) 其他法律法规以及国家技术标准的相关规定。

(三)涉牌涉证违法行为处罚的裁量基准

《道路交通安全法》、《机动车驾驶证申领和使用规定》等法律法规对涉牌涉证具体违法行为的裁量基准给予明确规定，如表 12-1 所示。

表 12-1 涉牌涉证违法行为、法律依据及处罚记分标准

代码	违法行为	行为依据	处罚依据	记分/分	罚款/元	暂扣	扣留	吊销
1717	上道路行驶的机动车未悬挂机动车号牌	《法》第十一条第一款	《法》第九十五条第一款、第九十条	12	200			
1718	故意遮挡机动车号牌的	《法》第十一条第二款	《法》第九十五条第二款、第九十条	12	200			
1719	故意污损机动车号牌的	《法》第十一条第二款	《法》第九十五条第二款、第九十条	12	200			
1720	不按规定安装机动车号牌	《法》第十一条第二款、《条例》第十三条第一款	《法》第九十五条第二款、第九十条	12	200			
5704	使用其他车辆的机动车号牌、行驶证的	《法》第十六条第四项	《法》第九十六条第三款	12	2000 以上 5000 以下			
5013	使用其他车辆的机动车登记证书	《法》第十六条第四项	《法》第九十六条第三款		2000 以上 5000 以下			
5016	使用其他车辆的机动车检验合格标志	《法》第十六条第四项	《法》第九十六条第三款		2000 以上 5000 以下			

续表

代码	违法行为	行为依据	处罚依据	记分/分	罚款/元	暂扣	扣留	吊销
5017	使用其他车辆的机动车保险标志的	《法》第十六条第四项	《法》第九十六条第三款		2000以上5000以下			
50071	使用伪造的机动车登记证书的	《法》第十六条第三项	《法》第九十六条第一款		2000以上5000以下		15日以下	
50072	使用变造的机动车登记证书的	《法》第十六条第三项	《法》第九十六条第一款		2000以上5000以下		15日以下	
50021	使用伪造的机动车号牌	《法》第十六条第三项	《法》第九十六条第一款	12	2000以上5000以下		15日以下	
50022	使用变造的机动车号牌	《法》第十六条第三项	《法》第九十六条第一款	12	2000以上5000以下		15日以下	
50031	使用伪造的机动车行驶证的	《法》第十六条第三项	《法》第九十六条第一款	12	2000以上5000以下		15日以下	
50032	使用变造的机动车行驶证的	《法》第十六条第三项	《法》第九十六条第一款	12	2000以上5000以下		15日以下	
57031	使用伪造的机动车驾驶证的	《法》第十九条第一款	《法》第九十六条第一款	12	2000以上5000以下	15日以下		
57032	使用变造的机动车驾驶证的	《法》第十九条第一款	《法》第九十六条第一款	12	2000以上5000以下	15日以下		
1001	驾驶拼装的机动车上道路行驶的	《法》第一百条第一款	《法》第一百条第二款		200以上2000以下			吊销
1002	驾驶已达报废标准的车辆上道路行驶的	《法》第十四条第三款	《法》第一百条第二款					吊销
1110	未随车携带驾驶证的	《法》第十九条第四款	《法》第九十条、第九十五条	1	100			
1109	未随车携带行驶证的	《法》第十一条第一款	《法》第九十条、第九十五条	1	100			
1108	上道路行驶的机动车未放置保险标志的	《法》第十一条第一款	《法》第九十条、第九十五条	1	200			
1115	上道路行驶的机动车未放置检验合格标志的	《法》第十一条第一款	《法》第九十条	1	200			

注：《法》指的是《道路交通安全法》；《条例》指的是《道路交通安全法实施条例》

（四）查处涉牌涉证违法行为的操作规程

1. 查处机动车无牌违法行为操作流程

(1) 执勤交警通过观察、检查或举报等途径，发现涉牌涉证违法嫌疑。

(2) 拦截、查停嫌疑车辆。

(3) 查验驾驶人驾驶证、车辆合法证明和保险标志等相关证件手续。

(4)根据具体情况做出处理。具体处理过程分以下三种情况。

情况一：若驾驶人有驾驶证，且能提供车辆合法证明和相关手续。

依法给予处罚，并责令其到车管所申领临时号牌后放行。

情况二：若驾驶人不能提供车辆合法证明。

制作行政强制措施凭证，扣留车辆，并通知当事人提供相应的牌证或补办相应的手续；通过全国被盗抢机动车信息系统与车辆厂牌型号、发动机号、车架号等内容进行核对，属于被盗抢的，应当控制驾驶人，及时移交辖区刑侦部门调查处理。

情况三：若未投保机动车交通事故责任强制保险，不能提供投保资料。

制作行政强制措施凭证，扣留车辆，依法进行处罚，并责令当事人补办相应手续后，给予放行。

2. 查处无证驾驶、伪造、变造驾驶证等违法行为操作流程

(1)执勤交警通过观察、检查或举报等途径，发现涉牌涉证违法嫌疑。

(2)拦截、查停嫌疑车辆。

(3)查验驾驶人驾驶证、车辆合法证明和保险标志等相关证件手续。

(4)根据具体情况做出处理。具体处理过程分以下五种情况。

情况一：车辆与准驾车型不符。

制作行政强制措施凭证，扣留机动车，要求当事人到指定地点接受进一步处理。

情况二：未携带机动车驾驶证。

制作行政强制措施凭证，扣留机动车。

情况三：持伪造、变造驾驶证。

制作行政强制措施凭证，扣留机动车，收缴其伪造、变造驾驶证。

情况四：未取得驾驶证、驾驶证被吊销或暂扣期间驾驶机动车。

制作行政强制措施凭证，扣留机动车，扣留车辆所有人、管理人驾驶证，依据《道路交通安全法》，对驾驶人、车辆所有人、管理人予以处罚。

情况五：拒绝出示驾驶证接受检查。

制作行政强制措施凭证，扣留机动车。

3. 查处污损、遮挡号牌等违法行为操作流程

(1)执勤交警通过观察、检查或举报等途径，发现涉牌涉证违法嫌疑。

(2)拦截、查停嫌疑车辆。

(3)查验驾驶人驾驶证、车辆合法证明和保险标志等相关证件手续。

(4)拍照或者录像固定相关证据，按照行驶证上标注的厂牌型号、发动机号、车架号等内容与车辆进行核对排除盗抢嫌疑。

确认违法行为后，按照简易程序进行处罚并责令其立即纠正违法行为。对违法行为情节轻微、非当事人主观故意所为，给予警告，消除违法状态后放行。

4. 查处使用伪造、变造机动车牌证等违法行为操作流程

(1)执勤交警通过观察、检查或举报等途径，发现涉牌涉证违法嫌疑。

(2)拦截、查停嫌疑车辆。

(3)查验驾驶人驾驶证、车辆合法证明和保险标志等相关证件手续。

(4)搜查嫌疑车辆。对车辆后备厢、车内易于隐藏号牌的地方进行搜查，检查其是否携带其他伪造、变造号牌、其他车辆号牌或刀、枪武器，一经发现立即予以收缴，并及时移交辖区治安、刑侦部门调查处理。

(5)固定证据、排除车辆盗抢嫌疑。确认违法行为后，采取拍照或者录像方式固定相关证据，并按照行驶证上标注的厂牌型号、发动机号、车架号等内容与车辆进行核对，并通过全国被盗抢机动车信息系统进行核对，排除盗抢嫌疑。

(6)扣留车辆，严格处罚。制作行政强制措施凭证，扣留机动车；依法收缴、销毁其伪造、变造登记证书、号牌、行驶证、检验合格标志、保险标志、驾驶证，对使用可开启式、锁式号牌架、旧固封装置等情形的，责令车辆所有人、管理人或驾驶人到机动车注册地车辆管理所申请换发新的固封装置。

5. 查处使用其他机动车牌证违法行为操作流程

(1)执勤交警通过观察、检查或举报等途径，发现涉牌涉证违法嫌疑。

(2)拦截、查停嫌疑车辆。

(3)查验驾驶人驾驶证、车辆合法证明和保险标志等相关证件手续。

(4)搜查车辆。对车辆后备厢、车内易于隐藏号牌的地方进行搜查，检查其是否携带其他伪造、变造号牌、其他车辆号牌或刀、枪武器，一经发现立即予以收缴，并及时移交辖区治安、刑侦部门调查处理。

(5)固定证据、排除车辆盗抢嫌疑。确认违法行为后，采取拍照或者录像方式固定相关证据，并按照行驶证上标注的厂牌型号、发动机号、车架号等内容与车辆进行核对，并通过全国被盗抢机动车信息系统进行核对，排除盗抢嫌疑。

(6)扣留车辆，严格处罚。制作行政强制措施凭证，扣留机动车；对使用其他车辆的登记证书、号牌、行驶证、检验合格标志、保险标志予以收缴，进行处罚后转至机动车登记地车辆管理所。对使用可开启式、锁式号牌架、旧固封装置等情形的，责令车辆所有人、管理人或驾驶人到机动车注册地车辆管理所申请换发新的固封装置。

6. 查处驾驶拼装、报废等机动车违法行为操作流程

(1)执勤交警通过观察、检查或举报等途径，发现涉牌涉证违法嫌疑。

(2)拦截、查停嫌疑车辆。

(3)查验驾驶人驾驶证、车辆合法证明和保险标志等相关证件；交通违法信息，按照行驶证上标注的生产厂家、发动机号、车架号等内容对车辆进行核对。

(4)根据具体情况做出处理。具体处理过程分以下两种情况。

情况一：经查验，确认无违法行为，立即放行，发还证件。

情况二：经查验，确认为拼装或报废机动车。制作强制措施凭证，扣留机动车和驾驶证，收缴车辆，强制报废并处罚款。

(五)涉牌涉证违法行为查处中的风险点和战术要领

1. 风险点

在涉牌涉证违法行为的查处中，应从违法行为认定、执法程序规范和辅警权利界限等角度，对某些情况进行着重掌握，最大限度规避执法风险。

(1)涉牌涉证各类违法行为的准确认定。

执勤交警在查处涉牌涉证违法行为时，应准确掌握各类违法行为的界定标准，确保正确使用相关法律法规。

① 注意区分“故意遮挡、污损机动车号牌”与“变造、使用变造机动车号牌”两类违法行为的认定。

② 注意区分“使用伪造机动车号牌”与“使用其他机动车号牌”两类违法行为的认定。

③ 对“伪造、变造牌证”违法行为的初期发现中，执勤交警需要掌握现场甄别常识，如 GA 36—1992 式号牌和 GA 36—2014 式号牌防伪暗记特征，GA 37—2004 版机动车行驶证和驾驶证的防伪暗记特征等。

(2)采集违法行为证据时，要保证采集过程的合法性和采集证据的准确性。

(3)执法过程中要使用人民警察执勤执法规范用语，避免引起不必要的舆论影响。

(4)执法过程中要强化自我安全防护意识。

(5)在当前交通警察的执勤执法活动中，通常会有辅警辅助执法，因此要特别明确辅警权利界限。

2. 战术要领

(1)交通警察进行涉牌涉证违法行为查处时，在选择恰当站位的同时，需在执勤点按规定摆放警告标志、反光锥筒、阻车路障等安全防护设施，使用发光指挥棒或停车示意牌。

(2)若执勤交警经明确示意后，嫌疑车辆拒不停车接受检查，必要时可使用拦车破胎器对机动车进行阻截和控制。

(3)查处过程中正确使用人民警察执勤执法规范语言，同时确保执法程序合法。

(4)查处过程中对违法证据通过录像或照相进行及时采集，对假、套牌证等物证进行及时收缴。

(5)查处过程中开启执法记录仪进行全程录音录像。

(六)涉牌涉证违法行为查处中常见问题的处理

1. 嫌疑车辆拒不配合检查

遇执勤交警在路面设卡查车时，嫌疑车辆不主动停车。若强行逃窜，交警不得站在车辆前面强行拦截，或者脚踏车辆踏板，将头、手臂等伸进车辆驾驶室或者攀扒车辆，强行责令机动车驾驶人停车。可通知前方执勤交警堵截，或记下车牌号，事后追究法律责任；若弃车逃逸，交管部门可以根据车辆等相关信息，依法传唤当事人进行调查，能够明确机动车驾驶人的，按照“妨碍国家机关工作人员依法执行职务”的违法行为进行处罚。

如涉及“两抢一盗”等重大犯罪行为，交警应立即报告指挥中心或上级领导车辆基本情况和行驶方向，指挥中心立即布控，并研判其可能逃窜路线组织警力实施拦截，前方交警可以利用灯控信号或查停其他正常行驶中的车辆以封堵其逃跑路线等方法实施拦截。

2. 涉案牌证的处置

(1)对通过调查取证认定的“变造、使用变造牌证”的违法行为，若变造牌证可以恢复原状的，不予收缴；无法恢复原状的，收缴变造的牌证。

(2)对具有“伪造、使用伪造牌证”违法嫌疑的行为，对伪造牌证的法定鉴定则需送专门鉴定机构出具鉴定结果证明。

(3)对需采取扣留驾驶人驾驶证的强制措施的，如现场有其他人可以替代驾驶的，照相取证后返还车辆；如果现场无其他人可以替代驾驶的，可以将机动车移至不妨碍交通的地点或有关部门指定地点，并将停车地点告知驾驶人。

三、实训情境的设定

(一)实训内容

(1)执勤点的选择，执勤交警执法时的正确站位，拦截违法嫌疑车辆的停车位置。
(2)执勤交警现场认定涉牌涉证违法行为及其证据的采集与规范要求。
(3)查处涉牌涉证违法行为规范用语。
(4)查处涉牌涉证违法行为规范程序。
(5)执法中自我防护。
(6)法律文书制作。

(二)实训情境

情境一：201×年××月××日晚9时左右，某交警大队交通警察在某设卡点执勤时，发现该向车道驶来一辆小型汽车，周边道路光线视野良好，但仍无法通过肉眼识别出该车辆号牌，交警认为该车辆号牌可能存在问题，便将该车拦截检查。交警检查发现，该车前车牌周边安装了一发光光源，所以导致无法正常识别出车辆号牌。

① 假如你是该执勤交警，你将如何对该车辆拦截、查停？

② 假如你是该执勤交警，你将对该机动车驾驶人在车辆号牌周边安装光源的违法行为如何认定？给予何种处罚？

③ 按照规范执法程序，进行全过程模拟执法。

情境二：201×年××月××日上午9时左右，某交警大队执勤交警在路面巡逻时，发现一辆行驶中的白色宝马车车牌可能存在问题，便将该车拦停检查。交警检查发现，该宝马车前车牌号是津F56×××，而后车牌号竟然是津E56×××。前车牌的F字母边还牵拉着一片白色胶布，像是被雨水冲刷过的，后车牌的E字母颜色异样。交警一摸这个E字母，发现有一片白色胶布粘在上面，用手一抠，E字母就变成了F字母。交警网上核对该车登记信息和行驶证发现，这辆宝马车车牌为津F56×××。随后，交警直接开具《公安交通管理行政强制措施凭证》和《道路交通安全违法行为处理通知书》，要求违法行为人确认签字，并直接交付给违法行为人，处理完毕。

① 假如你是该执勤交警，你将对该机动车驾驶人的违法行为如何认定？给予何种处罚？

② 本案中，执勤交警的执法过程存在哪些不规范？

③ 按照规范执法程序，进行全过程模拟执法。

四、实训器材与场地

(一)实训器材

具体实训器材如表12-2所示。

表12-2 实训器材一览表

序号	器材名称	类别	单位	数量	用途
1	民用牌照小汽车	基本器材	辆	1	执法模拟情境
2	制式警车	基本器材	辆	1	执法模拟情境
3	假牌证(号牌、行驶证、驾驶证)	基本器材	套	1	执法模拟情境
4	法律文书	基本器材	套	5	处罚决定
5	警务通	基本器材	台	1	牌证信息查询
6	交通警察制式装备	基本器材	套	1	示意停车、安全防护
7	执法记录仪	基本器材	台	1	记录执法过程
8	照相机	基本器材	台	1	取证
9	摄像机	基本器材	台	1	记录实训过程
10	签字笔	基本器材	支	5	填写处罚决定书
11	强光手电	选用器材	个	1	牌证甄别
12	紫光灯	选用器材	个	1	牌证甄别
13	八倍以上放大镜	选用器材	个	1	牌证甄别
14	游标卡尺	选用器材	个	1	牌证甄别
15	尺子	选用器材	个	1	牌证甄别

(二)实训场地

实训场地可以选择校内模拟场地，在条件允许的情况下也可选择校外实际场地。校内模拟场地应选择路幅较宽阔、能见度较好、人员通行较少的路段；校外实际场地则需选择较为偏僻的地区和路段，并在选择时注意以下几个问题：一是选择路幅较宽阔、能见度较好的路段，违法嫌疑车辆停车位置不得占用行车道或确实不妨碍其他车辆或人员通行；二是实训地点周边人行步道要尽可能宽阔，便于集中点评。

五、实训方法与步骤

(一)实训方法

1. 实训预习

授课教师预先告知参训学员本次实训内容和实训组织安排，要求学员预习查处涉牌涉证违法行为的规范用语、规范程序和装备操作方法等。

2. 实训手段

⑴ 教师规范讲解和演示。
⑵ 学员模拟训练。
⑶ 学员自评与互评。
⑷ 教师点评。

（二）实训步骤

1. 实训组织

⑴ 器材保障。

实训课程开始前，授课教师安排一组学员，前往仓库负责领取所需各类实训器材并运送到实训场地，结束后再负责归还仓库。

⑵ 人员安排。

授课教师负责全程教训和监督。每 8 名学员为一实训小组，其中每小组成员分别扮演实训情境一和情境二中的违法当事人和执勤交警。

2. 讲解及演示

授课教师在实训操作前，对本次查处涉牌涉证违法行为实务操作中的规范用语、规范程序和装备操作方法等知识点进行复习式提示，必要时可进行模拟演示。

3. 学员操作

各实训小组依次分别就情境一和情境二中的涉牌涉证违法行为进行全过程模拟执法规范操作，包括正确站位、规范用语、法定程序、文书制作等内容；其他小组学员观摩并记录。

4. 总结点评

每组实训小组在实务操作之后，其他小组就该组实务操作情况进行点评；本实训项目结束后，授课教师对各小组的实务操作情况进行归纳点评。

本次实训结束后，授课教师向学员布置课后作业(实训报告)。

六、实训考核标准与要求

1. 实训设定情境的现场应对和处置是否合理与规范

根据前述查处涉牌涉证违法行为的一般操作规程、战术要领以及常见问题的处理要求，判定实训学员对实训设定情境的现场应对和处置是否合理与规范。

2. 对实训报告做出评议

实训报告是监督和评定学员实训过程与效果的主要依据。要求以实训小组为单位提交，各实训小组于实训结束后 2 日内提交实训报告。

实训报告可以由实训教师根据实训要求统一印制，于实训前发给各实习小组，由学员手写填写完成，或者由实训教师根据实训要求制订统一电子版，由学员填写完成后提交电子版。建议各小组提交实训报告的同时附实训过程的现场视频。

教师在实训报告评价栏中给出实训评议及成绩。

学员本次实训总成绩由参训纪律、实务操作和实训报告完成质量构成，其具体考核指标及评分标准如表 12-3 所示。

表 12-3 实训考核指标及评分标准

考核指标	观测点	评分标准				
		A 100～90 分	B 90～80 分	C 80～70 分	D 70～60 分	E 60～0 分
参训纪律	考勤					
	分组合理					
	装备准备					
	团结协作					
实务操作	执法站位					
	装备使用					
	执法用语					
	证据采集					
	违法行为认定					
	处罚程序					
	法律文书制订					
	自我防护意识					
实训报告	格式规范					
	内容完整					
	体会深刻					
合计						

注：总成绩=参训纪律×20%+实务操作×50%+实训报告×30%

实训项目十三　机动车违反装载规定行为的查处

一、实训目的

知识方面：通过实训，使学员能够初步掌握交通警察在查处机动车违反装载规定行为过程中所涉及的相关法律法规等相关知识。

能力方面：通过实训，使学员初步掌握查处机动车违反装载规定行为的规范实务操作流程，使学员在实战中具有规范查处机动车违反装载规定行为的专业能力和社会能力。

素质方面：通过实训，使学员牢固树立执法为民、规范执法、文明执法的理念，全心全意为人民服务的理念，执法全过程接受人民合法监督的理念，执法中忠于职守、清正廉洁、便民利民的理念，具备查处机动车违反装载规定的基本素质要求。

二、机动车违反装载规定行为的查处导引

（一）机动车违反装载规定行为的种类及其界定

1. 机动车违反装载规定行为的种类

(1) 机动车载物超长、超宽、超高、超载、遗洒、飘散载运物的行为。

(2) 机动车载人违反规定的行为。

(3) 机动车载运爆炸物品、易燃易爆化学物品以及剧毒、放射性等危险物品违反规定的。

(4) 机动车运载超限的不可解体的物品违反规定的。

2. 机动车违反装载规定行为的界定

(1)《道路交通安全法实施条例》的有关规定。

第五十四条　机动车载物不得超过机动车行驶证上核定的装载质量，装载长度、宽度不得超出车厢，并应当遵守下列规定：

① 重型、中型载货汽车，半挂车载物，高度从地面起不得超过 4m，载运集装箱的车辆不得超过 4.2m；

② 其他载货的机动车载物，高度从地面起不得超过 2.5m；

③ 摩托车载物，高度从地面起不得超过 1.5m，长度不得超出车身 0.2m。两轮摩托车载物宽度左右各不得超出车把 0.15m；三轮摩托车载物宽度不得超过车身；

④ 载客汽车除车身外部的行李架和内置的行李箱外，不得载货。载客汽车行李架载货，从车顶起高度不得超过 0.5m，从地面起高度不得超过 4m。

第五十五条　机动车载人应当遵守下列规定：

① 公路载客汽车不得超过核定的载客人数，但按照规定免票的儿童除外，在载客人数已满的情况下，按照规定免票的儿童不得超过核定载客人数的 10%；

② 载货汽车车厢不得载客。在城市道路上，货运机动车在留有安全位置的情况下，

车厢内可以附载临时作业人员 1～5 人；载物高度超过车厢栏板时，货物上不得载人；

③ 摩托车后座不得乘坐未满 12 周岁的未成年人，轻便摩托车不得载人。

第五十六条 机动车牵引挂车应当符合下列规定：

① 小型载客汽车只允许牵引旅居挂车或者总质量 700kg 以下的挂车，挂车不得载人；

② 载货汽车所牵引挂车的载质量不得超过载货汽车本身的载质量。

第六十二条 驾驶机动车不得有下列行为：向道路上抛撒物品。

(2)《严重超员、严重超速危险驾驶刑事案件立案标准(试行)》。

第一条 在道路上驾驶机动车从事校车业务或者公路客运、旅游客运、包车客运，有下列严重超过额定乘员载客情形之一的，可以立案侦查：

① 驾驶大型载客汽车，载客超过额定乘员 50%以上或者超过额定乘员 15 人以上的；

② 驾驶中型载客汽车，载客超过额定乘员 80%以上或者超过额定乘员 10 人以上的；

③ 驾驶小型、微型载客汽车，载客超过额定乘员 100%以上或者超过额定乘员 7 人以上的。

第三条 机动车所有人、管理人强迫、指使机动车驾驶人实施本标准第一条、第二条所列行为或者有其他负有直接责任情形的，可以立案侦查。

(二)查处机动车违反装载规定行为的依据

(1)《中华人民共和国刑法修正案(九)》(以下简称《刑法修正案(九)》)的相关规定。

(2)《道路交通安全法》第九十条、第九十二条等条文的相关规定。

(3)《道路交通安全法实施条例》第一百零六条等条文的相关规定。

(4) 其他法律法规以及国家技术标准的相关规定。

(三)机动车违反装载规定行为处罚的裁量基准

(1)公路客运车辆载客违反规定载货的，处 500 元以上 2000 元以下罚款。

(2)驾驶营运客车(不包括公共汽车)、校车超载未达 20%；记 6 分并处 200 元以上 500 元以下罚款。

(3)驾驶营运客车(不包括公共汽车)、校车超载 20%以上，记 12 分并处 500 元以上 2000 元以下罚款。

(4)驾驶营运客车(不包括公共汽车)、校车以外的载客汽车载人超过核定人数未达 20%的记 3 分；超过核定人数 20%以上的记 6 分。

(5)驾驶机动车运载超限的不可解体的物品，未按指定的时间、路线、速度行驶或者未悬挂明显标志的，记 6 分。

(6)驾驶机动车载运爆炸物品、易燃易爆化学物品以及剧毒、放射性等危险物品，未按指定的时间、路线、速度行驶或者未悬挂警示标志并采取必要的安全措施的，记 6 分。

(7)驾驶货车载物超过核定载质量未达 30%的，记 3 分并处 200 元以上 500 元以下罚款。

(8)驾驶货车载物超过核定载质量 30%以上或者违反规定载客的，记 6 分并处 500

元以上 2000 元以下罚款。

(9)驾驶机动车载货长度、宽度、高度超过规定的，记 1 分。

(10)公路客运载客汽车超过核定乘员、载货汽车超过核定载质量的，公安机关交通管理部门依法扣留机动车。

(11)从事校车业务或者旅客运输，严重超过额定乘员载客的(标准见《刑法修正案(九)》第一百三十三条)，处拘役，并处罚金。

交通违法代码表(常用典型违法处理标准)见表 13-1。

表 13-1　常见违法行为处罚和记分对照表

代码	违法行为表述	违法行为条款	处罚法律依据	记分/分	罚款/元	行政处罚	强制措施(其他措施)	强制措施依据
1003	造成交通事故后逃逸的，构成犯罪的	《法》第一百零一条	《法》第一百零一条第二款			吊销	扣证(终身禁驾)	《法》第一百一十条第一款
1020	机动车驾驶人不服从交警指挥的	《法》第三十八条	《法》第九十条		200			
1031	运载危险物品未经批准的	《法》第四十八条第三款	《法》第九十条		200			
1035	客运机动车违反规定载货的	《法》第四十九条、《条例》第五十四条第二款	《法》第九十条		200			
1036	货运机动车违反规定载人的	《法》第五十条、《条例》第五十五条第二项	《法》第九十条		200			
1051	机动车载运超限物品行经铁路道口时不按指定的道口通过的	《条例》第六十五条第一款	《法》第九十条		200			
1052	机动车载运超限物品行经铁路道口时不按指定的时间通过的	《条例》第六十五条第一款	《法》第九十条		200			
1078	机动车违反交通管制规定强行通行、不听劝阻的	《法》第九十九条第一款第六项	《法》第九十九条第一款第六项(第二款)		500	可以并处拘留 15 天以下		
1089	公路客运车辆违反规定载货的	《法》第四十九条	《法》第九十二条第一款		1000	一年内被处罚后再犯 2000 元	扣车，消除违法状态	《法》第九十二条第三款
1092	公路客运车辆以外的载客汽车违反规定载货的	《法》第四十九条	《法》第九十条		200			

续表

代码	违法行为表述	违法行为条款	处罚法律依据	记分/分	罚款/元	行政处罚	强制措施（其他措施）	强制措施依据
6001	牵引故障机动车时，被牵引的机动车除驾驶人外载人的	《条例》第六十一条第一款第一项	《法》第九十条		100			
6014	机动车载物行驶时遗洒、飘散载运物的	《法》第四十八条第一款、《条例》第六十二条第五项	《法》第九十条		200			
6017	驾驶载客汽车以外的其他机动车载人超过核定人数的	《法》第四十九条	《法》第九十条		超一人50元，上限200元			
6037	挂车载人的	《条例》第五十六条第一款第二项	《法》第九十条		200			
6038	货运机动车驾驶室载人超过核定人数的	《法》第四十九条	《法》第九十条		200			
1111	机动车载货长度、宽度、高度超过规定的（当场改正）	《法》第四十八条第一款、《条例》第五十四条	《法》第九十条	1	100（警告）			
1225	驾车时有其他妨碍安全行车行为的	《条例》第六十二条第三项	《法》第九十条	2	200			
1322	载货汽车牵引挂车的载质量超过载货汽车本身载质量的	《条例》第五十六条第一款第三项	《法》第九十条	3	200			
1348	驾驶营运客车（不包括公共汽车）、校车以外的载客汽车载人超过核定人数未达20%的	《法》第四十九条	《法》第九十条	3	50～200			
1353	驾驶货车载物超过核定载质量未达30%的	《法》第四十八条第一款	《法》第九十二条第二款	3	300～500	一年内被处罚后再犯的处500元罚款	扣车，消除违法状态	《法》第九十二条第三款
1354	驾驶危险物品运输车辆载物超过核定载质量未达30%的	《法》第四十八条第一款、《条例》第五十四条第一款	《法》第九十二条第二款	3	300～500	一年内被处罚后再犯的处500元罚款	扣车，消除违法状态	《法》第九十二条第三款
1617	运载危险物品时不按规定的时间、路线、速度行驶的	《法》第四十八条第三款	《法》第九十条	6	200			
1618	运载危险物品时未悬挂警示标志的	《法》第四十八条第三款	《法》第九十条	6	200			

续表

代码	违法行为表述	违法行为条款	处罚法律依据	记分/分	罚款/元	行政处罚	强制措施（其他措施）	强制措施依据
1619	运载危险物品时未采取必要的安全措施的	《法》第四十八条第三款	《法》第九十条	6	200			
1621	公路客运车辆载客超过核定载客人数未达20%的	《法》第四十九条	《法》第九十二条第一款	6	200（一年内被处罚后再犯的处500元罚款）		扣车，消除违法状态	《法》第九十二条第三款
1623	校车载人超过核定人数未达20%的	《校车条例》第三十四条第一款	《法》第九十条、《校车条例》第五十条	6	200			
1626	驾驶公路客运车辆、公共汽车以外的其他营运客车载人超过核定人数未达20%的	《法》第四十九条	《法》第九十条	6	200			
1627	驾驶营运客车（不包括公共汽车）以外的其他载客汽车载人超过核定人数20%以上的	《法》第四十九条	《法》第九十条	6	200			
1637	驾驶货车载物超过核定载质量30%以上的	《法》第四十八条第一款、《条例》第五十四条第一款	《法》第九十二条第二款	6	500（一年内被处罚后再犯2000元）		扣车，消除违法状态	《法》第九十二条第三款
1638	货运机动车违反规定载客的	《法》第五十条第一款、《条例》第五十五条第二项	《法》第九十二条第二款	6	500（一年内被处罚后再犯2000元）		扣车，消除违法状态	《法》第九十二条第三款
1639	危险物品运输车辆载物超过核定载质量30%以上的	《法》第四十八条第一款、《条例》第五十四条第一款	《法》第九十二条第二款	6	500～2000		扣车，消除违法状态	《法》第九十二条第三款
1640	驾驶机动车运载超限的不可解体的物品，未按规定的时间、路线、速度行驶的	《法》第四十八条第二款	《法》第九十条	6	200			

续表

代码	违法行为表述	违法行为条款	处罚法律依据	记分/分	罚款/元	行政处罚	强制措施（其他措施）	强制措施依据
1641	驾驶机动车运载超限的不可解体的物品，未悬挂明显标志的	《法》第四十八条第二款	《法》第九十条	6	50			
1710	公路客运车辆载客超过额定乘员20%的	《法》第四十九条	《法》第九十二条第一款	12	1000（一年内被处罚再犯2000元）		扣车，消除违法状态	《法》第九十二条第三款
1716	驾驶公路客运车辆、公共汽车以外的其他营运客车载人超过核定人数20%以上的	《法》第四十九条	《法》第九十条	12	200			
4014	在高速公路上行驶的载货汽车车厢载人的	《条例》第八十三条	《法》第九十条		200			
4015	在高速公路上行驶的两轮摩托车载人的	《条例》第八十三条	《法》第九十条		200			
5046	运输单位的客运车辆载客或货运车辆超载，经处罚不改的（对直接负责的主管人员）	《法》第九十二条第四款	《法》第九十二条第四款		2000（一年内再犯5000元）			
7011	未申领《剧毒化学品公路运输通行证》通过公路运输剧毒化学品的						扣车	《第105号令》第二十五条第七项

注：《法》指的是《道路交通安全法》；《条例》指的是《道路交通安全法实施条例》；《校车条例》指的是《校车安全管理条例》；《第105号令》指的是《道路交通安全违法行为处理程序规定》

（四）查处机动车违反装载规定行为操作规程

查处机动车违反装载规定行为操作规程的示意图如图13-1所示。

1. 查处严重超载的处理步骤

查处从事校车业务或者旅客运输，涉嫌严重超过额定乘员载客的违法行为应当按照以下规定进行。

（1）发现有从事校车业务或者旅客运输，严重超过额定乘员载客嫌疑的，应当及时指挥机动车驾驶人立即靠路边停车，熄灭发动机，接受检查，并要求机动车驾驶人出示驾驶证、行驶证。

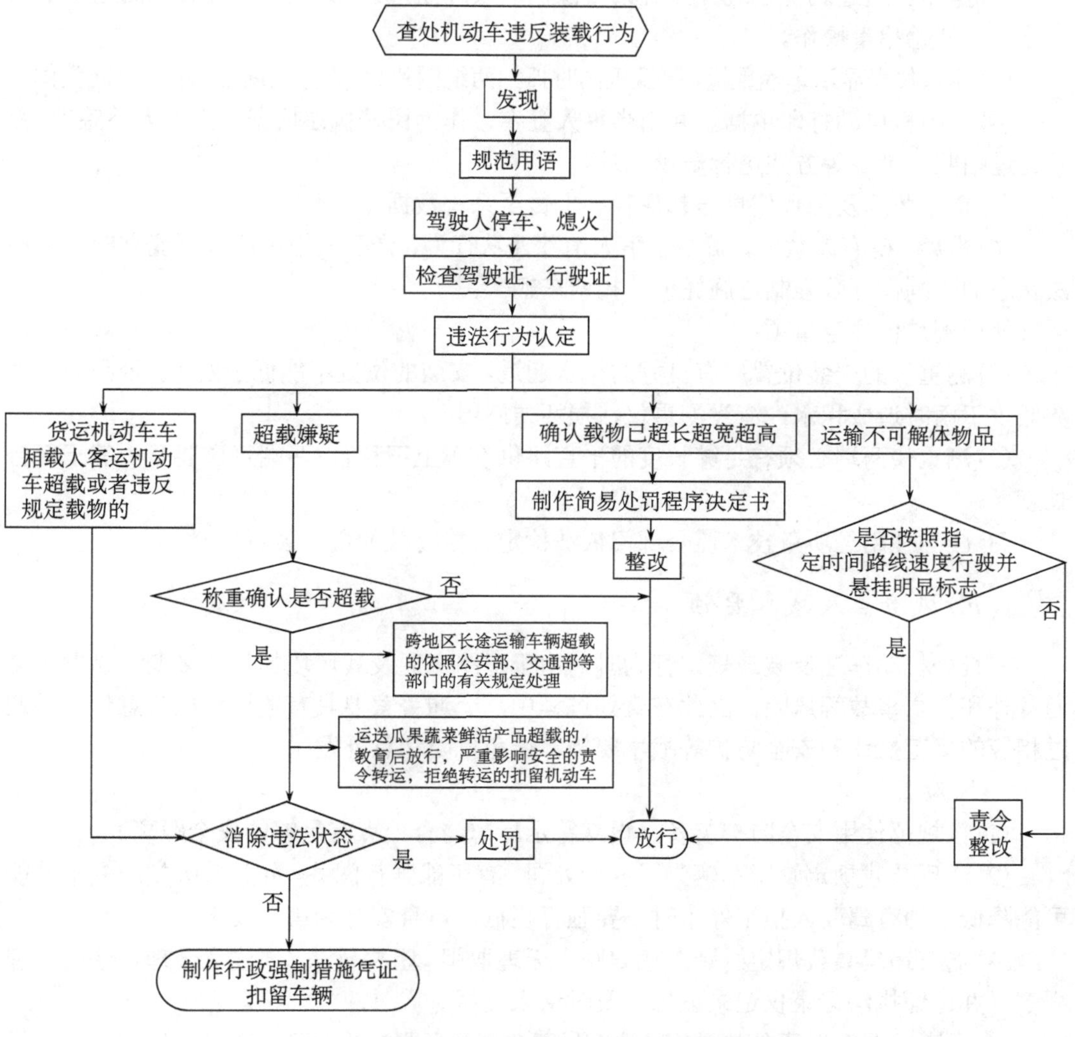

图 13-1　查处机动车违反装载规定行为操作规程示意图

(2) 对确认没有超载行为的机动车驾驶人，应当立即放行。

(3) 对于未达到严重超载标准《严重超员、严重超速危险驾驶刑事案件立案标准(试行)》规定的超载，按照相关法律条款进行处罚。

(4) 对于达到严重超载标准《严重超员、严重超速危险驾驶刑事案件立案标准(试行)》规定的超载，构成危险驾驶刑事案件立案标准的，采取扣留驾驶证强制措施，制作《公安交通管理行政强制措施凭证》，控制驾驶人，并移交刑事部门处理。

(5) 现场处理结束后，应责成运输公司派人派车将旅客分流，如暂时无其他机动车驾驶人替代驾驶的，可以将其驾驶的机动车移至不妨碍交通的地点或者有关部门指定的地点，并联系运输公司相关负责人。

2. 测重仪操作规程(参考《交通警察执勤执法装备使用指南(试行)》)

⑴交通警察引导称重车辆行驶至测重仪中间并停稳。

⑵操作员通过测重系统界面观察摄像机取景画面，确认测重车辆行驶至测重仪中间并停稳后开始称重操作。

⑶测重仪表显示车辆重量，摄像机同时抓拍两组图片（车头方向局部、车尾方向整体）。

⑷打印机自动打印单据，并由当事人签字，作为民警执法依据；当事人不签字的，应通过拍照、录像等方式进行现场记录。

⑸重量数据及图片信息一起保存并上传至系统数据库。

⑹带离。确有超载的，责令当事人消除违法行为，当事人拒绝或者不能立即消除违法状态的，制作行政强制措施凭证，扣留车辆。

使用测重仪注意事项：

⑴测重仪的安装位置应有良好的排水通道，安装的位置不能低于四周，否则会因地势低，下雨时造成积水，淹没测重仪，损坏传感器。

⑵测重仪两端必须有足够长度的平直路供汽车上下秤台，两端直道要至少等于秤台长度。

⑶应当使用经质量技术监督部门依法检定合格有效的检测装置。

（五）风险点及战术要领

在查处机动车违反装载规定行为时，由于道路交通及其环境的复杂多变，易发生交通意外和伤亡事故等风险。因此在查处过程中，交通警察要具有危机和风险意识，并通过相应的规范操作和安全防护等战术要领，避免危险和意外发生。

1. 风险点

⑴按规范使用安全防护装备，设立警示标志与查处点有足够的安全距离。

⑵违反装载规定嫌疑车辆为了躲避处罚，有可能强行闯关，并且其因超载刹车性能可能降低，遇有驾驶人拒绝停车时不要强行拦截，自身安全为第一要务。

⑶遇有违反装载规定嫌疑车辆驾驶人无理取闹，阻挠执法，要注意合理合法的处理程序，并保证执法记录仪记录证据，及时请求支援。

⑷要有处置突发事件的预案，遇突发事件时，负责外围分流、疏导交通的执勤民警要在临时断路的路口放置反（发）光锥筒，设置警戒带和提示性标志牌，选择好执勤站位，分流与疏导交通；中心区的执勤民警要根据事件的性质和事态的发展，及时采取有效措施维护交通秩序，针对突发治安事件、危化车事故等，需严格按照专业部门处置的有关要求做好自身安全防护。

2. 战术要领

⑴选取合适时间、地带进行拦截违反装载规定嫌疑车辆（靠近地磅，并道路相对宽敞，不能因拦停嫌疑车辆造成道路阻塞，注意交通高峰期不适用查处行为）。

⑵充分考虑自身安全，设立警示标志与查处点有足够的安全距离。

⑶利用经验观察违反装载规定嫌疑车辆进行拦停，减少因不必要拦停车辆造成道路堵塞。

⑷查处过程中注意文明用语及程序规范。

(5)初步认定有违反装载规定行为，进行下一步取证查处(如引导至地磅进行称重，注意保留磅票等取证规格)或进行相应的检验、检测，并将检验鉴定结果告知驾驶人，驾驶人对结论不符的，可申请重新鉴定。

(6)进行教育并相应处罚。

(7)消除违法状态后放行(特殊情况下除外)。

(六)机动车违反装载规定行为查处中常见问题的处理

1. 运输超限、运输不可解体物品

运输超限、运输不可解体物品影响交通安全，应按照公安机关交通管理部门指定的时间、路线、速度行驶，并悬挂明显标志的，核定结果为超载，应当责令当事人消除违法行为。当事人表示可立即消除违法状态，依法处罚，待违法状态消除后放行车辆；当事人拒绝或者不能立即消除违法状态的，制作《公安交通管理行政强制措施凭证》，扣留车辆。超限运输车辆不得在有限定标准的公路、公路桥梁上或者公路隧道内行驶。

2. 对于运送瓜果、蔬菜和鲜活产品的超载车辆

应当场告知当事人违法行为的基本事实，依照有关规定处理，对未严重影响道路交通安全的，不采取扣留机动车等行政强制措施。对严重影响道路交通安全的，应当责令驾驶人按照规定转运，驾驶人拒绝转运的，依法扣留机动车。

3. 从事营业性旅客运输的机动车驾驶人

必须取得营业性道路运输驾驶从业资格。

4. 有下列情形之一，阻碍执法部门依法履行职务，构成违反治安管理行为的，由公安部门依法予以处罚；构成犯罪的，依法追究刑事责任

(1)协助超限或者超载运输车辆逃避检查的。

(2)协助超限或者超载运输车辆强行冲卡的。

(3)侮辱、谩骂、殴打执法工作人员的。

(4)聚众扰乱执法检查或者寻衅滋事的。

(5)其他阻碍执行职务的行为。

三、实训情境的设定

(一)岗前准备

模拟交警执勤执法前检查各类装备：多功能反光腰带、警用文书包、反光背心、制式头盔、发光指挥棒、警示灯、停车示意牌、便携式称重仪和便携式阻车道钉。

(二)实战模拟场景

201×年××月××日上午10时，市局××交警大队执勤交警李某、王某执行任务中，在辖区内的道路上发现一辆车牌号(黄色)为辽A6F8××的货车有超载嫌疑，于是按规定拦截检查。执勤交警将该车辆引导至一处不影响交通开阔地区停车(反光锥筒警示标志应当在距执勤点来车方向至少200m处开始设置，不同条件下反光锥筒具体摆放位

置可参考《交通警察执勤执法装备使用指南(试行)》)。

经查，该车所属××县××运输公司，从本市××厂运输货物到A区；经查询驾驶人驾驶资格及车辆状态正常，但有超载嫌疑，交警指引车辆行至有资质的地磅进行称重，经检测，超重20%。

假如你是执勤交警，如何正确处理？

① 拦停违法嫌疑车辆的正确站位。

② 靠近该违法车辆时、检查该车驾驶人相关证件时的规范用语。

③ 根据实际测重，进行何种处罚(依法处以200元罚款和记3分的处罚，并将违法状态消除后，教育后将其放行)。

④ 驾驶人拒不接受执勤交警的执法行为，并与你发生争执的规范用语，并掌握处理突发事件的能力。

在该场景中，穿插实训便携式测重仪、便携式阻车道钉、录音录像执法装备(执法记录仪)、(便携式)警务通和停车示意牌、(数码)照相机的规范使用。

(三)校内模拟场景

在校内的车流量较小的偏僻道路上进行模拟查处超载行为实训，四人一组，安全防护装备齐全，并在合理位置设立反光锥筒警示标志，开阔地带摆放好便携式测重仪。

甲乙两学员分别在道路的对向两侧安全位置观察经过车辆，甲在道路上发现一辆车牌号(黄色)为辽A6F8××的货车有超载嫌疑，于是按规定拦截检查。并将该车辆引导至一处不影响交通开阔地区停车后回原岗位继续观察并维护交通秩序，丙丁两学员通过规范化程序及文明用语进行初步检查(通过检查其驾驶证、行驶证并进行货物检查，查询驾驶人驾驶资格及车辆状态是否正常)，如有超载嫌疑，则引导车辆行至便携式测重仪进行称重，并打印磅票。若超载属实，进行依法处罚，并将违法状态消除后，教育后将其放行。

注意场景中穿插其他常见问题的处理，如是否为危险品运输，是否为不可解体物品运输，是否为鲜活农产品运输等，注重学员处理这些实际问题的能力。

四、实训器材与场地

(一)实训器材

具体实训器材见表13-2。

表13-2 实训器材一览表

序号	器材名称	类别	单位	数量	用途
1	多功能反光腰带	基本器材	条	10	安全防护
2	反光锥筒	基本器材	个	20	引导
3	反光背心	基本器材	件	10	安全防护
4	执法记录仪	基本器材	个	10	执法记录
5	停车示意牌	基本器材	个	5	指挥

续表

序号	器材名称	类别	单位	数量	用途
6	对讲机	基本器材	台	5	指挥
7	(便携式)警务通	基本器材	台	5	执法处理
8	(数码)照相机	基本器材	台	5	取证
9	便携式称重仪	基本器材	台		取证
10	模拟违法车辆(或模型)	基本器材	台	1	取证
11	《公安交通管理简易程序处罚决定书》	基本器材	本	1	裁决
12	《公安交通管理强制措施凭证》	基本器材	本	1	裁决
13	《道路交通违法代码表》	基本器材	本	1	裁决
14	实训手册	基本器材	本	若干	报告
15	警用文书包	基本器材	个	10	存放法律文书
16	制式头盔	选用器材	个	6	安全防护
17	发光指挥棒	选用器材	个	6	防护指挥
18	警示灯	选用器材	个	6	安全防护
19	警戒带	选用器材	条	2	拦截
20	便携式阻车道钉	选用器材	台	1	拦截

测重仪设备组成：测重仪、监控摄像机(2 套彩色摄像机，分别安装在测重仪两端)、测重仪基础及排水沟、计算机、打印机、称重软件、系统服务器、管理系统等。

(二)实训场地

根据场景和天气，选择校园道路或教室；部分实训内容可以选择夜课。校内道路，选择路幅较宽阔、能见度较好、人员通行较少的路段；校外实际场地则需选择较为偏僻的地区和路段，并在选择时注意以下几个问题：一是选择路幅较宽阔、能见度较好的路段，违法嫌疑车辆停车位置不得占用行车道或确实不妨碍其他车辆或人员通行；二是实训地点周边人行步道要尽可能宽阔，便于集中点评。雨天，可以在教室内运用多媒体教学设备，采用模拟场景，进行实训。

五、实训方法与步骤

1.课前预习

事先告知学员本次实训内容，要求复习本次实训内容相关的教学内容和课堂笔记，并熟读本次实训中所需器材的使用说明书。

2. 课前准备

(1)器材保障。

每次实训前后，授课教师安排一组学员，前往仓库负责领取所需各类实训器材并运送到实训场地，结束后再负责归还仓库。

(2)人员安排。

授课教师负责全程教训和监督。每次实训以一个区队为例，约 40 人，每个区队分为 5 个小组，每组 8 人，每组设立 1～2 名学员担任组长；每个小组的成员可轮流扮演违法当事人或执勤民警。

3. 实训演示

授课教师在实训伊始，通过教师本人演示或播放视频，示范本次实训中各类警用装备的规范使用方法及其操作流程。

4. 学员操作

学员根据模拟场景，进行各类警用装备的规范操作；各小组每次安排 2～4 名学员进行实务操作，其他学员观摩并记录，依次轮换。授课教师在学员操作过程中进行巡视，及时发现、纠正学员操作中的不规范之处。

六、实训考核标准与要求

(一)考核标准

主要考核安全警示标志设置位置；拦截时站位情况；规范化执法及文明用语情况；取证情况；处罚流程。

表 13-3 实训项目考核标准与分值表

	得分项目	评分标准	分值	得分
实训内容	安全意识	设卡点、查处点，执法站位等涉及自身安全意识具备	20 分	
	交警站位	站位规范，符合防护安全原则	10 分	
	装备运用	自身安全防护装备齐全、规范	10 分	
	执法用语	执法过程中执法及文明用语情况规范	10 分	
	违法认定	处罚依据、处罚结果及流程规范、依据合法	10 分	
	证据采集	证据采集健全，规范	10 分	
	处罚程序	程序格式规范、内容充实、并进教育	10 分	
	法律文书制作	格式规范、内容充实	10 分	
	其他	准备充分、纪律好、组织有序、协同配合	10 分	
存在问题（教师或小组成员填写）				
改进建议				
本次实训测评结论 签名： 日期：			总分	

(二)考核要求

涉及自身安全的考核标准要注意一票否决制(包括安全防护佩戴是否齐全,安全警示标志设置位置;拦截时站位情况等);达不到,要酌情扣分;依法取证情况是否完备,执法过程是否规范;最后处罚依据、处罚结果及流程是否规范、依据是否合法,是否进行教育。

实训项目考核标准与分值表见表 13-3。

每名学员在实务操作之后,进行自我点评操作中的不足和失误,其他学员进行补充和纠正;授课教师可参与点评和记录学员的发言。

实训项目十四　机动车违反速度规定行驶行为的查处

一、实训目的

知识方面：通过实训，使学员能够掌握查处机动车违反速度规定行驶行为所涉及的相关法律法规、规范性文件的知识。

能力方面：通过实训，使学员能够掌握查处机动车违反速度规定行驶行为的规范实务操作流程，具有规范查处机动车违反速度规定行驶行为的能力。

素质方面：通过实训，使学员树立执法为民、规范执法、文明执法的理念。

二、机动车违反速度规定行驶行为的查处导引

(一)机动车违反速度规定行驶行为的种类及证据要求

1. 机动车违反速度规定行驶行为的种类

(1)违反一般条件下的速度限制。根据影响机动车行驶速度的因素，结合我国道路交通的实际情况，一般条件下的速度限制主要包括：《道路交通安全法》第四十二条规定，《道路交通安全法实施条例》第四十五条等条文的相关规定。

(2)违反特殊条件下的速度限制。机动车行驶的特殊条件是指机动车在夜间或者容易发生危险的路段行驶，以及遇有沙尘、冰雹等气象条件。

(3)在道路上驾驶机动车从事校车业务或者公路客运、旅游客运、包车客运，严重超过规定时速行驶情形的。

2. 机动车违反速度规定行驶行为的证据要求

(1)机动车违反速度规定图像取证主要技术要求：根据《道路交通安全违法行为图像取证技术规范》(GA/T 832—2014)(以下简称《图像取证技术规范》)，图像取证是指以图片方式记录道路交通安全违法行为的证据。图像取证过程中要求图片中包含清晰辨认的机动车前部全貌的全景特征、交通违法地点、违法时间、违法行为特征、号牌号码、驾驶室驾驶人特征等信息。其中，全景特征包含有机动车前部(或后部)全貌、号牌、颜色、车型、显著地理特征等特征；机动车全景特征图片的间隔时间应确保机动车全景特征图片中机动车有明显的位移；图片数量要求不少于2幅不同时间拍摄的机动车全景特征图片，采用图片加视频方式取证的，应采集至少1幅机动车全景特征图片；驾驶人图片要求脸部特征的信息应不小于(50×50)个像素点，从机动车后部采集道路交通安全违法行为证据图片的，宜增加驾驶人图片。其他机动车违反速度规定图像取证的技术要求，遵从《图像取证技术规范》中的相关规定。

(2)移动测速设备测速证据认定具体要求：使用测速取证设备记录违反限速规定交通违法行为，应当严格执行公安部《道路交通安全违法行为处理程序规定》和《图像取证技术规范》的规定。违反限速规定交通违法证据资料应当能够准确地反映机动车特征，

清晰地记录违法时间、地点以及违法过程，包含机动车全景特征图片，每幅图片上应当叠加违反限速规定交通违法的日期、时间、地点、方向、设备编号、防伪码、测速方向以及道路限速值、车辆行驶速度值等信息。不符合上述要求的，不得作为执法证据使用。

（二）查处机动车违反速度规定行驶行为的依据

(1)《道路交通安全法》第四十二条、第四十七条、第九十九条等条文的相关规定。

(2)《道路交通安全法实施条例》第四十五条、第四十六条、第六十四条、第六十七条、第七十八条等条文的相关规定。

(3)《道路交通安全违法行为处理程序规定》第十七条等条文的相关规定。

(4)《交通警察道路执勤执法工作规范》附件 3 中 “查处超速行驶操作规程”等条文的相关规定。

(5)《刑法修正案(九)》第一百三十三条等条文的相关规定。

(6)《关于规范查处机动车违反限速规定交通违法行为的指导意见》(公交管〔2013〕455 号)中的相关规定。

(7)《严重超员、严重超速危险驾驶刑事案件立案标准(试行)》中有关机动车严重超速相关规定。

(8)《剧毒化学品购买和公路运输许可证件管理办法》第十八条的相关规定。

(9)《交通警察执勤执法装备使用指南(试行)》中的相关规定。

(10)《图像取证技术规范》(GA/T 832—2014)相关规定。

(11)其他法律法规、规范性文件的相关规定。

（三）机动车违反速度规定行驶行为处罚的裁量基准

1. 处以警告行政处罚的裁量基准

具体违法内容、违反法律条款等见表 14-1。

表 14-1　处以警告行政处罚的裁量基准表

代码	违法内容	违反法律条款	处罚依据
6046	驾驶机动车在限速低于 60km/h 的公路上超过规定车速 50%以下的	《道路交通安全法》第四十二条、《道路交通安全法实施条例》第四十五条、第四十六条	《道路交通安全法》第九十条
6047	驾驶中型以上载客汽车在高速公路、城市快速路以外的道路上超过规定时速 10%以下的		
6048	驾驶中型以上载货汽车在高速公路、城市快速路以外的道路上超过规定时速 10%以下的		
6049	驾驶危险物品运输车辆在高速公路、城市快速路以外的道路上超过规定时速 10%以下的		
6050	驾驶中型以上载客载货汽车、危险物品运输车辆以外的机动车超过规定时速 10%以下的		
4016	驾驶机动车在高速公路上行驶低于规定时速 20%以下的	《道路交通安全法实施条例》第七十八条第三款	

2. 超过规定时速未达 20%的裁量基准(适用警告除外)

具体违法内容、违反法律条款等见表 14-2。

表 14-2　超过规定时速未达 20%的裁量基准表

<table>
<tr><th>代码</th><th>违法内容</th><th>违反法律条款</th><th>处罚依据</th><th>行政处罚</th><th>记分</th></tr>
<tr><td>1628</td><td>驾驶中型以上载客汽车在城市快速路上行驶超过规定时速未达 20%的</td><td rowspan="4">《道路交通安全法》第四十二条、《道路交通安全法实施条例》第四十五条、第四十六条</td><td rowspan="9">《道路交通安全法》第九十条</td><td rowspan="9">罚款</td><td rowspan="4">6 分</td></tr>
<tr><td>1629</td><td>驾驶中型以上载货汽车在城市快速路上行驶超过规定时速未达 20%的</td></tr>
<tr><td>1630</td><td>驾驶校车在城市快速路上行驶超过规定时速未达 20%的</td></tr>
<tr><td>1631</td><td>驾驶危险物品运输车辆在城市快速路上行驶超过规定时速未达 20%的</td></tr>
<tr><td>4306</td><td>驾驶机动车在高速公路上正常情况下行驶速度低于规定最低时速 20%以上的</td><td>《道路交通安全法实施条例》第七十八条第三款</td><td>3 分</td></tr>
<tr><td>4609</td><td>驾驶中型以上载客汽车在高速公路上行驶超过规定时速未达 20%的</td><td rowspan="3">《道路交通安全法》第四十二条、《道路交通安全法实施条例》第七十八条</td><td rowspan="4">6 分</td></tr>
<tr><td>4610</td><td>驾驶中型以上载货汽车在高速公路上行驶超过规定时速未达 20%的</td></tr>
<tr><td>4611</td><td>驾驶校车在高速公路上行驶超过规定时速未达 20%的</td></tr>
<tr><td>4612</td><td>驾驶危险物品运输车辆在高速公路上行驶超过规定时速未达 20%的</td><td>《道路交通安全法》第四十二条、《道路交通安全法实施条例》第七十八条、《剧毒化学品购买和公路运输许可证件管理办法》第十八条第二款</td></tr>
</table>

3. 超过规定时速 20%以上未达 50%的裁量基准

具体违法内容、违反法律条款等见表 14-3。

4. 超过规定时速 50%以上的裁量基准

具体违法内容、违反法律条款等见表 14-4。

5. 机动车违反速度规定涉嫌危险驾驶行为的裁量基准

(1)《刑法修正案(九)》中的相关规定。

(2)《严重超员、严重超速危险驾驶刑事案件立案标准(试行)》规定。

在道路上驾驶机动车从事校车业务或者公路客运、旅游客运、包车客运，有下列严重超过规定时速行驶情形之一的，可以立案侦查：

① 在高速公路、城市快速路上行驶，超过规定时速 50%以上，且行驶时速达到 90km 以上；

② 在高速公路、城市快速路以外的道路上行驶，超过规定时速 100%以上，且行驶时速达到 60km 以上的；

表 14-3　超过规定时速 20%以上未达 50%的裁量基准表

<table>
<tr><th>代码</th><th>违法内容</th><th>违反法律条款</th><th>处罚依据</th><th>行政处罚</th><th>记分</th></tr>
<tr><td>1349</td><td>驾驶中型以上载客汽车在高速公路、城市快速路以外的道路上行驶超过规定时速 10%未达 20%的</td><td rowspan="7">《道路交通安全法》第四十二条、《道路交通安全法实施条例》第四十五条、第四十六条</td><td rowspan="17">《道路交通安全法》第九十条</td><td rowspan="17">罚款</td><td rowspan="4">3 分</td></tr>
<tr><td>1350</td><td>驾驶中型以上载货汽车在高速公路、城市快速路以外的道路上行驶超过规定时速 10%未达 20%的</td></tr>
<tr><td>1351</td><td>驾驶危险物品运输车辆在高速公路、城市快速路以外的道路上行驶超过规定时速 10%未达 20%的</td></tr>
<tr><td>1352</td><td>驾驶中型以上载客载货汽车、危险物品运输车辆以外的其他机动车行驶超过规定时速 10%未达 20%的</td></tr>
<tr><td>1632</td><td>驾驶中型以上载客汽车在高速公路、城市快速路以外的道路上行驶超过规定时速 20%以上未达到 50%的</td><td rowspan="5">6 分</td></tr>
<tr><td>1633</td><td>驾驶中型以上载货汽车在高速公路、城市快速路以外的道路上行驶超过规定时速 20%以上未达到 50%的</td></tr>
<tr><td>1634</td><td>驾驶校车在高速公路、城市快速路以外的道路上行驶超过规定时速 20%以上未达到 50%的</td></tr>
<tr><td>1635</td><td>驾驶危险物品运输车辆在高速公路、城市快速路以外的道路上行驶超过规定时速 20%以上未达到 50%的</td><td>《道路交通安全法》第四十二条、《道路交通安全法实施条例》第四十五条、第四十六条、《剧毒化学品购买和公路运输许可证件管理办法》第十八条第二款</td></tr>
<tr><td>1636</td><td>驾驶中型以上载客载货汽车、校车、危险物品运输车辆以外的其他机动车行驶超过规定时速 20%以上未达到 50%的</td><td rowspan="9">《道路交通安全法》第四十二条、《道路交通安全法实施条例》第四十五条、第四十六条</td></tr>
<tr><td>1722</td><td>驾驶中型以上载客汽车在城市快速路上行驶超过规定时速 20%以上未达 50%的</td><td rowspan="8">12 分</td></tr>
<tr><td>1723</td><td>驾驶中型以上载货汽车在城市快速路上行驶超过规定时速 20%以上未达 50%的</td></tr>
<tr><td>1724</td><td>驾驶校车在城市快速路上行驶超过规定时速 20%以上未达 50%的</td></tr>
<tr><td>1724</td><td>驾驶危险物品运输车辆在城市快速路上行驶超过规定时速 20%以上未达 50%的</td></tr>
<tr><td>4706</td><td>驾驶中型以上载客汽车在高速公路上行驶超过规定时速 20%以上未达 50%的</td></tr>
<tr><td>4707</td><td>驾驶中型以上载货汽车在高速公路上行驶超过规定时速 20%以上未达 50%的</td></tr>
<tr><td>4708</td><td>驾驶校车在高速公路上行驶超过规定时速 20%以上未达 50%的</td></tr>
<tr><td>4709</td><td>驾驶危险物品运输车辆在高速公路上行驶超过规定时速 20%以上未达 50%的</td></tr>
</table>

表 14-4 超过规定时速 50%以上的裁量基准表

<table>
<tr><th>代码</th><th>违法内容</th><th>违反法律条款</th><th>处罚依据</th><th>行政处罚</th><th>强制措施类型</th><th>记分</th></tr>
<tr><td>1727</td><td>驾驶中型以上载货汽车在高速公路以外的道路上行驶超过规定时速 50%的</td><td>《道路交通安全法》第四十二条、《道路交通安全法实施条例》第四十五条、第四十六条</td><td rowspan="2">《道路交通安全法》第九十九条第四项</td><td rowspan="4">罚款</td><td rowspan="4">扣留驾驶证</td><td rowspan="4">12 分</td></tr>
<tr><td>1729</td><td>驾驶危险物品运输车辆在高速公路以外的道路上行驶超过规定时速 50%的</td><td>《道路交通安全法》第四十二条、《道路交通安全法实施条例》第四十五条、第四十六条、《剧毒化学品购买和公路运输许可证件管理办法》第十八条第二款</td></tr>
<tr><td>4711</td><td>驾驶中型以上载货汽车在高速公路上行驶超过规定时速 50%的</td><td>《道路交通安全法》第四十二条、《道路交通安全法实施条例》第七十八条</td><td rowspan="2">《道路交通安全法》第九十九条第一款第四项、第二款</td></tr>
<tr><td>4713</td><td>驾驶危险物品运输车辆在高速公路上行驶超过规定时速 50%的</td><td>《道路交通安全法》第四十二条、《道路交通安全法实施条例》第七十八条、《剧毒化学品购买和公路运输许可证件管理办法》第十八条第二款</td></tr>
</table>

③ 通过铁路道口、急弯路、窄路、窄桥或者在冰雪、泥泞的道路上行驶，或者掉头、转弯、下陡坡，以及遇雾、雨、雪、沙尘、冰雹等低能见度气象条件时，超过规定时速 50%以上，且行驶时速达到 30km 以上的；

④ 通过傍山险路、连续下坡、连续急弯等事故易发路段，超过规定时速 50%以上，且行驶时速达到 30km 以上的。

机动车所有人、管理人强迫、指使机动车驾驶人实施以上所列行为或者有其他负有直接责任情形的，可以立案侦查。

（四）现场查处超速行驶操作规程

(1) 查处机动车超速违法行为应当使用测速仪、摄录设备等装备。

用于收集违法行为证据的测速仪应当符合国家标准并依法检定合格，并保持功能有效。

(2) 现场查处超速违法行为，按照设点执勤的规范要求设置警示标志，测速点与查处点之间的距离不少于 2km，且不得影响其他车辆正常通行。

(3) 查处机动车超速违法行为应当按照以下规定进行：

① 交通警察在测速点通过测速仪发现超速违法行为，应当及时通知查处点交通警察做好拦车准备。

② 查处点交通警察接到超速车辆信息后，应当提前做好拦车准备，并在确保安全的前提下进行拦车。

③ 对超速低于 50%的，依照简易程序处罚；超过 50%的，采取扣留驾驶证强制措施，制作行政强制措施凭证。

(4) 当事人要求查看照片或者录像的，应当提供。

(5) 在高速公路查处超速违法行为，应当通过固定电子监控设备或者装有测速设备的制式警车进行流动测速。

（五）非现场执法证据的确认流程

1. 及时告知、发布交通违法信息

(1) 自交通技术监控设备收集违法行为记录资料之日起的十日内，违法行为发生地公安机关交通管理部门应当对记录内容进行审核，经审核无误后录入道路交通违法信息管理系统，作为违法行为的证据。

公安机关交通管理部门对交通技术监控设备收集的违法行为记录内容应当严格审核制度，完善审核程序。

(2) 交通技术监控设备记录的违法行为信息录入道路交通违法信息管理系统后三日内，公安机关交通管理部门应当向社会提供查询；并可以通过邮寄、发送手机短信、电子邮件等方式通知机动车所有人或者管理人。

2. 管辖

交通技术监控资料记录的违法行为可以由违法行为发生地、发现地或者机动车登记地的公安机关交通管理部门管辖。

违法行为人或者机动车所有人、管理人对交通技术监控资料记录的违法行为事实有异议的，应当向违法行为发生地公安机关交通管理部门提出，由违法行为发生地公安机关交通管理部门依法处理。

3. 执法记录仪使用要求

在处理非现场交通违法行为时，要求交警佩戴执勤执法记录仪，完整记录当事人违法信息证据图片查看、审核和接受调查、处理过程。

4. 证据收集

(1) 在处理非现场执法证据时，当事人应当出示机动车行驶证、本人驾驶证、身份证等相关证件。交警应严格查验核准驾驶证准驾车型是否与违法机动车型相符、驾驶证上的照片是否一致等信息，必要时可以通过人口信息系统进行关联查询比对。对交通违法事实清楚、证据确实充分的，依法处罚；对事实不清、证据不足的，由公安交通管理部门进一步依法调查取证处理或做撤销等处理。

对当事人提交非本人驾驶证的，不得予以处罚或者受理，要求其通知违法驾驶人前来接受处理。

(2) 在处理非现场执法证据时，要通过辨认证据图片、图像或者当事人书面签字确认等方式，严格审定机动车驾驶人。能够确定机动车驾驶人的，应当固定证据，对驾驶人依法处罚。经调查，无法确定机动车驾驶人的，可以对违法机动车的所有人或者管理人依法予以处罚。

5. 记分管理

机动车未处理的非现场交通违法记录属于《机动车驾驶证申领和使用规定》附件《道路交通安全违法行为记分分值》规定的记分行为的，对机动车驾驶人一律予以记分。

6. 违法信息核销

根据《道路交通安全违法行为处理程序规定》第二十一条规定，交通违法记录有下列情形之一，并经核实的，应当予以消除：

(1)警车、消防车、救护车、工程救险车执行紧急任务的。

(2)机动车被盗抢期间发生的。

(3)有证据证明救助危难或者紧急避险造成的。

(4)现场已被交通警察处理的。

(5)因交通信号指示不一致造成的。

(6)不符合《道路交通安全违法行为处理程序规定》第十八条规定要求的。

(7)记录的机动车号牌信息错误的。

(8)因使用伪造、变造或者其他机动车号牌发生违法行为造成合法机动车被记录的。

(9)其他应当消除的情形。

7. 档案管理

处理非现场执法证据形成的相关资料要及时归档保管。

(六)机动车违反速度规定涉嫌危险驾驶行为的认定

(1)在道路上驾驶机动车从事校车业务或者公路客运、旅游客运、包车客运，有下列严重超过规定时速行驶情形之一的，可以立案侦查：

① 在高速公路、城市快速路上行驶，超过规定时速50%以上，且行驶时速达到90km以上；

② 在高速公路、城市快速路以外的道路上行驶，超过规定时速100%以上，且行驶时速达到60km以上的；

③ 通过铁路道口、急弯路、窄路、窄桥或者在冰雪、泥泞的道路上行驶，或者掉头、转弯、下陡坡，以及遇雾、雨、雪、沙尘、冰雹等低能见度气象条件时，超过规定时速50%以上，且行驶时速达到30km以上的；

④ 通过傍山险路、连续下坡、连续急弯等事故易发路段，超过规定时速50%以上，且行驶时速达到30km以上的。

(2)机动车所有人、管理人强迫、指使机动车驾驶人实施以上所列行为或者有其他负有直接责任情形的，可以立案侦查。

(七)办理机动车违反速度规定涉嫌危险驾驶案件的操作流程

办理机动车违反速度规定涉嫌危险驾驶案件的操作流程如图14-1所示。

(八)使用移动测速取证设备执法风险点

1. 证据固定

移动测速设备作为处理依据的交通技术监控设备，收集的违法行为记录资料，应当清晰、准确地反映机动车类型、号牌、外观等特征以及违法时间、地点、事实。

2. 测速取证设备设置要求

设置测速取证设备应当遵循依法、规范、公开的原则，按照《道路交通信息监测记录设备设置规范》(GA/T 1047—2013)的要求，做到科学规划、合理布局、规范设置。

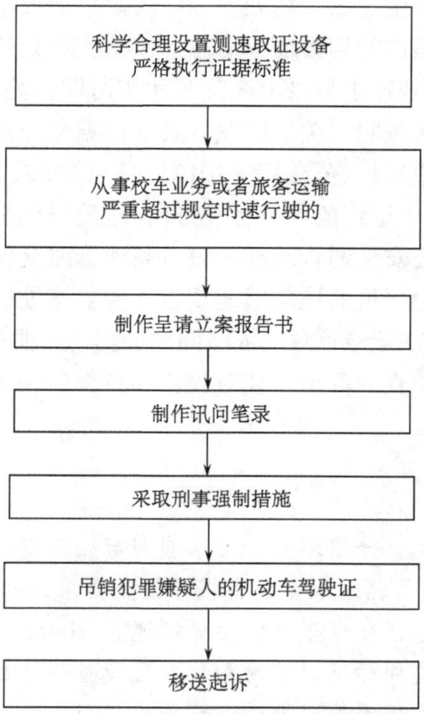

图 14-1　办理机动车违反速度规定涉嫌危险驾驶案件的操作流程图

(1) 严格遵守测速点位设置要求。

① 限速标志设置要求：在来车方向距离测速点 500m 以外应当有明显的限速标志。

② 测速交通标志设置要求：在来车方向距离测速点 200m 以外应当设置“前方测速”或者“进入测速路段”等交通标志。上述交通标志至测速点之间有交叉路口的，应当在交叉路口增设相应的交通标志。使用移动便携式交通标志的，应当符合显著、清晰、明确的视认要求。

③ 高速公路特殊要求：在高速公路上现场查处违反限速规定道路交通违法行为的，测速点与查处点之间的距离不少于 2km，查处点应当设置在收费站、服务区、停车休息区等场所。

④ 测速车辆停放要求：测速车辆应当停放于路侧明显位置，不得影响其他车辆正常通行，不得遮挡或者掩盖。

(2) 使用移动式测速设备时，必须由交通警察操作；使用车载移动测速设备的，应当使用制式警车。

3. 严禁使用不合格的测速仪

严禁使用未经检验或检验不合格的测速仪进行执法活动，同时在执法中应保证各功能有效及设置的参数正确。

（九）机动车违反速度规定行驶行为查处中常见问题的处理

(1) 处理违反限速规定交通违法行为时，应当严格按照《道路交通安全法》及其实施条例、公安部《道路交通安全违法行为处理程序规定》的要求，认真调查、比对交通违法证据资料，核查当事人提供的驾驶证等信息，依法实施处罚。对违法证据资料不符合要求的，不得处罚当事人。处理中型以上客货车和实习期驾驶人一次记 12 分的违反限速规定交通违法行为，要严格按照《关于印发〈关于根据交通技术监控记录资料处理交通违法行为的指导意见〉的通知》（公交管〔2013〕93 号）要求，适用一般程序进行处理。

(2) 同一辆机动车在同一道路的同一行驶方向，违反限速规定交通违法行为处于持续状态，被同一县（市、区）公安交通管理部门或者高速公路交警大队辖区的测速取证设备记录多次的，选择一次最为严重的违反限速规定行为实施处罚。

(3) 对于非现场交通违法记录，必须依法固定证据，加强对当事人的信息审查，不得减少相关证据收集和信息审查的环节。要对收集和审查的相关证据进行归档整理，建立完备的工作台账。

三、实训情境的设定

选择城市道路，组织学员分组测量、记录同向与相向方向上各 2 辆机动车的行驶速度，记录被测机动车车牌号。测速取证设备按照设置要求，在来车方向距离测速点 500m 以外应当有明显的限速标志，在来车方向距离测速点 200m 以外应当设置“前方测速”或者“进入测速路段”等交通标志。移动测速取证设备应当放置于路侧明显位置，不得影响其他车辆正常通行，不得无故遮挡或者掩盖。

① 被测速的机动车属于中型以上客货车、校车、危险化学品运输车，且检测到的车速超过规定车速 10%以下的，公安交通管理部门应当如何处理？

② 同一辆机动车在同一道路的同一行驶方向，违反限速规定交通违法行为处于持续状态，被测速取证设备记录多次的，应当如何处理？

四、实训器材与场地

（一）实训器材

1. 单警装备

多功能反光腰带、警用文书包、反光背心、执法记录仪、对讲机、便携式警务通、移动测速设备、录像机、实训手册。

2. 车辆

提前做好与相关单位或部门的协调工作，保障运送实训学员往返的车辆。

（二）实训场地

1. 校内实训

根据校内实训场地情况，做到科学规划、合理布局、规范设置。

2. 校外实训

校外实训场地选择道路交通安全设施完备的城市道路，实训地点周边人行道要尽可能宽阔，移动测速取证设备应当放置于路侧明显位置，不得影响其他车辆正常通行。

五、实训方法与步骤

（一）实训方法

主要采用校外真实场景训练方法来进行，通过实训前期准备、指导教师示范讲解和演示、学员分组实训操作、教师点评等主要实训环节完成实训任务。

（二）实训步骤

1. 实训前期准备

(1) 理论基础知识准备。

学员需要掌握机动车违反速度规定行驶行为处罚的裁量基准、掌握机动车违反速度规定行驶行为的证据要求及相关的操作规程、实训安全常识等理论基础知识，熟读实训中所需移动测速设备的使用说明书，在此基础上开展实训。

(2) 师资配备。

主训教师1名，负责实训示范、点评、考核；辅训教师1～2名，负责实训器材、场地保障、实训分组、安全保障等辅助性工作。

(3) 学员分组。

根据实训任务，以区队为单位，每个区队根据实际情况分为若干小组，每组 4～5人，并合理分工，每组设立1名学员担任组长。

(4) 布置任务。

实训教师向学员布置实训具体任务要求，学员在明确实训的具体任务之后，学员以分组协作的形式对实训任务进行分析、讨论，以确定完成实训任务的具体方法和途径。

2. 实训演示

实训教师示范移动测速设备的程序和操作（设定限速值；车辆速度检测；记录被测机动车的车牌号及速度值）等方法，学员在观察学习过程中，可以就关心的问题随时进行提问。

3. 学员操作

(1) 示范小组分训。学员根据实训方案及规范的操作流程，首先组成示范小组开始实训，反复训练，确保示范小组的成员都掌握使用移动测速设备的程序和操作方法。在示范小组训练过程中，其他学员现场观摩。示范小组完成训练以后，该小组成员作为示范学员，回到各个小组中进行示范与训练。实训过程中，保证每名学员有3次以上实际操作机会。

(2) 所有学员根据实训场景，立足考核内容与要求，进行移动测速设备的规范实务操作，各小组每次安排学员进行实务操作，依次轮换。学员操作过程全程录像，以便点评和考核。

4. 实训演练与总结

(1)现场纠错。实训教师在学员实务操作过程中及时发现、纠正学员实训操作中的不规范之处。

(2)实训总结。实训结束后，学员分组及时进行总结，查找不足，优化实训方案，并形成《实训报告》；实训教师汇总实训材料，对实训进行点评。

六、实训考核标准与要求

实训考核标准与要求详见表 14-5。

表 14-5 实训考核标准与要求一览表

考核标准	序号	考核内容与要求	评分标准			
			16～20 分	11～15 分	6～10 分	0～5 分
前期准备	1	准备实训装备、组员分工合理、团结协作	准备充分、组织有序、相互协同配合	准备较充分、组织有序团结协作；携带大部分实训装备	组员分工不明确、组织无序；携带小部分实训装备	无实训装备；不能按计划开展实训项目
实训主要内容	2	选定查处点位	测速取证设备科学设置	较合理	在来车方向距离测速点合理位置以外无明显的限速标志	未选定不知如何设置
	3	选定取景范围并设置限速值、抓拍值、抓拍方向(来向、去向)、执法地点等参数	能够合理选定取景范围并设置参数	参数有1～2 项缺失	参数有3～4 项缺失	参数未设定
	4	(1)开启抓拍模式并根据图片对摄像机参数进行调整；(2)记录被测机动车速度和车牌号；(3)根据抓拍数据能够判断处罚的裁量基准	全面清晰；裁量基准确；记录全面准确	较全面；不够清晰和准确	不全面	不会调整；记录不准确；裁量基准不准确
实训报告	5	(1)内容完整(实训内容、实训目的、实训地点、实训要求、实训步骤、实训数据采集分析、小结)；(2)格式规范	内容完整格式规范	内容较完整(缺 1 项)；格式较规范	内容较完整(缺 2 项)；格式较规范	内容较完整(缺 3 项以上)；格式不规范
合计	上述 5 项内容，每项满分为 20 分，共计 100 分					

实训项目十五　酒后驾驶机动车的查处

一、实训目的

知识方面：通过实训，使学员能够初步掌握查处酒后驾驶机动车违法行为所涉及的相关法律法规、规章及其他规范性文件知识和工作规范。

能力方面：通过实训，使学员能充分识别及认定酒后、醉酒驾驶机动车两种不同性质的案件，能掌握酒后驾驶机动车案件发现方式，科学设置查处点，能熟练开展酒后驾驶机动车案件查处，在查处过程中依法收集固定证据并能理解每一种证据的规格，完整地制作法律文书的专业能力和社会能力。

素质方面：通过实训，使学员掌握酒后驾驶机动车违法行为查处的程序、证据固定、法律文书制作、档案整理等方面能力，真正可以完成该违法行为的查处。同时在查处过程中具备遇有阻碍交警执法时应对的能力，具备宣传教育、解释沟通方法等基本素质。

二、酒后驾驶机动车行为的查处导引

（一）酒后驾驶机动车行为的界定

1. 主体

主体为一般主体，无证驾驶人或者驾驶与准驾车型不符的人均不妨碍该违法行为的成立。

2. 客观方面

(1) 行为人进入驾驶机动车的状态，一般以机动车驾驶人启动发动机并移动机动车为标准。

(2) 呼气酒精检测达到国家标准的，血液酒精含量等于或者大于 20mg/100mL 小于80mg/100mL。

3. 主观方面

行为人主观上希望或放任的均构成该违法行为。

4. 客体

行为人所实施酒后驾驶机动车的行为必须是侵害了《道路交通安全法》保护的社会关系，即危害了道路交通安全，对他人的人身和财产的安全及合法权益构成了威胁，具有针对不特定对象的危害性。

（二）查处酒后驾驶机动车行为的依据

(1) 《刑法修正案（九）》第一百三十三条有关危险驾驶罪的规定。

(2) 《道路交通安全法》第二十二条、第九十一条有关饮酒驾驶、醉驾驾驶的处罚规定。

(3)《道路交通安全法实施条例》第一百零四条、第一百零五条。

(4)《道路交通安全违法行为处理程序规定》第七条、第八条、第九条、第十条、第十一条、第十三条、第十四条、第二十二条、第二十三条、第二十四条有关查处程序规定。

(5)《交通警察道路执勤执法工作规范》附件有关查处的装备和规程。

(6)《车辆驾驶人员血液、呼气酒精含量阈值与检验》(GB/T 19522—2010)。

查处酒后驾驶机动车违法行为处罚和记分详见表 15-1。

表 15-1　查处酒后驾驶机动车违法行为处罚和记分对照表

代码	违法行为表述	违法行为条款	处罚法律依据	记分分值	罚款金额/元	行政处罚	强制措施(其他措施)	强制措施依据
6022	饮酒或醉酒后驾驶机动车发生重大交通事故，构成犯罪的	《法》第九十一条第五款	《法》第九十一条第五款			吊销	扣证(终身禁驾)	《法》第一百一十条第一款
6032	醉酒后驾驶机动车的	《法》第二十二条第二款	《法》第九十一条第二款			吊销	扣证(依法追究刑事责任，5 年内不得重新取得机动车驾驶证)	《法》第一百一十条第一款
6033	醉酒后驾驶营运机动车的	《法》第二十二条第二款	《法》第九十一条第四款			吊销	扣证(依法追究刑事责任，10 年内不得重新取得机动车驾驶证，重新取得机动车驾驶证后，不得驾驶营运机动车)	《法》第一百一十条第一款
6034	饮酒后驾驶营运机动车的	《法》第二十二条第二款	《法》第九十一条第三款		5000	拘留 15 天，吊销	扣证(5 年内不得重新取得机动车驾驶证)	《法》第一百一十条第一款
6035	因饮酒后驾驶机动车被处罚，再次饮酒后驾驶机动车的	《法》第二十二条第二款	《法》第九十一条第一款		2000	拘留 10 天以下，吊销	扣证(2 年内不得重新取得机动车驾驶证)	《法》第一百一十条第一款
1712	饮酒后驾驶机动车的	《法》第二十二条第二款	《法》第九十一条第一款	12 分	1000	暂扣 6 个月	扣证	《法》第一百一十条第一款

注：《法》指的是《道路交通安全法》

(三)查处酒后驾驶机动车行为的操作规程

查处酒后驾驶机动车行为的详细操作规程如图 15-1 所示。

1. 发现

发现的方法有多种，主要是接报、巡逻、事故和设卡等，其中以设卡发现该类违法行为最为常见，在设卡查处时对设卡点的设置(图 15-2)和停车检查应遵循以下要求。

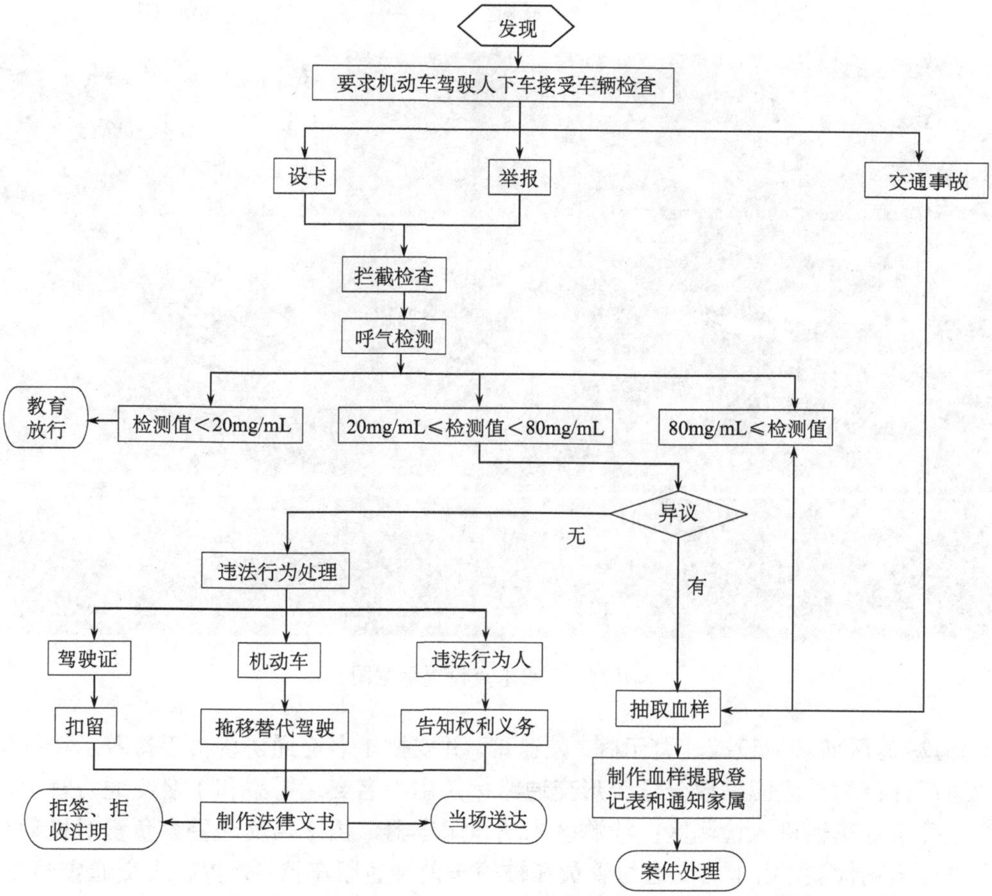

图 15-1　查处酒后驾驶机动车行为的操作规程示意图

(1)总体原则。酒后驾车整治卡点，应选择照明情况较好、车辆通行速度缓慢、具备停车检查条件的路段，尽量处于交通或治安路面监控设备可视范围内，避免在高速公路、城市快速路主路或弯路、死角等存在明显视线障碍、安全隐患的地点设置卡点。要根据选择路段的路幅宽度设置反(发)光锥筒，数量按区域总长度需求设定，一般同方向仅保留最内侧一条机动车道供车辆通行。现场执勤警车应开启警灯。

(2)查处酒驾一般应在来车方向道路右侧边沿设置执勤安全防护区，防护区依此设置减速区、拦截引导区、检测区、处置区。处置区一般应当设置在路外的安全空间。在低等级的次干路或支路设置岗位时，如受道路条件限制，检测区、处置区可合并使用。

(3)在主干路查处酒驾时，提供减速牌距检测区应不少于 200m。其中，提示减速区设置长度不少于 100m，拦截区设置长度不少于 20m，检测区设置长度不少于 60m(其中，入口、出口各 10m，检测区 40m)，处置区设置长度不少于 20m。

(4)在次干路、支路、辅路查处酒驾，安全防护区可适当缩短，但减速区长度不少于 50m。

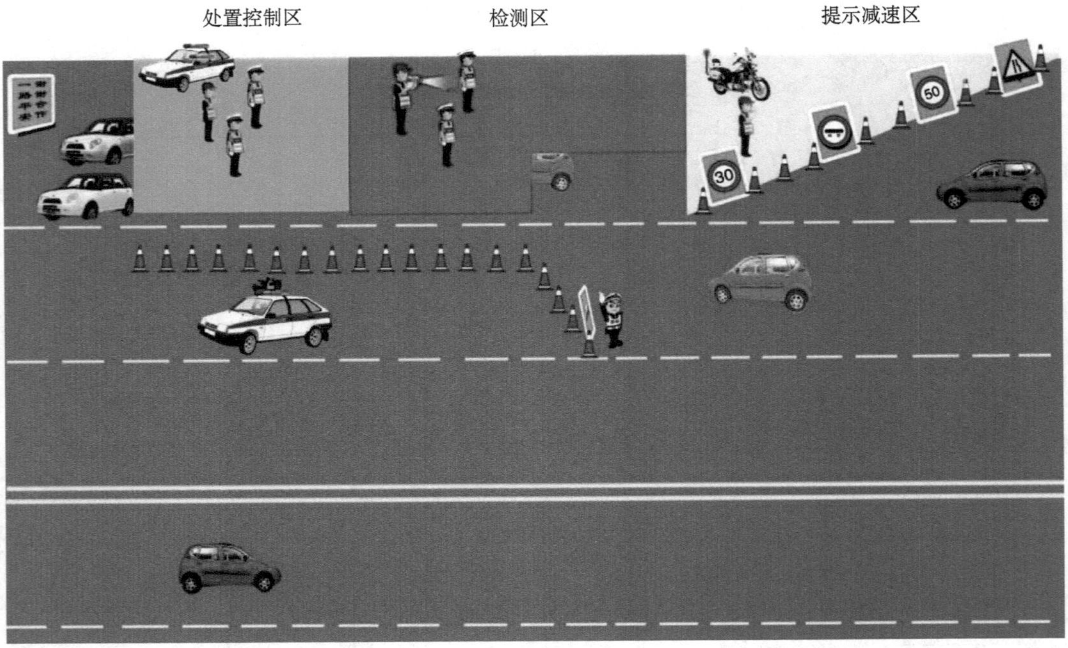

图 15-2 设卡点设置示意图

(5) 减速区前端应设减速警示牌、减速带，并安排 1 名交通协管员手持警示棒提示车辆减速慢行；引导区应摆放分道锥形交通路标，由 1 名交通警察和 1 名交通协管员，负责拦截并引导车辆进入检测区；检测区末端设阻车器，由 2 名交通警察负责对机动车驾驶人进行酒精检测，由 1 名交通协管员在被检车前推拉阻车器；处置区设交通警察 2 名，负责对违法行为人进行处理，其中 1 名交通警察为现场指挥，处置区应有协管员协助进行车辆、人员查控及通信联络等工作。①

2. 拦车检查

(1) 停车检查。发现有酒后驾驶嫌疑的，交通警察应当及时指挥机动车驾驶人靠路边停车并熄灭发动机，接受检查。交通警察应当站在车辆驾驶室左侧，不得贴近车门和脚踏车辆踏板或者将头、手伸进车辆驾驶室。

(2) 固定证据。在停车检查的同时，开启执法记录仪，进行全程录音录像。

(3) 核查证件。在表明执法身份后，要求驾驶人出示驾驶证和行驶证，并进行查验。

3. 呼气酒精检验

(1) 对有酒后驾驶嫌疑的机动车驾驶人，要求其下车接受酒精检验。

(2) 使用呼气式酒精测试仪进行检验时，应每检验一人更换一次新的吹管，并按照操作要求进行检验。

(3) 当事人违反检测要求的，应当当场重新检验。

4. 检验结果

(1) 检验结果表明驾驶人酒精含量小于 20mg/100mL，且无其他交通违法行为的，对

① 公安部道路交通安全研究中心，2016. 交通警察道路执勤执法指导手册. 北京：人民交通出版社

其饮酒行为进行教育，并立即放行。

(2) 检验结果表明驾驶人酒精含量大于或等于 20mg/100mL，但小于 80mg/100mL 的，属于饮酒后驾驶机动车。

(3) 检验结果表明驾驶人酒精含量大于或等于 80mg/100mL 的，属于醉酒驾驶机动车。

5. 当场打印结果

呼气式酒精测试应当打印书面测试结果，当事人如果对检验结果无异议，应当由当事人签名、交警签名或者盖章。当事人对测试结果有异议或者拒绝签名的，交通警察应当在书面测试结果上注明。

6. 扣留机动车驾驶证

呼气检验结果表明当事人达到饮酒后驾驶机动车标准的，应当现场依法扣留当事人的机动车驾驶证，制作《公安交通管理行政强制措施凭证》。

7. 饮酒后驾驶机动车处理

对于饮酒后驾驶人驾驶的机动车，可以将其交由同车有相应驾驶资格的人驾驶离开。如果没有同车人或同车人中没有有驾驶资格或者没有随身携带驾驶证的，应当由交通警察将其移至不妨碍交通的地点或公安机关交通管理部门指定地点。

8. 按一般程序处理

按一般程序对饮酒驾驶机动车的违法行为做出处理，由两名交通警察实施，制作《公安交通管理行政处罚决定书》。行政处罚决定书应当由被处罚人签名，并加盖公安机关交通管理部门印章，被处罚人拒绝签名的，交通警察应当在处罚决定书上注明；行政处罚决定书应当当场交付被处罚人；被处罚人拒收的，由交通警察在处罚决定书上注明，即为送达；被处罚人不在场的，应当依照《公安机关办理行政案件程序规定》的有关规定送达。

(四) 查处酒后驾驶机动车行为的证据规格

1. 图像规格

1) 发现阶段

(1) 驾驶人处于驾驶座位上的照片，照片能反映驾车人面部特点和驾驶状态。

(2) 车辆正面照片。要求反映出驾驶人所驾车辆号牌、车型、颜色等基本特征。对于临时牌照的车辆，交通警察特别要注意把车辆的特征显示出来。

(3) 驾驶人现场无法出示有效驾驶证或行驶证的，交通警察应当让其下车并要求其站在车辆左前侧，从正面对车与人进行证据固定。证据要求反映出驾驶人体貌特征、衣着特征以及车辆号牌，将人与车关联起来。①

2) 违法行为认定阶段

(1) 驾驶人进行呼气式酒精测试时的照片。要求对驾驶人呼气式酒精测试时进行照相，在照片中要反映出当事人面部特征以及有两名交通警察在现场的照片。

① 上海公安高等专科学校，2010. 道路交通安全违法行为处理. 上海：上海交通大学出版社

(2) 驾驶人在测试结果单以及《当事人血样(尿样)提取登记表》签字时的照片。

(3) 驾驶人在抽血时的视频，要求反映出当事人的面貌特征及医护人员的抽血过程，同时应在视频中反映有 2 名(以上)交通警察在抽血现场。

(4) 除了拍照录像，执法记录仪应当全程开启。

2. 呼气检测规格

(1) 呼气式酒精测试仪。应当每年至具备质量技术鉴定资质的机构进行检验，检验合格方能在执法过程中使用，同时在执法中要保证功能有效及设置的参数正确。

(2) 一人一吹管。使用呼气式酒精测试仪进行检测时，应每检验一人更换一次新的吹管，并告知当事人这是一支全新未启封的一次性吹管。并按照操作要求进行检验，当事人违反检测要求的，应当重新检验。①

(3) 书面测试结果。检测完毕后应当立即打印书面测试结果，由当事人签名、交通警察签名或者盖章。当事人对测试结果有异议或拒绝签名的，应当注明，对有异议者应立即由交通警察带当事人至县级以上医院进行抽取血样证据固定。

(4) 抽血检测。

① 检测条件。a.呼气式酒精测试结果达到或者超过醉酒驾驶标准的；b.涉嫌饮酒、醉酒驾驶车辆发生交通事故的；c.对呼气式酒精测试等方法测试的酒精含量结果有异议的；d.拒绝配合呼气式酒精测试等方法测试的。

② 鉴定机构。不少于两名交通警察将当事人带到医疗机构或者具备资格的检验鉴定机构或者由上述机构派出人员抽血。应当场制作《当事人血样(尿样)提取登记表》，由当事人和办案交警签名。同时应制作《鉴定委托书》，鉴定机构在规定的时间内出具《鉴定文书》，《鉴定文书》中包含《乙醇检验报告》、《检材照片》、《鉴定事项确认书》、《鉴定机构资格证书》和《鉴定人技术职位任职资格证书》材料。

③ 送达《鉴定意见书》。应制作《鉴定意见通知书》。

3. 询问笔录制作规格

(1) 笔录注明当事人到案时间、经过和离开时间。

(2) 笔录体现因何事被传唤。

(3) 询问查证的时间不超过八小时，约束时间不计算在询问查证时间内。

(4) 询问要细致。

① 酒。在哪里喝酒，喝的什么酒，喝了多少酒等。

② 人。身份信息，住址，联系电话以及和什么人一起喝酒，驾驶车辆上还有哪些人。

③ 车。车辆的号牌，车型，车主和同车人等信息。

④ 路。从喝酒地点驾驶车辆所选择的路径、驾驶距离等。

(五) 醉酒驾驶机动车的界定

(1) 行为的主体：本罪主体是一般主体，即年满 16 周岁，具备刑事责任能力的自然人，但同时又限定为直接驾驶机动车辆的人员。

---

① 公安部道路交通安全研究中心，2015. 交通警察道路执勤执法指导手册. 北京：人民交通出版社

(2)行为的主观方面：行为人主观上希望或放任的。

(3)行为的客观方面：一是行为人必须在道路上驾驶机动车辆；二是行为人在道路上驾驶机动车时，必须达到醉酒的标准。

(4)犯罪客体：侵害了公共安全。

(六)办理醉酒驾驶案件操作流程

办理醉酒驾驶案件操作流程如图 15-3 所示。

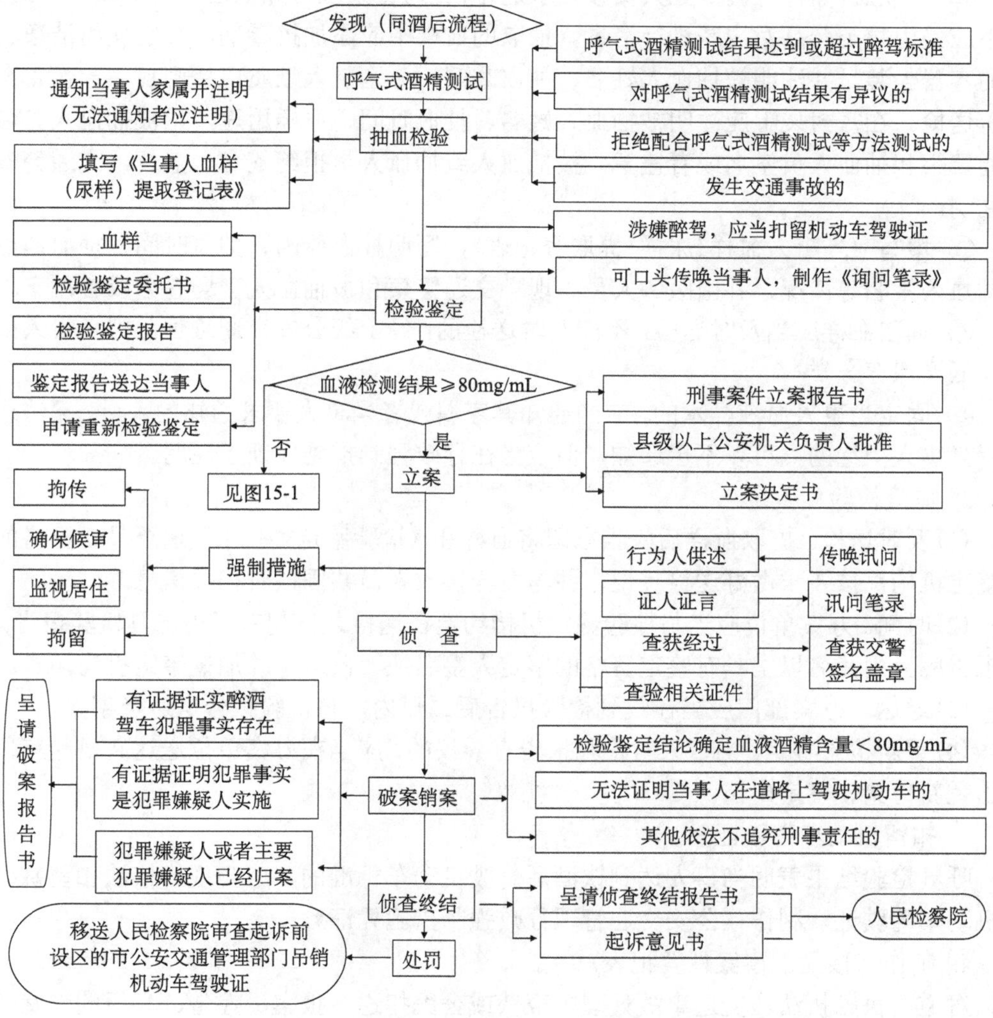

图 15-3　办理醉酒驾驶案件操作流程示意图

醉酒驾驶案件办理中的“发现”、“拦车检查”、“呼气式酒精检测”和“打印结果”步骤和方法同“查处酒后驾驶机动车行为处理”。

1. 抽血检测

(1)抽血检测的条件。有下列情形之一的，应对其抽血检验：

① 呼气式酒精测试结果达到或者超过醉酒驾驶标准的。

② 对呼气式酒精测试结果有异议的。

③ 拒绝配合呼气式酒精测试等方法测试的。

④ 发生交通事故。

(2) 血液检测的步骤。

① 由两名以上交通警察将当事人带到医疗机构或者具备资格的检验鉴定机构或者由上述机构派出人员抽血，并对抽血过程全程拍照录像。

② 抽取血样时，应由专业人员按要求进行，交通警察应告知抽血人员抽取两份血样，且不应采用醇类药品对皮肤进行消毒。抽取的血样中应添加抗凝剂，分别使用洁净、干燥的容器封装，并注明被抽血人姓名、抽血时间、分别装入纸质口袋密封，一份备案，一份送检。在密封袋上应注明被抽血人姓名、抽血时间、血样用途，由被抽血人签名、交通警察和抽血人员签名或者盖章。被抽血人或抽血人员拒绝签名、盖章，交通警察应当注明。

③ 填写《当事人血样(尿样)提取登记表》，写明抽血原因、抽血时间、抽血地点、被抽血人姓名等情况，并由医务人员、现场交通警察和被抽血人当场签名或者盖章。

④ 抽取血样应当及时送检，不能及时送检的，经上级公安交通管理部门负责人批准后，低温保存。

⑤ 固定当事人血液样本的，应当通知其家属或者当事人要求通知的人员。无法通知或者当事人拒绝的，可以不予通知，但应当在行政强制措施凭证上注明。

2. 血液检验、鉴定

(1) 及时送检。提取血样后应当立即将血样和《检验鉴定委托书》送至具备资格的检验鉴定机构，按要求做好送检登记，并与血样接收人员共同核对相关信息。

(2) 时间。办案单位应当与检验鉴定机构约定在送检之日起三日内出具检验报告。检验报告应当由两名以上具有鉴定资格的鉴定人签名或者盖章，并加盖鉴定机构印章。

(3) 送达。办案部门应当在收到检验报告后二日内，将检验报告送达当事人。

(4) 重新检验鉴定。当事人对检验报告有异议的，应当在办案单位送达之日起三日内提出重新检验、鉴定申请。

3. 扣留机动车驾驶证

呼气检验结果表明当事人达到饮酒后驾驶机动车标准的，应当现场依法扣留嫌疑人的机动车驾驶证，制作《公安交通管理行政强制措施凭证》。

4. 制作《接受刑事案件登记表》

对道路执勤执法、交通事故处理中查获或公民扭送、报案、控告、举报的涉嫌醉酒驾驶机动车的，办案单位应当制作《接受刑事案件登记表》，作为公安机关受理刑事案件的原始资料，并妥善保管、存档备查。

5. 制作《立案决定书》

公安机关对下列情形，应以涉嫌危险驾驶罪立案侦查。

(1) 经检验当事人血液酒精含量达到醉酒驾驶机动车标准的。

(2) 当事人被查获后，为逃避法律追究，在呼气式酒精测试或者提取血样前又饮酒，经检验其血液酒精含量达到醉酒驾驶机动车标准。

(3)当事人经呼气式酒精测试达到醉酒驾驶机动车标准，在提取血样前逃脱的，应当以呼气酒精含量为依据立案侦查。

对涉嫌危险驾驶罪的，公安机关应当制作《刑事案件立案报告书》，连同《接受刑事案件登记表》等受案材料，报经县级以上公安机关负责人批准，制作《立案决定书》。

6. 制作《查获经过》

《查获经过》应当载明以下内容。

(1)查获犯罪嫌疑人的时间、地点及查获过程。

(2)犯罪嫌疑人基本情况及机动车的车型、号牌、颜色等基本特征。

(3)现场采取行政强制措施、呼气式酒精测试、抽血、口头传唤、固定证据等处置情况。

(4)其他与案件有关的情况。

《查获经过》应由查获的交通警察签名或者盖章。

7. 刑事传唤

对刑事立案侦查的犯罪嫌疑人传唤讯问的，办案单位应制作《呈请传唤报告书》，并附有关材料，报办案单位负责人批准后，立即制作《传唤通知书》，执行传唤。

讯问醉酒驾车嫌疑人，应当由办案交警(不得少于两人)进行，并制作《讯问笔录》，传唤持续时间不得超过十二小时，不得以连续传唤的形式变相拘禁犯罪嫌疑人。

8. 强制措施

对涉嫌醉酒驾驶的犯罪嫌疑人可以采取拘传、取保候审、监视居住、拘留强制措施。

(1)拘传。对经传唤没有正当理由不到案的醉酒驾驶犯罪嫌疑人，可以拘传。需要拘传的，办案单位应当制作《呈请拘传报告书》，并附有关材料，经县级以上公安机关负责人批准后，制作传唤证。

拘传犯罪嫌疑人应当出示《拘传证》，并责令其在《拘传证》上签名(盖章)、捺指印。

犯罪嫌疑人到案后，应当责令其在《拘传证》上填写到案时间。询问结束后，应当由其在《拘传证》上填写讯问结束时间。犯罪嫌疑人拒绝填写的，侦查人员应当在《拘传证》上注明。

拘传连续的时间每次不得超过十二小时。

(2)取保候审。对已立案侦查的醉酒驾驶犯罪嫌疑人，可以取保候审。

采取取保候审的，办案部门应制作《呈请取保候审报告书》，报县级以上公安机关负责人批准后，制作《取保候审决定书》和《取保候审执行通知书》。

对犯罪嫌疑人决定取保候审的，应当责令其提出保证人或者交纳保证金。对同一犯罪嫌疑人决定取保候审的，不得同时使用保证人和保证金保证。

取保候审的期限最长不得超过12个月。

(3)监视居住。对已立案侦查的符合取保候审条件的醉酒驾驶犯罪嫌疑人，不交纳保证金，又无保证人担保的，可以监视居住。办案部门应当制作《呈请监视居住报告书》，报县级以上公安机关负责人批准，制作《监视居住决定书》和《监视居住执行通知书》。

监视居住的期限最长不得超过六个月。

(4) 拘留。已立案侦查的醉酒驾驶犯罪嫌疑人，企图自杀或者逃跑、在逃的，或者不讲真实姓名、住址、身份不明的，以及确实需对犯罪嫌疑人进行羁押的，可以依法采取拘留措施。

9. 询问证人

对能够证明犯罪嫌疑人醉酒驾车的证人，应当进行询问。询问应当办案交警（不得少于两人）进行，并制作询问笔录。

10. 刑事扣押

侦查过程中，对可用以证明犯罪嫌疑人醉酒驾驶的机动车，可以扣押。办案单位应当制作《呈请扣押报告书》，经县级以上公安机关负责人批准，持《扣押通知书》实施扣押，扣押时应开具《扣押物品、文件清单》。与案件无关的物品、文件，不得扣押。

经查明确实与案件无关或者不需要继续扣押的，应当在三日内解除扣押，退还机动车。解除扣押应制作《呈请解除扣押报告书》，报县级以上公安机关负责人批准后，办案单位制作《解除扣押通知书》，发还扣押的机动车应由领取人在《发还物品、文件清单》上签名或者盖章。

11. 侦查终结

侦查终结的醉酒驾驶刑事案件，应当同时符合以下条件。

(1) 检验、鉴定结论确定犯罪嫌疑人血液酒精含量达到或者超过醉酒标准的。

(2)《查获经过》、《讯问笔录》等相关证据能证明犯罪嫌疑人在道路上醉酒驾驶机动车的。

(3) 法律手续完备，相关文书齐全。

办案部门应当及时制作《呈请侦查终结报告书》和《起诉意见书》，经县级以上公安机关负责人批准后，移送人民检察院审查起诉。

12. 处罚

侦查终结后，对醉酒驾驶机动车犯罪事实清楚，证据确凿、充分的，应当在案件移送人民检察院审查起诉前，由设区的市公安机关交通管理部门依法吊销其机动车驾驶证。

（七）风险点及战术要求

在查处酒后驾驶机动车行为时，由于驾驶人可能处于意识模糊状态，并因道路交通及其环境的复杂多变，易发生交通意外和伤亡事故等风险。因此，在查处过程中，交通警察要具有很强的危机和风险意识，并通过相应的规范操作和安全防护等战术要领，避免危险意外发生。

1. 风险点

(1) 按规范使用安全防护装备（包括个人安全防护装备、巡逻警车安全防护装备以及防暴处突装备），并设立反（发）光锥筒警示标志且与查处点要有足够的安全距离。

(2) 涉嫌酒后的驾驶人为了躲避处罚，有可能强行闯关，并因其意识模糊，驾驶动作变形或导致风险情况增加。

(3) 酒精测试仪强行法定校准，以保证检测结果合法有效。

(4) 涉嫌酒后驾驶人无理取闹，阻挠执法，要注意合理合法的处理程序，依照防暴处突预案进行处理，并保证执法记录仪记录证据。

(5) 在酒驾检测时，必须人车分离，防止检测时车内驾驶人突然启动车辆。

(6) 在酒驾检测时，防止被检测人毁灭证据，如将酒精测试检测结果撕毁、吞咽等。

(7) 要有处置其他突发事件的预案，突发事件时，负责外围分流、疏导交通的执勤交警要在临时断路的路口放置反(发)光锥筒，设置警戒带和提示性标志牌，选择好执勤站位，分流与疏导交通；中心区的执勤交警要根据事件的性质和事态的发展，及时采取有效措施维护交通秩序，针对突发治安事件、危化车事故等，需严格按照专业部门处置的有关要求做好自身安全防护。

2. 战术要领

(1) 选取合适时间、整治卡点进行酒后驾驶机动车行为的查处。选择相对安全、照明情况较好，车辆通行速度缓慢，具备停车检查条件的路段，尽量处于交通或治安路面监控设备可视范围内。

(2) 充分考虑自身安全，夜间检查时反光防护背心等防护装备要配备齐全，不得站在车辆前面强行拦截，或者脚踏车辆踏板，将头、手臂等伸进车辆驾驶室或者攀扒车辆，强行责令机动车驾驶人停车；按规定设置执勤安全防护区，设立警示标志与查处点要有足够的安全距离；现场执勤警车应开启警灯。

(3) 酒精测试仪按规范要求定期送往有资质部门检测校准，并留存检测校准的资料。

(4) 查处过程中开启执法记录仪进行全程录音录像，注意文明用语及程序规范。

(5) 核查证件，在表明执法身份后，要求驾驶人出示驾驶证和行驶证，并进行查验。

(6) 检测时，应要求被检测驾驶人熄火，并下车接受检查，检测交警应注意站位，与车门保持合理的角度和距离。

(7) 对涉嫌酒后驾驶嫌疑的机动车驾驶人使用呼气式酒精测试仪进行检验时，应每检验一人更换一次新的吹管，并按照操作要求进行检验，当事人违反检测要求的，应当当场重新检验。

(8) 呼气式酒精测试应当打印书面测试结果，并用执法记录仪和数码照相机记录测试结果。当事人如果对检验结果无异议，应当由当事人签名、交通警察签名或者盖章；当事人对测试结果有异议或者拒绝签名的，交通警察应当在书面测试结果上注明。

(9) 检验结果表明驾驶人酒精含量小于 20mg/100mL，且无其他交通违法行为的，对其饮酒行为进行教育，并立即放行。

(八) 酒后驾驶机动车行为查处中常见问题的处理

1. 嫌疑人拒绝停车接受检查

交警不得站在车辆前面强行拦截，或者脚踏车辆踏板，将头、手臂等伸进车辆驾驶室或者攀扒车辆，强行责令机动车驾驶人停车。可采取通知前方执勤交通警察堵截，或者记下车牌号，事后追究法律责任等方法进行处理。

2. 犯罪嫌疑人停车后当场拿出酒瓶喝酒，并称刚喝了酒的情况

当事人被查获后，为逃避法律追究，在呼气式酒精测试或者提取血样前有饮酒，经检验其血液酒精含量达到醉驾标准的，应当立案侦查。

查处时，应用摄像机、照相机或者执法记录仪等设备及时进行固定证据，将酒瓶和瓶内液体作为证据，及时进行抽血工作。

3. 当事人弃车逃跑情形处置

(1) 当事人被交警查获后突然弃车而逃的情形。当事人经过呼气式酒精测试达到醉驾标准的，在提取血样前逃脱的，应当以呼气酒精含量为依据立案侦查。

(2) 遇有交通警察示意靠边停车接受检查，当事人弃车逃跑的情形。公安机关交通管理部门可以根据车辆等相关信息，依法传唤当事人进行调查，能够明确机动车驾驶人的，根据调查结果依照《中华人民共和国治安管理处罚法》第五十条第二项“阻碍国家机关工作人员依法执行职务的”违法行为，处警告或者 200 元以下罚款；情节严重的，处 5 日以上 10 日以下拘留，可以并处 500 元以下罚款。

4. 交通警察到达现场后发现同车有数人，不能确定谁是驾驶人的情形

可以采用将同车人带回大队通过分别询问并制作询问笔录的方式确定驾驶人，若能在现场找到目击证人，应立即制作询问笔录，以便确定驾驶人。

5. 查处饮酒后驾驶机动车违法行为中对涉案机动车的处置

如现场有其他人可以替代驾驶的，照相取证后发还车辆；如果现场无其他人可以替代驾驶的，可以将机动车移至不妨碍交通的地点或者有关部门指定地点，并将停车地点告知驾驶人。

6. 查处饮酒后驾驶机动车时，驾驶人拒绝开车门或车窗的处置

(1) 全面取证。使用执法记录仪或高像素相机、手机等工具，选择适当角度，全面摄录现场情况。

(2) 确保安全。设置现场警戒区域，劝离、疏散周边围观群众及车辆，安排专人维护秩序，选择有利站位。

(3) 明确警告。表明人民警察身份后，使用车载扩音器进行口头警告，或出示写有警告语言的纸板等方式，命令违法行为人下车接受检查，并告知相关法律后果。

(4) 依法处置。警告无效后，经请示勤务指挥部门批准后，使用适当工具，如安全锤、含破窗功能的警用制式刀具等破窗，迅速控制违法行为人。如未携带破窗工具，情况紧急，可向群众借用工具或就地取材。根据车内人员乘坐位置，原则上选择无驾乘人员的位置破窗。

(5) 及时报告。

三、实训情境的设定

依托学院场地的规模，选择一条主路作为酒后驾驶机动车设卡点，就近选择一间教室作为抽血医院，挑选几名有相应准驾车型的学员驾驶机动车，途径设卡点，由学员按照酒后驾驶机动车的程序完整地查处。在训练查处过程中出现：①机动车驾驶人拒绝配合呼气式酒精测试；②车上有其他乘坐人员，无法判断机动车驾驶人的；③驾驶人在测试前逃离现场的；④当事人以暴力手段阻止交通警察执法的。

① 查处时携带哪些器材？如何正确地操作器材？

② 如何科学设置设卡点和查处点？

③ 遇有以上四种情形时如何处置？

④ 查处的程序是什么？

四、实训器材与场地

（一）实训器材

具体实训器材见表 15-2。

表 15-2　实训器材一览表

序号	器材名称	类　别	单位	数量	用　途
1	多功能反光腰带	基本器材	个	12	防护
2	警用文书包	基本器材	个	12	存放法律文书
3	反光背心	基本器材	件	12	防护
4	反光锥筒	基本器材	个	20	引导
5	发光指挥棒	基本器材	个	3	防护、指挥
6	警示灯	基本器材	个	3	防护、指挥
7	警绳	基本器材	条	5	安全
8	约束带	基本器材	条	5	安全
9	呼气式酒精测试仪	基本器材	台	3	检测
10	执法记录仪	基本器材	台	12	固定证据
11	法律文书	基本器材	本	12	取证、裁决
12	数码照相机	基本器材	台	5	固定证据
13	停车示意牌	选用器材	个	3	指挥
14	破胎器	选用器材	个	2	拦截
15	便携式阻车道钉	选用器材	台	1	拦截

（二）实训场地

校内实训，选择校园道路和教室。

五、实训方法与步骤

（一）实训方法

1. 实训预习

授课教师事先告知参训学员本次实训的内容，要求复习本次实训内容相关的教学内容和课堂笔记，并熟读本次实训中所需器材的使用说明书(可以印制在教材中)。

2. 实训手段

(1) 规范讲解和演示。

(2) 学员操作。

(3)学员自评与互评。

(4)教师点评。

(二)实训步骤

1. 课前准备

(1)器材保障。

每次实训前后，授课教师安排一组学员，前往仓库负责领取所需各类实训器材并运送到实训场地，结束后再负责归还仓库。

(2)人员安排。

授课教师负责全程教训和监督。每次实训以一个区队为例，约 40 人，每个区队分为 4 个小组，每组 10 人，每组设立 1 名学员担任组长；每个小组的成员可以轮流扮演执勤交警、违法当事人、抽血医护人员、乘车人等，也可以相对固定该角色。

2. 实训演示

授课教师在实训项目开始前，回顾查处酒后驾驶机动车行为的站位、规范用语、程序和装备操作等方法。

授课教师组建示范小组，组员由各个组长及每个组的一名组员组成，由他们按照授课教师的要求，完整地完成一次查处，对查处过程中的错误、偏差或失误，授课教师及时指出并纠正，其余学员观摩学习。待示范小组查处点评结束后，组员回到各自所在的组，开始各个小组的实训。

3. 学员操作

所有的学员根据各自模拟情境，进行查处酒后驾驶机动车行为的规范实务操作，包括设卡地点的科学规范、正确的站位、规范用语、呼气式酒精测试仪的使用、抽血检测、法定程序、文书制作以及安全防护等内容。

4. 教师点评

授课教师在学员实务操作过程中进行巡视，及时发现、纠正学员实务操作中的不规范之处。

每名学员在实务操作之后，进行自我点评操作中的不足和失误，其他学员进行补充和纠正；授课教师可参与点评和记录学员的发言。本实训项目结束后，授课教师对各小组的实训过程进行归纳点评。

六、实训考核标准与要求

1. 实训设定情境的现场应对和处置是否合理与规范

根据前述酒后驾驶机动车行为处理的一般操作规程、战术要领以及常见问题的处理要求，判定实训学员对实训设定情境的现场应对和处置是否合理与规范。

2. 对实训报告做出评议

实训报告是监督和评定学员实训过程和效果的主要依据。要求以实训小组为单位提交，各实训小组于实训结束后 2 日内提交实训报告。

以实训小组为单位，根据各自实训情况提交实训书面报告，实训报告要求客观、真实、全面、清晰，反映查处酒后驾驶机动车实训的全过程，并完成最终的分数考评，以百分制计算，其中设卡点、查处点的设置占20%、查处程序实训占40%、法律文书制作实训占20%、实训书面报告占20%。教师在实训报告评价栏(见表15-3)中给出实训评议及成绩。实训报告可以由实训教师根据实训要求统一印制，于实训前发给各实习小组，由学员手写填写完成。或者由实训教师根据实训要求制订统一电子版，由学员填写完成后提交电子版。

表15-3　实训报告评价栏

	分项目	小组测评	教师测评	综合测评	备注
实训内容		A(或B/C/D/E)	A(或B/C/D/E)	A(或B/C/D/E)	A≥90/B≥80/C≥70/D≥60/E<60
	设卡点、查处点				
	执法用语				
	违法认定				
	证据采集				
	查处程序				
	法律文书制作				
	安全意识				
存在问题(教师或小组成员填写)					
改进建议					
本次实训测评结论 签名：　　日期：				A(或B/C/D/E)	

实训项目十六　机动车违法停车的查处

一、实训目的

知识方面：通过实训，使学员能够了解和熟悉机动车违法停车的查处时所涉及的相关法律法规、条文及工作要求，及时发现和准确认定违法停车行为及操作规程等知识。

能力方面：通过实训，培养学员对于机动车违停行为的发现能力、认定能力、语言使用能力、固定证据能力以及根据不同的情况采取不同处理方法的能力。

素质方面：通过实训，使学员具备在执法过程中，必须具备良好的职业素质和职业道德，从而树立规范执法、文明执法、服务为民的理念。

二、机动车违法停车的查处导引

（一）机动车违法停车的界定

机动车违法停车是指违反规定停放、临时停车且驾驶人不在现场或驾驶人虽在现场拒绝立即驶离，妨碍其他车辆、行人通行的。

立即驶离是指交通警察命令其驶离时，驾驶人不附加任何条件地按照交通警察的指示立即驾驶车辆驶离禁止停车的路段。

驾驶人不在现场是指当交通警察在处理违法停车时，驾驶人不在机动车违法停车的现场，无法立即驶离，并妨碍其他车辆、行人通行的情形。

机动车违法停车行为包括违法停放和违法临时停放两种情形。

机动车违法停放是指机动车未在规定地点停放，或者在规定地点内不按交通标志标线要求停放。机动车违法临时停车是指机动车驾驶人不离车，在禁停路段短时间停车，或者在非禁停路段不按规定短时间停车。

（二）查处机动车违法停车的依据

(1)违法行为条款主要有：《道路交通安全法》第五十二条、第五十六条第一款；《道路交通安全法实施条例》第五十一条第五项、第六十三条第一项至第六项、第八十二条第一项和第四项；以及《校车安全管理条例》第三十二条第一款的相关规定。

(2)处罚法律依据主要有：《道路交通安全法》第九十条、第九十三条第二款；《校车安全管理条例》第四十八条第一款第二项的相关规定；《道路交通安全违法行为处理程序规定》第三十一条规定以及《机动车驾驶证申领和使用规定(公安部令第 139 号)》附则 4 中《道路交通安全违法行为记分分值》的相关规定。

(3)机动车违法停车行为代码及处罚规定对照表(见表 16-1)。

表 16-1　机动车违法停车行为代码及处罚规定对照表

代码	违法行为表述	违法行为条款	处罚法律依据	记分分值	罚款金额/元	其他处罚和措施
1037	未将故障车辆移动到不妨碍交通的地方停放的	《道路交通安全法》第五十二条	《道路交通安全法》第九十条		20～200	
1039-1	机动车违反规定停放、临时停车，妨碍其他车辆、行人通行，驾驶人不在现场的	《道路交通安全法》第五十六条第一款、《道路交通安全法实施条例》第六十三条第一项至第六项	《道路交通安全法》第九十三条第二款		20～200	拖移车辆
1039-2	机动车违反规定停放、临时停车，驾驶人虽在现场拒绝驶离，妨碍其他车辆、行人通行的	《道路交通安全法》第五十六条第一款、《道路交通安全法实施条例》第六十三条第一项至第六项	《道路交通安全法》第九十三条第二款		20～200	拖移车辆
1211	通过路口与停止信号时，停在停止线以内或路口内的	《道路交通安全法实施条例》第五十一条第五项	《道路交通安全法》第九十条	2 分	20～200	
1250	校车上下学生，不按照规定在校车停靠点停靠的	《校车安全管理条例》第三十二条第一款	《校车安全管理条例》第四十八条第一款第二项	2 分	200	
4613	驾驶营运客车以外的机动车高速公路行车道上停车的	《道路交通安全法实施条例》第八十二条第四项	《道路交通安全法》第九十条	6 分	20～200	
4614	驾驶营运客车以外的机动车非紧急情况下在高速公路应急车道上停车的	《道路交通安全法实施条例》第八十二条第四项	《道路交通安全法》第九十条	6 分	20～200	
4704	驾驶营运客车高速公路行车道上停车的	《道路交通安全法实施条例》第八十二条第一项	《道路交通安全法》第九十条	12 分	20～200	扣留机动车驾驶证
4705	驾驶营运客车在高速公路应急车道上停车的	《道路交通安全法实施条例》第八十二条第一项	《道路交通安全法》第九十条	12 分	20～200	扣留机动车驾驶证

(三)查处机动车违法停车的方法

(1)现场执法。

(2)非现场执法。

(四)现场查处机动车违法停车的操作规程

现场查处机动车违法停车的操作流程如图 16-1 所示。

具体步骤如下：

(1)发现并依法确认机动车违法停车行为(包括违法停放和违法临时停车两种情形)。

(2)发现机动车违法停车行为，驾驶人在现场的，可以指出其违法行为，并予以口头警告，并责令其立即驶离；驾驶人虽在现场但拒绝立即驶离的，应当使用照相、摄像等设备取证，并依法对驾驶人的违法行为进行处理。

(3)发现机动车违法停车行为，驾驶人不在现场的，在机动车侧门玻璃上张贴《违法停车告知单》，并采用拍照或者摄像等方式固定相关证据。

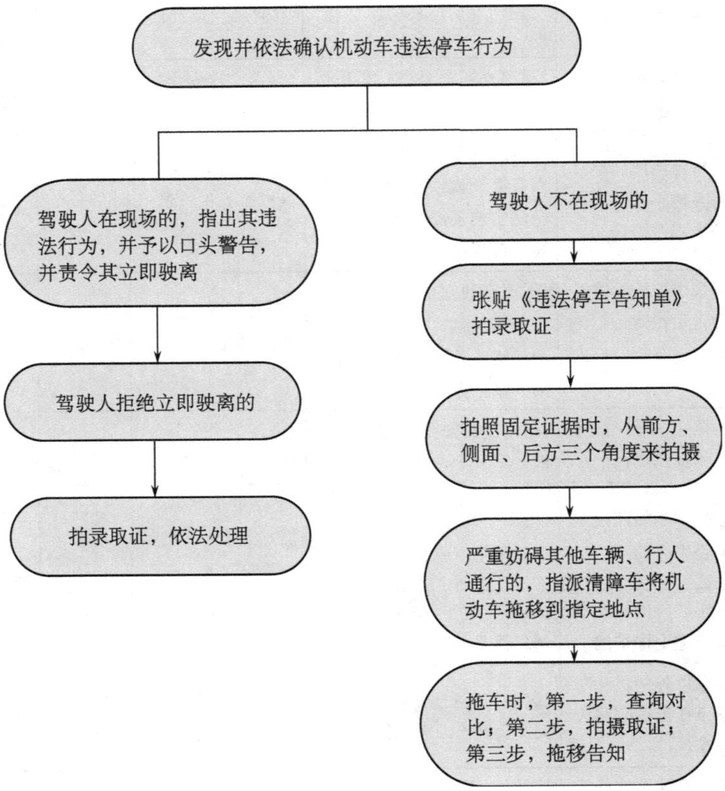

图 16-1　查处机动车违法停车的操作流程图

拍照固定证据至关重要，要从三个角度来拍摄：一是前方照，拍摄时主要清晰体现车前部全貌、违法地点、违法行为特征、号牌等信息(见图 16-2)。二是侧面照，拍摄时主要体现驾驶室没有驾驶人，违法停车告知单粘贴在醒目的位置(见图 16-3)。三是后方照，拍摄时主要清晰体现车后部全貌及车辆号牌等信息(见图 16-4)。

图 16-2　前方照

图 16-3　后方照

图 16-4　侧面照

严重妨碍其他车辆、行人通行的，应当指派清障车将机动车拖移到指定地点。拖移违法停放的机动车时，要分三步走：第一步，查询对比。主要是查询车辆信息，查看车辆状态。第二步，拍摄取证。主要是通过拍照、摄像等方式固定违法行为事实和证据，同时保证交通安全，保证被拖移车辆不受损坏。它包括两方面内容，一是要对违法停车的车辆影响通行的情况进行取证，体现拖移的必要；二是要对车辆损坏情况拍摄取证备查，同时，在拖移过程中要注意对车辆的保护。第三步，拖移告知。拖移后，公安机关交通管理部门应当公开拖移机动车查询电话，并通过在现场设置拖移机动车专用标志牌明示或者以其他方式告知机动车驾驶人。驾驶人可以通过电话查询接受处理的地点、期限和被拖移机动车的停放地点。具体步骤如图 16-5 所示。

(4) 交通警察在高速公路上发现机动车违法停车的，应当责令驾驶人立即驶离；车辆发生故障或者驾驶人不在现场的，应当指派清障车将机动车拖移至指定地点并告知驾驶人；拖移违法停车机动车，应当保障交通安全，保证车辆不受损坏。无法拖移的，应当责令机动车驾驶人按照规定设置警告标志、开启危险闪光报警灯。

故障机动车可以在短时间内修复，且不占用行车道或者骑压车道分隔线停车的，可以不拖移机动车，但应当责令机动车驾驶人按照规定设置警告标志、开启危险闪光报警灯。

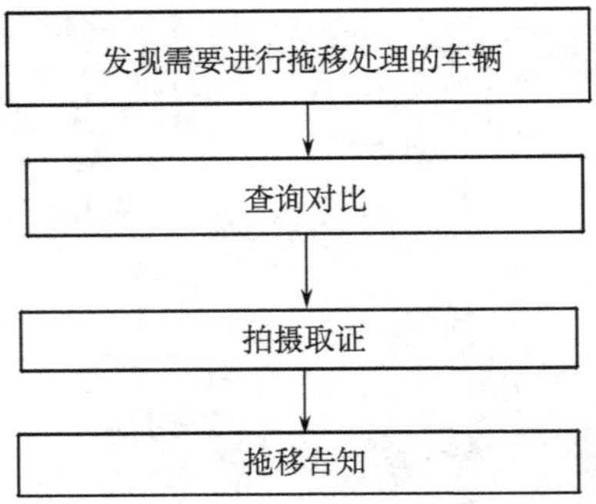

图 16-5　拖移违法停放的机动车的具体步骤图

（五）非现场执法证据的确认流程

非现场执法证据的确认主要是通过监控设备记录的违法停车行为。监控设备记录的违法停车行为信息必须反映违法车辆的基本情况和违法事实，且应符合《道路交通安全违法行为图像取证技术规范》（GA/T 832—2014）和《道路交通安全违法行为视频取证设备技术规范》（GA/T 995—2012）的标准。具体非现场执法证据的确认流程如图 16-6 所示。

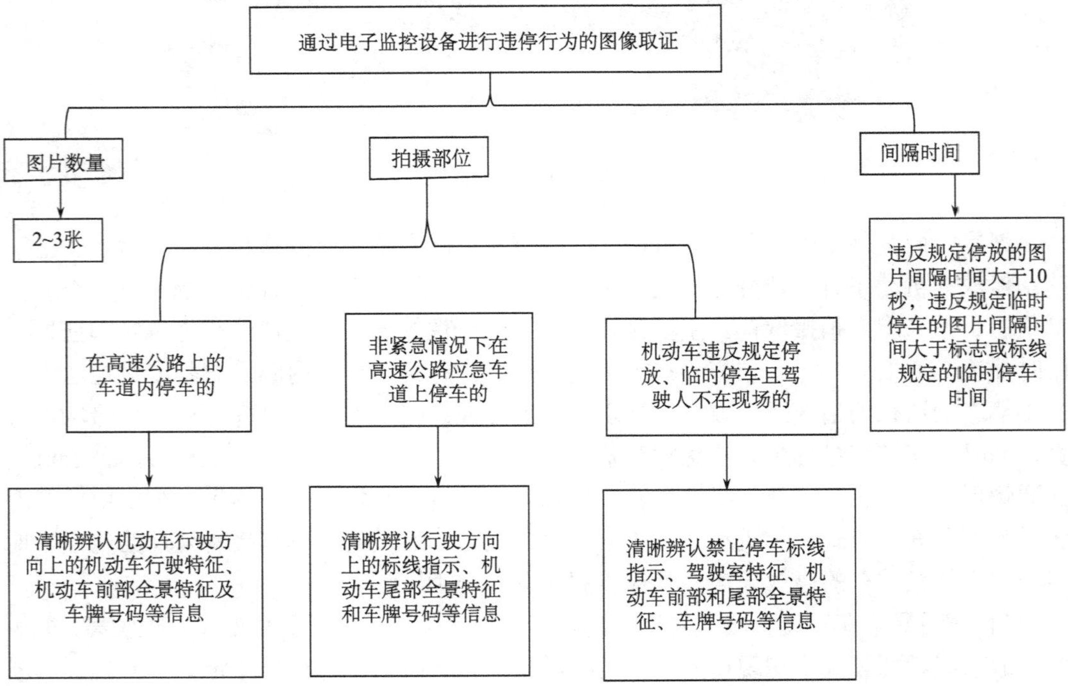

图 16-6　非现场执法证据的确认流程图

具体步骤如下：

(1) 图像取证。通过电子监控设备进行违停行为的图像取证（包括违法停放和违法临时停车两种情形）。

(2)图片数量。对于机动车静止过程中发生的道路交通安全违法行为，图像取证设备应按照机动车停放的前后角度拍摄具有明显交通标志标线和显著地理特征的 2～3 幅机动车全景特征图片，证明机动车发生交通安全违法行为的事实。

(3)拍摄部位。在高速公路上的车道内停车的，清晰辨认机动车行驶方向上的机动车行驶特征、机动车前部全景特征及车牌号码等信息；非紧急情况下在高速公路应急车道上停车的，清晰辨认行驶方向上的标线指示、机动车尾部全景特征和车牌号码等信息；机动车违反规定停放、临时停车且驾驶人不在现场的，清晰辨认禁止停车标线指示、驾驶室特征、机动车前部和尾部全景特征、车牌号码等信息。

(4)间隔时间。对于机动车静止过程中发生的道路交通安全违法行为，拍摄两幅机动车特征图片的间隔时间大于 10 秒，但对于违反临时停车规定的道路交通安全违法行为，其拍摄两幅机动车特征图片的间隔时间应大于标志或标线规定的临时停车时间。

(六)机动车违法停车处理过程中的风险点与战术要领

在进行机动车违法停车查处时，由于驾驶人可能为逃避责任而做出一些无理取闹、阻挠执法、暴力抗法等行为，并因道路交通及其环境的复杂多变，易发生意外和伤害事故等风险，因此在查处过程中，交通警察要具有很强的风险意识，并通过相应的规范操作和安全防护等战术要领来应对。

1. 遇被查处的驾驶人无理取闹、阻挠执法的

在查处违法停车行为过程中，遇被查处的驾驶人无理取闹，阻挠执法，要严格按照《交通警察道路执勤执法规范》使用规范用语，注意程序合法，并开启执法记录仪记录执法全过程；同时，要注意从前面、侧面以及后面三个角度进行拍照，固定证据，做到查处时有理有据。

2. 遇被查处的驾驶人暴力抗法或使用其他暴力行为阻碍和妨碍交通警察执法执勤行为的

在查处违法停车行为过程中，遇被查处的驾驶人暴力抗法或使用其他暴力行为阻碍和妨碍交通警察执法执勤行为的，严格按照《交通警察道路执勤执法规范》、《交通警察执勤执法安全防护规定》以及《常见阻碍和妨害交通民警执行职务行为现场处置规程》的有关规定与要求，做好人身安全防护。

3. 遇违法停车的驾驶人拒绝驶离而导致交通拥堵等情况的

在处置过程中，遇违停车辆拒绝驶离而导致交通拥堵等情况时，交通警察应根据道路的实际情况，进行分流、疏导交通，维护交通秩序；并及时叫拖车将该车拖移至不妨碍交通的地方，在拖移前同时做好拍照取证工作；并做好自身安全防护。

(七)查处机动车违法停车常见问题的处理

(1)驾驶人在现场的。

①交通警察应开启执法记录仪进行取证，告知驾驶人违法，并要求驾驶人立即将车辆驶离。如果驾驶人拒绝驶离，检查其驾驶证、行驶证等证件，开具简易程序处罚决定书，按照简易程序当场给予处罚。

②机动车违法停车，机动车驾驶人在现场，交通警察第一次劝离后，再次在同一禁停路段停车的，按照简易程序当场给予处罚。

(2) 执法过程中驾驶人回到现场的。

①在交通警察对违法停车的机动车张贴《违法停车告知单》时，机动车驾驶人回到现场并要求交通警察做出现场处罚的，如果妨碍其他车辆通行的，按照简易程序当场予以处罚；未妨碍其他车辆通行的，在交通警察完成取证前，机动车驾驶人回到现场并表示立即驶离的，适用口头警告。

②在交通警察取证结束、处理过程已完成时，机动车驾驶人回到现场，应当告知驾驶人执法已经完毕，指出违法行为，听取驾驶人申辩，酌情决定是否对其进行处罚。在执法过程中，没有造成危害后果的，应当停止执法，对驾驶人予以口头警告和批评教育，责令其立即驶离。

(3) 车上有驾驶人以外的其他乘坐人员的。机动车违法停车，未影响交通，机动车驾驶人不在现场，但车内有其他具备相应驾驶资格和条件的乘坐人员，并愿意驾车驶离的，责令其驶离，不予处罚；如车内无其他具备相应驾驶资格和条件的乘坐人员，交通警察应告知车内其他乘坐人员通知机动车驾驶人在一定的时间内赶到将车驶离，未驶离的按照驾驶人不在现场进行抄牌取证。

(4) 机动车未悬挂号牌的。机动车违法停车，机动车驾驶人不在现场且机动车未悬挂号牌的，交通警察应通过车架号查询该车辆是否注册登记。如新车未登记、无法查询车辆信息，且影响交通的，照相取证后予以拖移。如已登记的联系车主，核查未悬挂号牌原因，不能联系上车主且影响交通的，照相取证后予以拖移。

(5) 车辆无牌且不适宜拖移。机动车违法停车，未影响交通，机动车驾驶人不在现场，车辆无牌且不适宜拖移，交通警察应开具《违法停车告知单》，用锁胎器锁定违停车辆左前轮，拍照取证，通知车主接受处理。

(6) 机动车违法停放的同时，又违反禁停标志、标线的，按照违反交通标志、标线的违法行为进行处罚。

三、实训情境的设定

为了训练学员在机动车违法查处过程中的操作规程和处理常见问题的能力，按照安排可以酌情设定以下情境进行模拟训练。

2017年××月××日上午9:30分左右，交警杨某、李某在××道路上执勤时发现，一辆小轿车停在该道的人行横道上，交警杨某、李某立即上前查处，在查处的过程中，小轿车的驾驶人张某拒绝驶离。假如你是执勤交警，在上述情况下如何按照机动车违法停车的查处流程规范进行处理。

情境一：在校园内的室外实训场地选择一条道路，由1名有驾驶经验并取得驾驶证的学员扮演小轿车的驾驶人，将一辆小轿车停在人行横道上，再由2名学员分别扮演2名交警在这条道路上执勤，在执勤的过程中，发现该小轿车的违法停车行为，在查处的过程中，出现机动车驾驶人拒绝驶离的情况。假如你是执勤交警，在上述情况下如何按照机动车违法停车的查处流程规范进行处理。

情境二：在校园内的室外实训场地选择一条道路，设为施工路段，由 1 名有驾驶经验并取得驾驶证的学员扮演小轿车的驾驶人，将一辆小轿车驾驶至施工路段并将车停在施工路段的道路旁，之后下车离开。再由 2 名学员扮演 2 名交警在这个区域内的道路上执勤，在执勤过程中，发现该小轿车的违法停车行为，并出现该违停车辆严重妨碍车辆、行人通行的情况。假如你是执勤交警，在上述情况下如何按照机动车违法停车的查处流程规范进行处理。

四、实训器材与场地

(一) 实训器材

具体实训器材见表 16-2。

表 16-2　实训器材一览表

序号	器材名称	类别	单位	数量	用途
1	多功能反光腰带（八件套）	基本器材	套	10	执法、防护装备
2	反光背心	基本器材	件	10	防护
3	对讲机	基本器材	台	10	通讯
4	（便携式）警务通	基本器材	台	10	查询各类信息
5	录音录像执法装备（执法记录仪）	基本器材	台	10	固定证据
6	拖移机动车专用标志牌	基本器材	个	10	清障
7	实训用车辆（模拟警用车辆和违法车辆）	基本器材	辆	2 台	实训用车辆装备
8	警用文书包		个	10	放置模拟文书
9	实训用法律文书《违法停车告知单》、简易程序处罚决定书等	基本器材	份	若干份（参训学员一人一份）	模拟开具法律文书

(二) 实训场地

校内实训，根据场景和天气，选择校园内室内或室外实训场地。

五、实训方法与步骤

(一) 实训方法

根据训练时间及场地情况，配合使用实训装备及器材等设备，模拟既定情境进行训练。

(二) 实训步骤

1. 实训前的准备

(1) 理论准备。实训前，让学员熟悉、了解和掌握《交通警察道路执勤执法工作规范》

以及机动车违法停车的查处操作规程。

(2)器材和场地准备。每次实训前后，授课教师安排一组学员，前往实验室仓库负责领取所需各类实训器材，并将实训所需的装备、器材运至实训场地，并做好统计，同时，注意做好实训场地的安全防护。结束后再负责清点和归还。

(3)实训分组。根据实训任务，以区队为单位，每个区队根据实际情况分为若干小组，并合理分工，每组设立1名学员担任组长。

2. 实训过程

(1)教师布置实训任务。授课教师向学员明确本次实训的目的和要求，介绍模拟实训的相关情境(实训情境设定中的情境一和情境二)，并要求学员按照查处流程进行规范操作。

(2)学员分组实训。根据不同的实训情境，学员选择扮演不同的模拟角色。各组轮流根据不同情境限时训练，一组训练时其他组进行观摩。如场地条件允许，也可以多组同时进行实训。

① “情境一”的实训过程。

每组3人，进行角色选择与扮演。

由1名有驾驶经验并取得驾驶证的学员扮演小轿车的驾驶人，将一辆小轿车停在实训道路上的人行横道上。

由2名学员分别扮演2名交警在这个区域内的道路上执勤，在执勤过程中，发现该小轿车的违法停车行为，并上前进行查处。查处时，注意使用规范用语及出示相关证件，之后指出小轿车驾驶人的违法行为，予以口头警告，并责令小轿车驾驶人立即驶离。

小轿车驾驶人拒绝立即驶离时，针对此情况，交警进行现场拍录取证，并对驾驶人进行依法处理。

② “情境二”的实训过程。

每组3人，进行角色选择与扮演。

由1名有驾驶经验并取得驾驶证的学员扮演小轿车的驾驶人，将一辆小轿车驾驶至实训设定的施工路段并将该小轿车停在施工路段的道路旁，之后下车离开现场。

由2名学员扮演2名交警在这个区域内的道路上执勤，在执勤过程中，发现该小轿车的违法停车行为，并对其进行查处。

针对驾驶人当时不在现场的情况，查处的流程为：①张贴《违法停车告知单》；②从三个角度拍摄现场照片进行取证；③对严重妨碍其他车辆、行人通行的，指派清障车将机动车拖移到指定地点，拖移违法停放的机动车前，要进行查询对比、拍摄取证、拖移告知。

(3)教师全程督导。学员在进行情境模拟时，教师要注意对各组的实训过程进行全程指导和监控。

3. 实训总结

(1)实训点评。实训完毕，指导教师要及时根据学员实训态度、实训表现、实训效果进行小结，重点总结学员在遇到机动车违法停车的行为时，在情境判断、情绪控制、安全防护、证据采集、语言使用、措施运用等方面是否规范、合理，总结经验、提出不足，并且对后续实训提出要求。

(2)完成实训报告。实训结束后，分组及时进行总结，并形成《实训报告》；授课教师汇总实训材料，对实训进行点评。

六、实训考核标准与要求

1. 实训设定情境的现场应对和处置是否合理与规范

根据前述机动车违法停车查处的一般操作规程、战术要领以及常见问题的处理要求，判定学员对实训设定情境的现场应对和处置是否合理与规范。

情境一：考核学员在模拟执法过程中是否能严格按照《交通警察道路执勤执法规范》的规范使用执法用语。

考核在设定驾驶人在现场的情况时，学员能否按照机动车违法停车的查处流程进行规范查处。

考核学员在查处过程中遇到驾驶人拒绝驶离情况的应变与处置能力。

考核学员对如何规范地进行现场拍照取证的掌握情况。

情境二：考核在设定驾驶人不在现场的情况时，学员能否按照机动车违法停车的查处流程规范进行处理以及查处流程。

考核学员对如何规范张贴《违法停车告知单》的掌握情况。

考核学员对从哪些角度进行规范的现场拍录、取证的掌握情况。

考核学员对在什么情况下需要进行拖移车辆以及拖移车辆的具体步骤的掌握情况。

2. 对实训报告做出评议

实训报告是监督和评定学员实训过程与效果的主要依据。要求以实训小组为单位提交，各实训小组于实训结束后 2 日内提交实训报告。

实训报告可以由实训教师根据实训要求统一印制，于实训前发给各小组，由学员手写填写完成，或者由实训教师根据实训要求制订统一电子版，由学员填写完成后提交电子版。

根据机动车违法停车查处实训的特点，建议各小组提交实训报告的同时附实训过程的现场视频。

教师在实训报告评价栏中给出实训评议及成绩。

第四部分　特殊车辆交通违法行为的查处

实训项目十七　危险化学品运输车辆违法行为的查处

一、实训目的

知识方面：通过实训，使学员能够了解查处运输危险化学品车辆违法行为涉及的相关基础知识，同时掌握查处此类违法行为涉及的法律法规的相关法理知识。

能力方面：通过实训，使学员初步掌握查处运输危险化学品车辆所涉及的违法行为的规范实务操作流程，在实战中具有快速发现与准确认定此类违法的能力，并及时采集和固定证据的能力；掌握查处此类违法行为的法定程序和规范用语，规范制作相关法律文书的能力；执法中遭遇突发情况的处置，自我保护和安全防护的能力；在执法中，与违法当事人沟通、交流的能力，与有关部门和人员沟通、协作的能力[①]。

素质方面：通过实训，使学员在今后执法中，必须牢固树立执法为民、规范执法、文明执法的理念，全心全意为人民服务的理念，执法全过程接受人民合法监督的理念，执法过程中忠于职守、清正廉洁、便民利民的理念。

根据《中华人民共和国安全生产法》（以下简称《安全生产法》）第七章附则第一百一十二条本法下列用语的含义：危险物品，是指易燃易爆物品、危险化学品、放射性物品等能够危及人身安全和财产安全的物品。本实训项目主要介绍查处危险化学品运输车辆违法行为的相关内容。

二、危险化学品运输车辆违法行为的查处导引

（一）查处危险化学品运输车辆违法行为的依据

《道路交通安全法》第四十八条、第九十条等条文的相关规定；《道路交通安全法实施条例》第二十二条等条文的相关规定。

（二）危险化学品运输车辆违法行为的种类及认定

1. 危险化学品运输车辆专项违法行为的种类

---

① 上海公安高等专科学校，2010. 道路交通安全违法行为处理. 上海：上海交通大学出版社

1)运载危险物品未经批准的

机动车运载危险物品上道路行驶，运输单位或承运人必须到所在地公安机关交通管理部门办理相关手续，取得许可后方可上道路行驶。

2)运载危险物品时不按规定的时间、路线、速度行驶的

机动车运载危险物品上道路行驶，运输单位或承运人必须到所在地公安机关交通管理部门办理相关手续，取得许可后，按许可证上注明和指定的时间、路线行驶。

3)运载危险物品时未悬挂警示标志的

运载危险物品的车辆都有专用的特殊标志：黄色三角顶灯等专用识别标志和图案或文字(见图 17-1)；尤其在机动车辆运载危险物品过程中，必须在车身指定位置随车配置黄色三角顶灯，同时在车身醒目位置悬挂、喷涂专用识别标志和图案或文字(见图 17-2)；运载危险化学品的，应使用专用的槽罐车辆。

图 17-1　危险品标志

图 17-2　危险品标志的车身位置

4)运载危险物品时未采取必要的安全措施的

根据相关危险物品的特性，要求驾驶人和乘车人必须采取的安全措施，如随车配置消防设备(见图 17-3 和图 17-4)、车辆行驶速度的限制、考虑行驶天气的限制等。

图 17-3　灭火器及其安装部位 1

图 17-4　灭火器及其安装部位 2

5)实习期内的机动车驾驶人驾驶运载危险物品的

机动车驾驶人在实习期内不得驾驶载有爆炸物品、易燃易爆化学物品、剧毒或者放

射性等危险物品的机动车。

2. 危险化学品运输车辆违法行为的认定

执勤交警发现运载危险化学品车辆时，应当对车辆和驾驶人进行拦截与检查，查看车辆危险货物安全卡(MSDS)或者直接向驾驶人询问所运物品为何物，还可以从货物的外包装进行判断，以确认该车运载的物品确系危险物品；除要求驾驶人出示驾驶证、车辆行驶证外，还应当要求出示其他相关证件，查验货物送货单判断，如《剧毒化学品公路运输通行证》《危险物品专用运输许可证》等。收取各类证件后，利用移动警务终端(PDA)对驾驶人出示驾驶证、车辆行驶证和其他证件或许可证进行查询，如发现其具有未按指定的时间、路线、速度行驶，未悬挂警示标志或者未采取必要的安全措施，即认定其违法事实成立，并通过拍摄照片或视频等方法，固定相关证据；如果该运输过程中出现了未按危险物品通行证规定运输危险物品的情况，也认定为“运载危险物品未经批准的”。

危险化学品运输车辆上道路行驶时，有超速、超限、超载等其他违法行为，参照相关项目内容处理。

(三)危险化学品运输车辆违法行为行政处罚的裁量基准

《道路交通安全法》第九十条：机动车驾驶人违反道路交通安全法律、法规关于道路通行规定的，处警告或者20元以上200元以下罚款。本法另有规定的，依照规定处罚。

《道路交通安全法》第一百零七条：对道路交通违法行为人予以警告、200元以下罚款，交通警察可以当场做出行政处罚决定，并出具行政处罚决定书。

(四)《机动车驾驶证申领和使用规定(公安部令第139号)》附则4(节选)

1. 机动车驾驶人有下列违法行为之一，一次记12分

驾驶中型以上载客载货汽车、校车、危险化学品运输车辆在高速公路、城市快速路上行驶超过规定时速20%以上或者在高速公路、城市快速路以外的道路上行驶超过规定时速50%以上，以及驾驶其他机动车行驶超过规定时速50%以上的。

连续驾驶中型以上载客汽车、危险化学品运输车辆超过4小时未停车休息或者停车休息时间少于20分钟的。

2. 机动车驾驶人有下列违法行为之一，一次记6分

驾驶中型以上载客载货汽车、校车、危险化学品运输车辆在高速公路、城市快速路上行驶超过规定时速未达20%的。

驾驶中型以上载客载货汽车、校车、危险化学品运输车辆在高速公路、城市快速路以外的道路上行驶或者驾驶其他机动车行驶超过规定时速20%以上未达到50%的。

驾驶机动车载运爆炸物品、易燃易爆化学物品以及剧毒、放射性等危险物品，未按指定的时间、路线、速度行驶或者未悬挂警示标志并采取必要安全措施的。

3. 机动车驾驶人有下列违法行为之一，一次记3分

驾驶中型以上载客载货汽车、危险化学品运输车辆在高速公路、城市快速路以外的道路上行驶或者驾驶其他机动车行驶超过规定时速未达20%的。

运载危险物品违法行为处罚和记分对照表见表 17-1。

表 17-1　运载危险物品违法行为处罚和记分对照表

代码	违法行为表述	违法行为条款	处罚法律依据	记分分值	罚款金额/元	行政处罚	强制措施(其他措施)	强制措施依据
1031	运载危险物品未经批准的	《法》第四十八条第三款	《法》第九十条		200			
6049	驾驶危险物品运输车辆在高速公路、城市快速路以外的道路上超过规定时速 10%以下的	《法》第四十二条、《条例》第四十五条、第四十六条	《法》第九十条		警告			
1351	驾驶危险物品运输车辆在高速公路、城市快速路以外的道路上行驶超过规定时速 10%未达 20%的	《法》第四十二条第一款、《条例》第四十五条、第四十六条、《77 号令》第十八条第二款	《法》第九十条	3 分	50			
1354	驾驶危险物品运输车辆载物超过核定载质量未达 30%的	《法》第四十八条第一款、《条例》第五十四条第一款	《法》第九十二条第二款	3 分	300～500	一年内被处罚后再犯的处 500 元罚款	扣车，消除违法状态	《法》第九十二条第三款
1617	运载危险物品时不按规定的时间、路线、速度行驶的	《法》第四十八条第三款	《法》第九十条	6 分	200			
1618	运载危险物品时未悬挂警示标志的	《法》第四十八条第三款	《法》第九十条	6 分	200			
1619	运载危险物品时未采取必要的安全措施的	《法》第四十八条第三款	《法》第九十条	6 分	200			
1631	驾驶危险物品运输车辆在城市快速路上行驶超过规定时速未达 20%的	《法》第四十二条第一款、《条例》第四十五条、第四十六条、第七十八条、第八十五条第一款、《77 号令》第十八条第二款	《法》第九十条	6 分	50			
1635	驾驶危险物品运输车辆在高速公路、城市快速路以外的道路上行驶超过规定时速 20%以上未达到 50%的	《法》第四十二条第一款、《条例》第四十五条、第四十六条、《77 号令》第十八条第二款	《法》第九十条	6 分	100～200			

续表

代码	违法行为表述	违法行为条款	处罚法律依据	记分分值	罚款金额/元	行政处罚	强制措施(其他措施)	强制措施依据
1639	危险物品运输车辆载物超过核定载质量30%以上的	《法》第四十八条第一款、《条例》第五十四条第一款	《法》第九十二条第二款	6分	500～2000		扣车，消除违法状态	《法》第九十二条第三款
1725	驾驶危险物品运输车辆在城市快速路上行驶超过规定时速20%以上未达50%的	《法》第四十二条第一款、《条例》第四十五条、第四十六条、第七十八条、第八十五条第一款、《77号令》第十八条第二款	《法》第九十条	12分	200			
★ 4612	驾驶危险物品运输车辆在高速公路上行驶超过规定时速未达20%的	《法》第四十二条第一款、《条例》第七十八条、《77号令》第十八条第二款	《法》第九十条	6分	50			
▲ 4709	驾驶危险物品运输车辆在高速公路上行驶超过规定时速20%以上未达50%的	《法》第四十二条第一款、《条例》第七十八条、《77号令》第十八条第二款	《法》第九十条	12分	200			
▲ 4713	驾驶危险物品运输车辆在高速公路上行驶超过规定时速50%的	《法》第四十二条第一款、《条例》第七十八条、《77号令》第十八条第二款	《法》第九十九条第一款第四项、第二款	12分	300	可以并处吊销	扣证	《法》第一百一十条第一款
7011	未申领《剧毒化学品公路运输通行证》通过公路运输剧毒化学品的						扣车	《105号令》第二十五条第一款第七项

注：《法》指的是《道路交通安全法》《条例》指的是《道路交通安全法实施条例》；《105 号令》指的是《道路交通安全违法行为处理程序规定》

(五)查处危险化学品运输车辆违法行为的操作规程

执勤交警发现危险化学品运输车辆有违法行为嫌疑并开展查处，应当按照道路交通安全违法行为现场调查、简易程序处理、一般程序处理、强制措施等规范程序进行，具体详见本教程实训第二部分“道路交通安全违法行为查处要求与程序”相关内容。具体流程见图 17-5。

(1)执勤交警通过观察、检查或举报等途径，发现危险化学品运输车辆有违法行为嫌疑时，按规定对该车进行拦截，之后要求机动车驾驶人接受现场检查，来初步确认其违法行为是否成立。

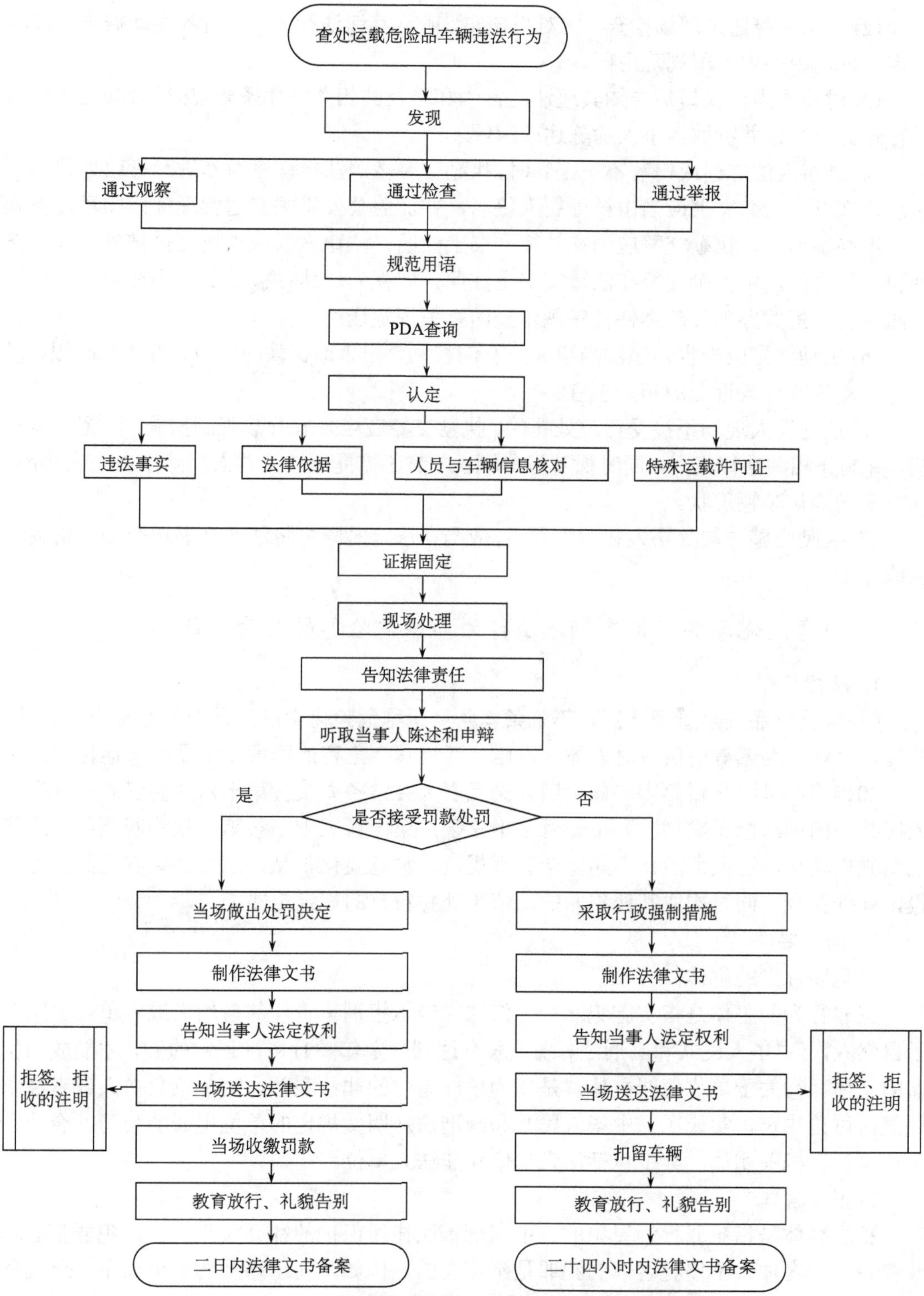

图 17-5　查处危险化学品运输车辆违法行为流程图①

① 上海公安高等专科学校，2015. 道路交通安全违法行为处理. 2 版. 上海：上海交通大学出版社

(2)执勤交警通过现场检查、比对与核实，确认其违法行为后，对各类证据进行及时固定，过程中必须使用规范用语。

(3)对违法当事人口头告知其违法的行为和涉及的相关法律条款；然后对其宣布拟出的行政处罚决定并听取当事人的陈述或辩解。

(4)当事人的陈述或辩解不予采纳时，执勤交警按照法定程序对其进行行政处罚并制作法律文书；法律文书应当由被处罚人签名，并加盖公安机关交通管理部门印章，被处罚人拒绝签名的，执勤交警应当在法律文书上注明；法律文书应当场交付被处罚人；被处罚人拒收的，由执勤交警在法律文书上注明，即视为送达；被处罚人不在场的，应当依照《公安机关办理行政案件程序规定》的有关规定送达。

(5)执勤交警应当告知违法当事人应有的权利，如缴纳罚款的地点、方式和时限，以及行政复议或行政诉讼的相关事宜。

(6)被处罚人现场不接受行政处罚的，执勤交警应当采取行政强制措施，滞留涉案车辆，并制作相关法律文书，同时保管好车辆；之前还需提醒被处罚人撤除车内个人物品，同时现场确认车辆现状。

(7)执勤交警与被处罚人礼貌告别后，应当在法定时限内将法律文书送交公安机关移送或备案。

(六)危险化学品运输车辆违法行为涉嫌危险驾驶行为的认定

1. 法律依据

《危险化学品安全管理条例》第三条本条例所称危险化学品，是指具有毒害、腐蚀、爆炸、燃烧、助燃等性质，对人体、设施、环境具有危害的剧毒化学品和其他化学品。

2015 年 8 月 29 日第十二届全国人民代表大会常务委员会第十六次会议通过《中华人民共和国刑法修正案(九)》第一百三十三条；第一百三十三条第一款第四项：在道路上驾驶机动车，违反危险化学品安全管理规定运输危险化学品，危及公共安全的，处拘役，并处罚金；同时构成其他犯罪的，依照处罚较重的规定定罪处罚。

2. 构成要件

1)犯罪行为的主体

犯罪行为的主体是指实施犯罪行为依法应当承担刑事责任的自然人或者单位。①关于自然人，《中华人民共和国刑法》规定只有达到一定年龄且精神正常的人，才能成为犯罪的主体。②关于单位犯罪主体，是指为牟取单位的非法利益，由单位负责人或者经单位集体讨论决定，实施了《中华人民共和国刑法》明文规定的单位犯罪的公司、企业、事业单位、机关团体，其中包括法人单位和非法人单位。

2)犯罪客体

犯罪客体是指犯罪行为侵犯的、中国刑事法律所保护的社会关系。任何犯罪都必然要侵犯某一客体，不侵犯客体的犯罪是不存在的。例如，在道路上驾驶机动车，违反危险化学品安全管理规定运输危险化学品，危及了公共安全。

3)行为的主观方面

行为的主观方面是指《中华人民共和国刑法》规定的成立犯罪必须具备的犯罪主体

对其实施的危害行为及其危害后果所持的心理态度，包括犯罪的故意、犯罪的过失、犯罪的目的和动机。犯罪的故意是指行为人主观上希望或放任的，明知自己的行为会发生危害社会的结果，并且希望或者放任这种结果发生的心理态度，分为直接故意和间接故意。犯罪的过失是指应当预见自己的行为可能发生危害社会的结果，因为疏忽大意而没有预见，或者已经预见而轻信能够避免，以致发生这种结果的心理态度，分为疏忽大意的过失和过于自信的过失。

4）行为的客观方面

行为的客观方面是指《中华人民共和国刑法》规定的犯罪活动的客观事实特征，包括危害社会的行为、危害后果及其因果关系等。危害社会的行为包括作为和不作为。作为是指不当为而为的积极行为，即实施法律禁止的行为，例如，当事人明知未经合法许可，仍在道路上驾驶机动车运输危险化学品。不作为是指当为而不为的消极行为，是指行为人有条件、有义务实施某些行为而不实施，以至于使《中华人民共和国刑法》保护的客体受到严重危害的行为，例如，行为人在道路上驾驶机动车运输危险化学品时，明知违反《危险化学品安全管理条例》的规定，却放任而不顾。

（七）危险化学品运输车辆违法行为涉嫌危险驾驶案件的操作流程

1. 前期处置

等同于“（五）查处危险化学品运输车辆违法行为的操作规程”。

执勤交警在道路上检查危险化学品运输车辆违法行为涉嫌危险驾驶案件时，应当根据道路条件和交通状况，合理选择安全、不妨碍车辆通行的地点进行，检查工作要由2名以上执勤交警进行。要保证执勤交警人身安全，明确执勤交警检查动作和查处规程，落实安全防护措施，防止发生执勤交警受伤害案件。

2. 后期操作流程

1）及时固定犯罪证据

（1）此类案件的证据。

执勤交警要严格按照《交通警察道路执勤执法工作规范》的要求检查危险化学品运输车辆，检查中发现机动车驾驶人有危险化学品运输车辆违法行为涉嫌危险驾驶的，及时固定犯罪证据，包括：物证，书证，证人证言，被害人陈述，犯罪嫌疑人供述和辩解，鉴定意见，勘验、检查、侦查实验、搜查、查封、扣押、提取、辨认等笔录，视听资料，电子数据等。

证据必须经过查证属实，才能作为认定案件事实的根据。

（2）收集证据的要求。

公安机关必须依照法定程序，收集能够证实犯罪嫌疑人有罪或者无罪、犯罪情节轻重的各种证据。必须保证一切与案件有关或者了解案情的公民，有客观充分地提供证据的条件，除特殊情况外，可以吸收他们协助调查。

收集、调取的物证应当是原物。只有在原物不便搬运、不易保存或者依法应当由有关部门保管、处理或者依法应当返还时，才可以拍摄或者制作足以反映原物外形或者内容的照片、录像或者复制品，例如，交警对驾驶人违反危险化学品安全管理规定运输危险化学品，危及公共安全的，应规范危险化学品提取过程且全程监控，保证收集证据合法、有效，提取的样品要当场登记封装，并立即送县级以上公安机关检验鉴定机构或者经公安机关认可的其他具备资格的检验鉴定机构进行样品检验。

2) 从严掌握立案标准

经检验确认驾驶人违反危险化学品安全管理规定运输危险化学品，危及公共安全的，一律以涉嫌危险驾驶罪立案侦查；完成查处工作后，应立即将相关材料及当事人移交审理部门进行案件处理，并制作刑事案件立案报告书。

3) 严格办案时限

要建立危险化学品运输车辆违法行为涉嫌危险驾驶案件快侦快办工作制度，加强内部办案协作，严格办案时限要求。为提高办案效率，对现场确认危险化学品运输车辆违法行为涉嫌危险驾驶案件的嫌疑人，尚未立刑事案件的，可以口头传唤其到指定地点接受调查；有条件的，对当事人可以现场调查询问；对犯罪嫌疑人采取强制措施的，应当及时进行讯问。对案件事实清楚、证据确实充分的，应当在查获犯罪嫌疑人之日起七日内侦查终结案件并移送人民检察院审查起诉；情况特殊的，经县级以上公安机关负责人批准，可以适当延长办案时限。

案件移送审查起诉后，要及时了解掌握案件起诉和判决情况，收到法院的判决书或者有关的司法建议函后，应当及时归档。对检察机关决定不起诉或者法院判决无罪但危险化学品运输车辆违法行为事实清楚，证据确实、充分的，应当依法给予行政处罚。

4) 其他规定

公安机关对已经立案的刑事案件，应当及时进行侦查，全面、客观地收集、调取犯罪嫌疑人有罪或者无罪、罪轻或者罪重的证据材料。

公安机关经过侦查，对有证据证明有犯罪事实的案件，应当进行预审，对收集、调取的证据材料的真实性、合法性及证明力予以审查、核实。

公安机关侦查犯罪，应当严格依照法律规定的条件和程序采取强制措施和侦查措施，严禁在没有证据的情况下，仅凭怀疑就对犯罪嫌疑人采取强制措施和侦查措施。

（八）执法风险和战术要领

1. 执法风险

1) 掌握危险物品的特性

执勤交警在查处运载危险化学品车辆违法行为时，必须了解和考虑该危险物品的特性，必须熟记与掌握危险物品的通行和装载规定，切忌将其等同于一般物品的车辆。在正常情况下，运载危险化学品车辆外观都标注危险品特性的标志（见图 17-6），如果遇到没有任何危险品标志，没有任何准运许可的危险品车辆，必须严查车辆来源及装载物品的特性，切忌莽撞行事。

2) 安全防护

交通警察在查处运载危险化学品车辆违法行为时，必须加强各种保护措施。保护措施应包括对人员的保护，以及对车辆、物品的保护。

(1) 人员保护。防止无关人员接触该车辆，时刻提醒在场人员尽量避免接触危险化学品，交通警察在执法过程中，一定要选择“上风口”。

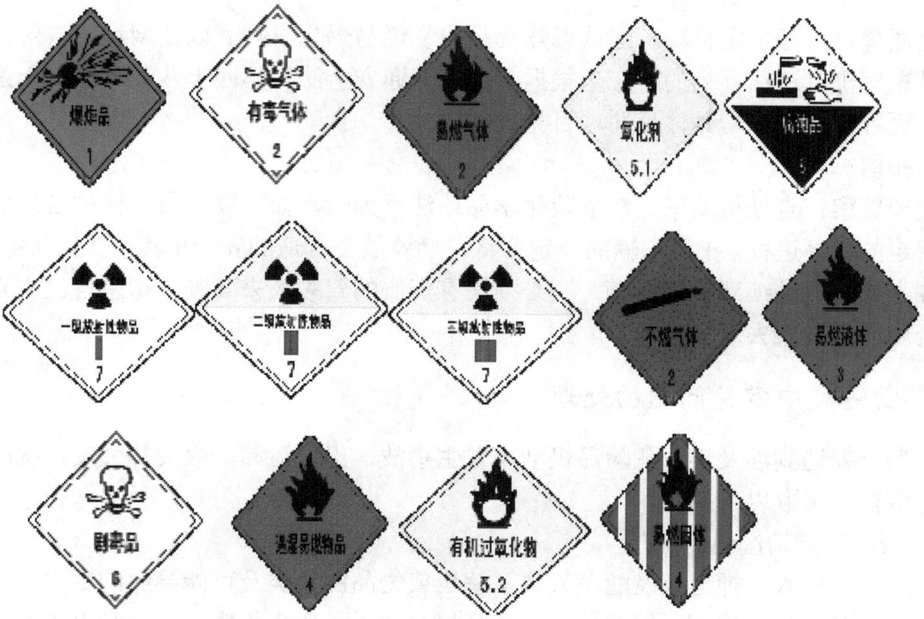

图 17-6　部分危险品特性的标志

(2) 车辆保护。合理选择该车的停放位置，采取必要的安全措施，在距违法车辆停放位置后至少 50m 以外处摆放警告标志、警示灯或者反(发)光锥筒等安全防护设备，将执勤警车停于违法车辆正后方 100m 外处，并开启警灯，以免发生事故。对车的保护还包括了解化学品的特性(如易燃易爆等)，防止将车停放在不恰当的地方，防止火种靠近等。

(3) 物品保护。对物品的保护就是防止运载的化学品外泄，以免对人、社会、环境造成不必要的损害。

2. 战术要领

1) 观察预判

交通警察在执勤过程中，结合道路实际情况和自己的实战经验，对具有机动车运载危险物品违法行为涉嫌的机动车做出预判，对一些涉嫌此类违法行为的机动车，进行可拦截检查当事人各类证件，以发现其违法行为，如未按指定的时间、路线行驶，未携带剧毒品通行证等。

2) 车辆拦截

交通警察在道路上发现运载爆炸物品、易燃易爆化学物品以及剧毒、放射性等危险化学品车辆的，应当及时拦截，指挥这些车辆在安全地带停车接受检查。

在拦截的过程中，执勤交警必须注意运载危险化学品车辆的停放位置和自己以及当事人的距离。应当根据道路条件和交通状况，选择照明情况较好、车道平直、车辆通行速度较缓的路段进行；避免停放在路口、公交站点和有安全隐患的地点；尽量选择处于交通或治安路面监控设备可视范围内，避免在高速公路、城市主路、隧道、桥梁或弯路、死角、坡道等，存在明显视线障碍、安全隐患的地点设置拦截点[①]。

3) 处理

交通警察一经认定机动车运载爆炸物品、易燃易爆化学物品以及剧毒、放射性等危险物品车辆确有违法行为的，应当根据《道路交通安全法》第四十八条和第九十条，对驾驶人进行依法处理。具体处罚项目见表 17-1。

4) 扣留车辆

交通警察在查处机动车运载危险化学品违法行为时，如需要扣留车辆的必须要严格按照规定的程序进行。扣留车辆的一定要将车辆停放在合适的安全地点，以免发生危险；如驾驶人无法再继续驾驶该车辆，则必须让有资质的驾驶人来驾驶，切忌自己去驾驶或让无资质的驾驶人去驾驶。

(九) 查处中常见问题的处理

执勤交警遇到涉及运载危险品机动车发生事故，出现泄漏、火灾等突发情况时，处置过程中需要采取以下措施。

1. 及时了解情况迅速上报

及时向驾驶人、押运人及随车人员了解运载物品的种类及可能导致的后果，立即将危险物品种类、危害程度、泄漏情况、物品损害和人员伤亡等情况，及时报告所属机关勤务指挥部门，或者按照规定同时报告当地人民政府[②]。

2. 设置警戒区域

在突发事件现场划定警戒区域并设置警戒线，视情在距中心现场周边 1000 米外设置警示标志和隔离设施，疏散、清理现场的无关人员和车辆，禁止无关人员和车辆进入现场；必要时，该区域实施临时交通管制。

3. 现场急救和管控

1) 紧急施救

现场一旦出现火灾等险情，执勤交警应当及时实施现场紧救，如灭火、堵漏、抢救伤员等。紧急施救需要注意以下几点。

(1) 选用灭火器材。

① 可燃性气体火灾可以使用二氧化碳、干粉等灭火剂扑救。

② 常见的易燃、可燃液体火灾都能用泡沫灭火剂扑救。

③ 遇水会反应的物质，应当选用干燥石墨粉或其他干粉灭火剂。

④ 爆炸物品起火不能用砂土压盖，爆炸物品着火后，还不一定引起爆炸，如用砂土压盖后，物品着火产生的烟气就无法散发，使内部造成一定压力，极易造成爆炸；可以使用二氧化碳、泡沫灭火剂扑救。

(2) 有毒气体事故现场处置。

现场一旦出现危险化学品泄漏的险情，执勤交警应当首先自我防护，立即组织现场

---

① 张雪梅，赵学刚，郝美英，等，2014. 道路交通管理警务基础教程. 太原：山西人民出版社

② 姜文龙，高万云，牛学军，2013. 道路交通事故现场勘查实物指南. 北京：中国人民公安大学出版社

人员撤至安全地点，时刻提醒在场人员尽量避免接触已经泄漏的危险化学品。

① 呼吸防护：应马上用手帕、餐巾纸、衣物等纺织物品堵住口鼻，手头如有水或饮料，应立即把这些物品浸湿，再堵住口鼻，可以过滤部分有害气体，有条件的最好能及时带上防毒面具、防毒口罩。

② 洗消：到达安全地点后，要及时脱去被污染的衣物，用流动的水冲洗身体、特别是曾经裸露的部分。

③ 皮肤防护：现场处置时尽可能戴上手套，穿上雨衣、雨鞋等，或用床单、衣物遮住裸露的皮肤，最好穿着防化服。

④ 眼睛防护：尽可能戴上各种防毒眼镜、防护镜或用游泳眼镜临时代替。

2）现场急救

在医务人员到场前，执勤交警应当对现场受伤人员进行急救，或者解救被困人员。

3）现场管控

现场控制、保护肇事者和当事人，防止逃逸和发生其他意外；排除可能存在的隐患和险情，预防次生事故。

确保应急通道的畅通，引导救援人员和车辆及时就位；随时上报现场后续情况①。

三、实训情境的设定

（一）情境设定

1.模拟场景

201×年××月××日上午10时，市局海港交警大队执勤交警小曹，在辖区内的道路上发现一辆车牌号（黄色）为×O6F225的危险化学品专用槽罐货车，于是按规定拦截检查。执勤交警将该车辆引导至一处不影响交通开阔地区停车，然后将警车停放在该车的正后方百米远处，开启了警灯并选择了“上风口”。

经查，该车所属肥西县××交通运输有限公司，从本市飞机修理厂运输液态氧到郊区的仓库；经查询驾驶人驾驶资格及车辆状态正常，但当执勤交警要求驾驶人出示该车的《危险物品专用运输许可证》时，驾驶人磨磨唧唧地不太情愿出示，在车上找了半天也没有找到，最后，在执勤交警的严厉追问下，驾驶人不得不出示了该车的《危险物品专用运输许可证》，经核查，该车没有按照《危险物品专用运输许可证》上载明的指定路线行驶，驾驶人辩称是怕该车油量不够到达目的地，所以抄了近路。

据此，执勤交警对机动车驾驶人具有“运载危险物品时，不按规定的路线行驶”违法行为，依法处以200元罚款和记6分的处罚，然后收缴了罚款后，教育将其放行。

2. 实训监测点

（1）执勤点的选择，执勤交警执法时的正确站位，拦截违法嫌疑车辆的停车位置。

（2）执勤交警现场认定危险化学品运输车辆违法行为及其证据的采集及规范要求。

（3）查处危险化学品运输车辆违法行为规范用语。

---

① 上海公安高等专科学校，2015. 道路交通安全违法行为处理. 2版. 上海：上海交通大学出版社

(4) 查处危险化学品运输车辆违法行为规范程序。
(5) 安全防护和自我保护。
(6) 法律文书制作。

(二) 实训小结

1. 问题探究

(1) 本案中，执勤交警在查处机动车运载危险物品违法行为时，按照“发现→认定→处理”的全过程进行查处。其中执勤交警发现该违法行为可以通过检查发现违法行为之后，按照相关的法律法规条文，以及法定执法流程对当事人进行了查处。

请说出正确之处，需三点以上。

(2) 在查处工作结束后，执勤交警仅仅是对驾驶人进行了道路交通安全的教育和宣传，就将其放行了，是否妥当？

(3) 本案中，执勤交警是否还有其他不规范之处？

(4) 请按照规范执法程序，进行全过程模拟执法。

2. 综合练习

(1) 一辆没有任何标识的，满载水银体温计的普通小型货车在道路上行驶，是否违法？请说明理由。

(2) 执勤交警在巡逻中发现一辆运载危险化学品的槽罐货运车，于是按规定拦截，经检查发现该车的危险品标志牌和灯具均为驾驶人选用泡沫塑料自己制作的，其余情况正常，请问该行为是否违法？

(3) 普通货车可否运载危险物品？如果需要运载，应当如何运载？请分别说明理由。

四、实训器材与场地

(一) 实训器材

具体实训器材见表 17-2。

表 17-2 实训器材一览表

序号	器材名称	类别	单位	数量	用途
1	当季执勤服(戴帽)	基本器材	套	人均一套	标明身份
2	仿真法律文书①	基本器材	套	人均一套	模拟裁决
3	《交通违法行为代码本》	基本器材	本	20	查询、学习
4	执法记录仪	基本器材	套	10	取证
5	对讲机	基本器材	套	5	通信
6	多功能反光腰带(含六件套)	基本器材	套	10	执法、防护
7	反光背心	基本器材	件	10	防护
8	反光(发光)锥筒	选用器材	只	10	防护
9	照相机	选用器材	套	5	取证

续表

序号	器材名称	类别	单位	数量	用途
10	反光防护(防雨)服、雨鞋	选用器材	套	人均一套	雨天防护
11	发光指挥棒(含电源)	选用器材	根	5	指挥(能见度低时)
12	停车示意牌(含电源)	选用器材	只	5	拦截
13	警戒带	选用器材	卷	5	管制
14	警示灯	选用器材	只	5	警示
15	移动警务通(PDA)	选用器材	台	5	查询各类信息(含处罚)
16	大客车②	选用器材	台	1	运送学员
17	小货车(或模型)	选用器材	台	1～2	模拟违法车辆

①仿真法律文书：《公安交通管理简易程序处罚决定书》《公安交通管理强制措施凭证》《道路交通安全违法行为处理通知书》若干份(参训学员至少人均一套)；

②校外实训，除上述实训器材以外，授课教师另外需要提前与相关单位或部门协调，保障运送参训学员往返的交通工具，以40名学员参训为例，需要一辆45座以上的大客车。

(二)实训场地

1. 校内实训

根据场景和天气，选择校园道路或教室；部分实训内容可以选择夜课。校内道路，选择路幅较宽阔、能见度较好、人员通行较少的路段；雨天，可以在教室内运用多媒体教学设备，采用模拟场景，进行实训。

2. 校外实训

选择较为偏僻的地区和路段，远离城镇、河流、人口密集等可能危及公共安全健康的地点，既符合实战要求，又便于更好地开展现场教训。选择校外实训地点，还需要注意以下几个方面：①尽可能选择有视频监控和交通信号灯的路口或路段；②选择路幅较宽阔、能见度较好的路段，违法嫌疑车辆停车位置不得占用行车道或确实不妨碍其他车辆或人员通行；③实训地点的人行道部门尽可能宽阔些，便于街面屯兵和现场点评。

五、实训方法与步骤

(一)实训方法

1. 实训预习

授课教师事先告知参训学员本次实训的内容，要求复习本次实训内容相关的教学内容和课堂笔记，并熟读本次实训中所需器材的使用说明书(可以印制在教材中)。

2. 实训手段

(1)规范讲解和演示。

(2)学员操作。

(3)学员自评与互评。

(4) 教师点评。

(二) 实训步骤

1. 课前准备

(1) 器材保障。

每次实训前后，授课教师安排一组学员，前往仓库负责领取所需各类实训器材并运送到实训场地，结束后再负责归还仓库。

(2) 人员安排。

授课教师负责全程教训和监督。每次实训以一个区队为例，约 40 人，每个区队分为 5 个小组，每组 8 人，每组设立 1～2 名学员担任组长；每个小组的成员可以轮流扮演违法当事人，也可以相对固定该角色。

2. 实训演示

授课教师在实训伊始，通过教师本人演示或播放视频，示范本次查处危险化学品运输车辆违法行为的规范用语、程序和装备操作等方法。

授课教师在开始实训时，首先通过规范的操作流程进行演示，然后将每个小组的组长，抽取组成第一特训小组开始实训，第一特训小组的训练过程必须非常详细和规范；训练过程中，如果出现偏差和失误，应当及时纠正、讲解。训练完成以后，马上让其再重复进行一次完整、规范的实训过程，确保第一特训小组的每位成员都确实掌握了查处危险化学品运输车辆违法行为的规范用语、程序和装备操作方法。在第一特训小组训练过程中，其他学员现场观摩并做笔记，第一特训小组完成训练以后，该小组成员作为小教员，回到各个小组中进行示范与训练。

3. 学员操作

所有学员根据模拟场景，进行查处危险化学品运输车辆违法行为的规范实务操作，包括正确站位、规范用语、法定程序、文书制作以及安全防护等内容；各小组每次安排 2～4 名学员进行实务操作，其他学员观摩并记录，依次轮换。

4. 教师点评

授课教师在学员实务操作过程中进行巡视，及时发现、纠正学员实务操作中的不规范之处。

每名学员在实务操作之后，进行自我点评操作中的不足和失误，其他学员进行补充和纠正；授课教师可参与点评和记录学员的发言。本实训项目结束后，授课教师对各小组的实训过程进行归纳点评。

本次实训结束后，授课教师向学员布置课后作业。

六、实训考核标准与要求

1. 实训设定情境的现场应对和处置是否合理与规范

根据前述执勤交警查处运输危险化学品车辆违法行为的操作规程、执法风险以及常见问题的处理要求，判定实训学员对实训设定情境的现场应对和处置是否合理与规范。

2. 对实训报告做出评议

实训报告是监督和评定学员实训过程与实训效果的主要依据。要求以实训小组为单位提交，各实训小组于实训结束后 2 日内提交实训报告。

实训报告可以由实训教师，根据要求统一印制，于实训前发给各实习小组，由学员手写填写完成，或者制订统一电子版，由学员填写完成后提交电子版。

根据本项目实训的特点，建议各小组提交实训报告的同时，附实训过程的现场视频。

授课教师在实训报告评价栏（见表 17-3）中给出实训评议及成绩。

表 17-3　实训报告评价栏

<table>
<tr><th></th><th>分项目</th><th>小组测评结果</th><th>教师测评结果</th><th>综合测评结果</th><th>备注</th></tr>
<tr><td rowspan="7">实训内容</td><td>设置执勤点</td><td></td><td></td><td></td><td></td></tr>
<tr><td>执法规范用语</td><td></td><td></td><td></td><td></td></tr>
<tr><td>事实认定</td><td></td><td></td><td></td><td></td></tr>
<tr><td>证据采集</td><td></td><td></td><td></td><td></td></tr>
<tr><td>法定程序</td><td></td><td></td><td></td><td></td></tr>
<tr><td>法律文书制作</td><td></td><td></td><td></td><td></td></tr>
<tr><td>安全防护</td><td></td><td></td><td></td><td></td></tr>
<tr><td>存在问题（教师或小组成员填写）</td><td colspan="4"></td><td></td></tr>
<tr><td>改进建议</td><td colspan="4"></td><td></td></tr>
<tr><td colspan="4">本次实训测评结论
签名：　　日期：</td><td>A（或 B/C/D/E）</td><td></td></tr>
</table>

测评结果为 A、B、C、D、E，A≥90 /B≥80/C≥70/D≥60/E<60

实训项目十八　校车违法行为的查处

一、实训目的

知识方面：掌握对校车常见交通违法行为处理的程序、规范和要求；熟悉现行关于校车的法律、法规和标准规范，包括《道路交通安全法》《道路交通安全法实施条例》《校车安全管理条例》《交通警察执勤执法工作规范》、《道路交通安全违法行为处理程序规定》等相关的法理知识。

能力方面：通过实训，使学员初步掌握查处校车所涉及的违法行为的规范实务操作流程，在实战中具有规范查处校车违法行为所涉及的专业能力和社会能力。

素质方面：通过实训，使学员在今后执法中，牢固树立执法为民、规范执法、文明执法的理念以及忠于职守、清正廉洁、便民利民的意识。

二、校车违法行为查处的导引

（一）界定

本实训项目中校车是指依照《校车安全管理条例》取得使用许可，用于接送接受义务教育的学员上下学的 7 座以上的载客汽车。对未取得校车标牌的从事学员接送业务的车辆非本实训项目中的校车范畴。

（二）依据

1. 行政处罚

常见的校车违法适用行政处罚，校车的违法行为种类、查处依据、裁量基准根据《校车安全管理条例》第四十三条至第五十九条部分的规定执行，记分值办法详见《机动车驾驶证申领和使用规定》（公安部令第 139 号）附件 4《道路交通安全违法行为记分分值》相关内容。

2. 校车涉嫌危险驾驶的认定

《刑法修正案（九）》第一百三十三条规定，从事校车业务运输时，严重超过额定乘员载客，或者严重超过规定时速行驶的违法行为列入了危险驾驶罪，处拘役，并处罚金。在实践中立案标准参照《严重超员、严重超速危险驾驶刑事案件立案标准（试行）》（公传发〔2015〕708 号）的相关规定。

（三）校车交通违法行为查处操作规程

执勤交警发现校车有违法行为嫌疑并开展查处，应当按照道路交通安全违法行为现场调查、简易程序处理、一般程序处理、强制措施等规范程序进行，具体详见本教程实训第二部分“道路交通安全违法行为查处要求与程序”相关内容。具体流程如图 18-1 所示。

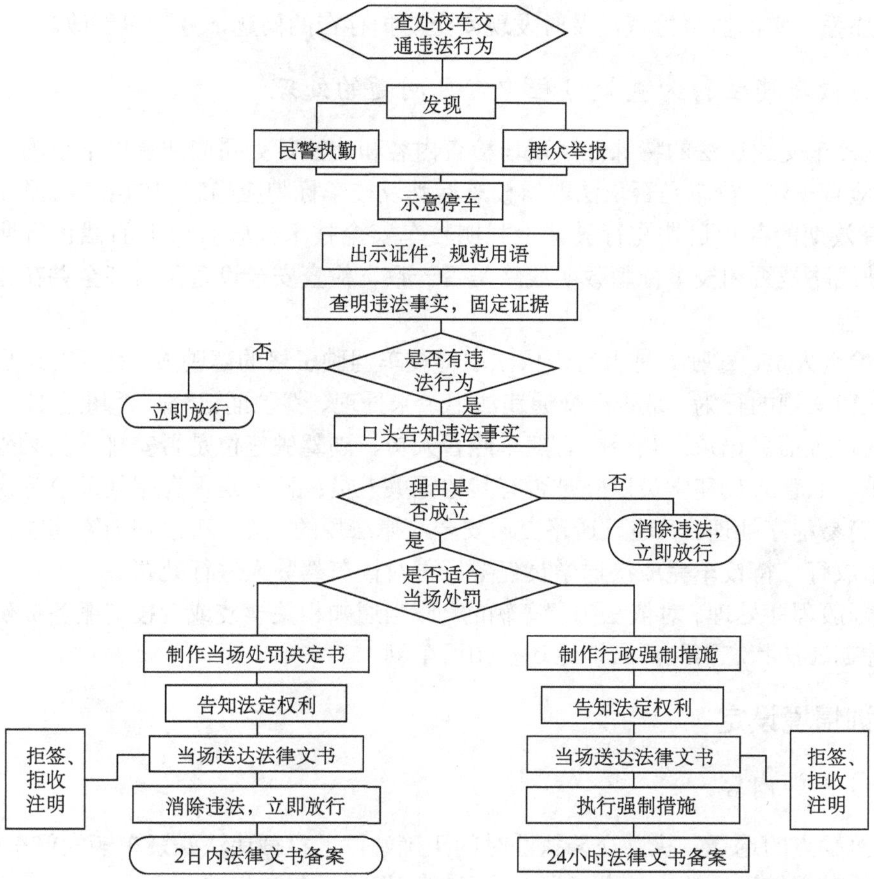

图 18-1　校车交通违法行为查处操作规程

(四) 执勤执法安全防护的风险点和战术要领

1. 执勤执法安全防护的风险点

(1) 执勤执法时站位不正确，没有按照规定穿着反光背心或反光防护服、佩带和携带相应的执勤执法装备。

(2) 不熟悉各种安全防护装备的使用情形。

(3) 不熟练掌握各种安全防护装备的使用方法和操作规程。

(4) 携带的装备、设施不齐全，性能存在故障，影响正常使用。

(5) 不按规定驾驶车辆，现场安全防护责任不明确、安全意识不强。

2. 执勤执法安全防护的战术要领

(1) 强化日常的教育和培训，不断提高交警的安全防护意识和责任感。

(2) 熟悉各种安全防护装备的使用情形，熟练掌握各种装备、设施的使用方法和操作规程。

(3) 配齐相应的安全防护装备，确保性能良好。

(4) 强化相互之间的配合协调，提高安全风险意识。

(5)加强日常的监督检查，及时发现安全防护存在的问题，并加以整改。

(五)校车违法行为查处过程中常见问题的处理

根据校车交通违法的特殊性，现场检查内容和违法行处罚应注意以下事项。

(1)检查车辆。校车是否依法取得校车标牌及校车标牌应当载明的事项是否齐全、校车标牌有效期的截止日期与行驶证上载明校车安全技术检验有效期的截止日期是否一致、行驶线路是否和校车标牌载明线路是否一致、检查安全设备是否齐全并在指定位置放置等内容。

(2)检查人员。驾驶人是否有未依法取得校车驾驶资格的驾驶人、是否有违反道路交通安全法律法规的行为、是否有交通违法记录未处理、驾驶证记分是否超过 12 分、交通事故未处理等信息记录；是否配有随车照管人员、副驾驶座位是否安排学员乘坐；车上除驾驶员、照管人员和学员以外是否有其他无关人员；校车是否有超载现象等。

(3)简易程序处理。对违反道路交通安全法律法规的校车，可以在消除违法行为的前提下先予放行，待校车完成接送学员任务后再对校车驾驶人进行处罚。

(4)一般程序处理。对依法扣留车辆的，应当通知相关学校或者校车服务提供者转运学员，并在违法状态消除后立即返还被扣留车辆。

三、实训情境设定

(一)实训内容

(1)执勤点的选择，执勤交警执法时的正确站位，拦截违法嫌疑车辆的停车位置。

(2)执勤交警现场认定校车违法行为及其证据的采集与规范要求。

(3)查处校车违法行为规范用语。

(4)查处校车违法行为规范程序。

(5)安全防护和自我保护。

(6)法律文书制作。

以上具体的操作程序可参照本教程的相关实训项目。

(二)实训情境

2017 年××月××日下午 17:30 分左右，执勤交警蔡某、张某在路口巡逻发现道路前方一辆配备校车标志灯和停车指示标志的校车(可由普通客车模拟)，沿着实训场地道路逆向行驶。蔡某、张某引导目标车辆靠边停车，并同时做好现场安全防护、与驾驶人接触活动、检查驾驶人的证件及车辆证件、清点车辆乘客人数、核查车辆的外观标识、车内所配备安全设备。

假如你是执勤交警，在下列情形下如何正确使用执勤执法用语？

①靠近该违法车辆时的规范用语。

②该车驾驶人接受执勤交警的执法行为，主动纠正违法交通行为时的规范用语。

③该车驾驶人在执勤交警的劝说下将车启动后慢慢行驶的规范用语。

④检查该车驾驶人相关证件时的规范用语。

⑤检查该车外观标识、车内所配备安全设备的规范用语。

⑥清点车辆乘客人数时发现超员时的规范用语。

⑦该车驾驶人拒不接受执勤交警的执法行为，并与你发生争执的规范用语。

四、实训器材与场地

（一）实训器材

具体实训器材见表 18-1。

表 18-1　实训器材一览表

序号	器材名称	类别	单位	数量	用途
1	反光背心	基本器材	件	10	外穿
2	停车示意牌	基本器材	块	2	指挥引导车辆
3	执法记录仪	基本器材	台	10	固定证据
4	照相机（摄像机）	基本器材	台	2	固定证据
5	反光锥筒	基本器材	只	10	安全防护
6	7 座以上客车	基本器材	辆	1	实训用车
7	发光指挥棒	选用器材	根	2	指挥引导车辆
8	多功能反光腰带及配件	选用器材	套	10	穿戴
9	仿真法律文书《公安交通管理简易程序处罚决定书》《公安交通管理强制措施凭证》《道路交通安全违法行为处理通知书》	选用器材	份	各 20	模拟开具法律文书

（二）实训场地

1. 校内实训

根据场景和天气，选择校园道路或教室；部分实训内容可以选择夜课。校内道路，选择路幅较宽阔、能见度较好、人员通行较少的路段；雨天，可以在教室内运用多媒体教学设备，采用模拟场景，进行实训。

2. 校外实训

选择较为偏僻的地区和路段，远离城镇、河流、人口密集等可能危及公共安全健康的地点，既符合实战要求，又便于更好地开展现场教训。选择校外实训地点，还需要注意以下几个方面：①尽可能选择有视频监控和交通信号灯的路口或路段；②选择路幅较宽阔、能见度较好的路段，违法嫌疑车辆停车位置不得占用行车道或确实不妨碍其他车辆或人员通行；③实训地点的人行道尽可能宽阔些，便于街面屯兵和现场点评。

五、实训方法与步骤

（一）实训方法

1. 实训预习

授课教师事先告知参训学员本次实训的内容，要求复习本次实训内容相关的教学内容和课堂笔记，并熟读本次实训中所需器材的使用说明书(可以印制在教材中)。

2. 实训手段

(1)规范讲解和演示。

(2)学员操作。

(3)学员自评与互评。

(4)教师点评。

（二）实训步骤

1. 课前准备

(1)器材保障。每次实训前后，授课教师安排一组学员，前往仓库负责领取所需各类实训器材并运送到实训场地，结束后再负责归还仓库。

(2)人员安排。授课教师负责全程教训和监督。每次实训以一个区队为例，约 40 人，每个区队分为 5 个小组，每组 8 人，每组设立 1～2 名学员担任组长；每个小组的成员可以轮流扮演违法当事人，也可以相对固定该角色。

2. 实训演示

授课教师在实训伊始，通过教师本人演示或播放视频，示范本次查处校车辆违法行为的规范用语、程序和装备操作等方法。

3. 学员操作

所有学员根据模拟场景，进行查处校车违法行为的规范实务操作，包括正确站位、规范用语、法定程序、文书制作以及安全防护等内容；各小组每次安排 2～4 名学员进行实务操作，其他学员观摩并记录，依次轮换。

4. 教师点评

授课教师在学员实务操作过程中进行巡视，及时发现、纠正学员实务操作中的不规范之处。

每名学员在实务操作之后，进行自我点评操作中的不足和失误，其他学员进行补充和纠正；授课教师可参与点评和记录学员的发言。本实训项目结束后，授课教师对各小组的实训过程进行归纳点评。

本次实训结束后，授课教师向学员布置课后作业。

六、实训考核标准与要求

教师在实训报告评价栏中给出实训评议及成绩，具体如表 18-2 所示。

表 18-2　实训报告评价栏

<table>
<tr><th></th><th>分项目</th><th>小组测评</th><th>教师测评</th><th>综合测评</th><th>备注</th></tr>
<tr><td rowspan="8">实训内容</td><td>交警站位</td><td>A（或 B/C/D/E）</td><td>A（或 B/C/D/E）</td><td>A（或 B/C/D/E）</td><td>A≥90/B≥80/C≥70/D≥60/E<60</td></tr>
<tr><td>装备运用</td><td></td><td></td><td></td><td></td></tr>
<tr><td>执法用语</td><td></td><td></td><td></td><td></td></tr>
<tr><td>违法认定</td><td></td><td></td><td></td><td></td></tr>
<tr><td>证据采集</td><td></td><td></td><td></td><td></td></tr>
<tr><td>处罚程序</td><td></td><td></td><td></td><td></td></tr>
<tr><td>法律文书制作</td><td></td><td></td><td></td><td></td></tr>
<tr><td>安全意识</td><td></td><td></td><td></td><td></td></tr>
<tr><td>存在问题（教师或小组成员填写）</td><td colspan="4"></td><td></td></tr>
<tr><td>改进建议</td><td colspan="4"></td><td></td></tr>
<tr><td colspan="4">本次实训测评结论
签名：　　日期：</td><td>A（或 B/C/D/E）</td><td></td></tr>
</table>

附录A　法律法规(含司法解释)、规范性文件和技术标准

一、交通警察执勤执法的主要依据之法律法规(含司法解释)

[1]《中华人民共和国刑法》

[2]《中华人民共和国刑事诉讼法》

[3]《中华人民共和国道路交通安全法》

[4]《中华人民共和国人民警察法》

[5]《中华人民共和国行政处罚法》

[6]《中华人民共和国行政强制法》

[7]《中华人民共和国行政复议法》

[8]《中华人民共和国人民警察使用警械和武器条例》

[9]《中华人民共和国道路交通安全法实施条例》

[10]《中华人民共和国刑法修正案(八)》

[11]《中华人民共和国刑法修正案(九)》

[12]《危险化学品安全管理条例》(国务院令第 591 号)

[13]《校车安全管理条例》(国务院令第 617 号)

[14]《机动车交通事故责任强制保险条例》(国务院令第 618 号)

[15] 最高人民法院、最高人民检察院、公安部《关于办理刑事案件收集提取和审查判断电子数据若干问题的规定》

[16] 最高人民法院、最高人民检察院、公安部《关于办理醉酒驾驶机动车刑事案件适用法律若干问题的意见》

二、交通警察执勤执法的主要依据之规范性文件

[1]《公安机关办理行政案件程序规定》(公安部令第 125 号，2012)

[2]《公安机关办理刑事案件程序规定》(公安部令第 127 号，2012)

[3]《道路交通安全违法行为处理程序规定》(公安部令第 105 号，2009)

[4]《公路巡逻民警队警务工作规范》(公安部令第 116 号，2011)

[5]《公安机关人民警察执法过错责任追究规定》(公安部令第 138 号，2016)

[6]《机动车驾驶证申领和使用规定》(公安部令第 139 号，2016)

[7]《公安机关执法细则(第三版)》(公安部，2016)

[8]《公安机关人民警察现场制止违法犯罪行为操作规程》(公安部，2010)

[9]《严重超员、严重超速危险驾驶刑事案件立案标准(试行)》(公传发〔2015〕708 号)

[10]《公安机关现场执法视音频记录工作规定》(公通字〔2016〕14 号)

[11]《交通警察道路执勤执法工作规范》(公通字〔2008〕58 号)

[12]《公安机关执法办案场所 办案区使用管理规定》(公法〔2013〕1102号)

[13]《交通警察执勤执法安全防护规定(试行)》(公安部交通管理局，2014)

[14]《常见阻碍和妨害交通民警执行职务行为现场处置规程(试行)》(公交管〔2016〕440号)

[15]《交通警察执勤执法装备使用指南(试行)》(公安部交通管理局，2016)

[16]《交警系统执法记录仪使用管理规定》(公交管〔2013〕460号)

[17]《关于规范查处机动车违反限速规定交通违法行为的指导意见》(公交管〔2013〕455号)

[18]《关于公安机关办理醉酒驾驶机动车犯罪案件的指导意见》(公交管〔2011〕190号)

[19]《关于印发〈关于根据交通技术监控记录资料处理交通违法行为的指导意见〉的通知》(公交管〔2013〕93号)

三、交通警察执勤执法的主要依据之技术标准

[1]《道路交通安全违法行为图像取证技术规范》(GA/T 832—2014)

[2]《道路交通安全违法行为视频取证设备技术规范》(GA/T 995—2012)

[3]《中华人民共和国机动车号牌》(GA 36—2014)

[4]《汽车、挂车及汽车列车外廓尺寸、轴荷及质量限值》(GB 1589—2016)

[5]《车辆驾驶人员血液、呼气酒精含量阈值与检验》(GB/T 19522—2010)

附录B　实训项目基本内容

交通警察执勤执法实训项目基本内容一览表

序号	项目名称	类别	执勤执法依据	执勤执法风险点	核心(战术)要领	器材要求	课时
1	交通警察执勤执法常用警用装备的规范使用	核心项目	(1)《交通警察执勤执法常用警用装备使用指南》； (2)《交通警察道路执勤执法工作规范》； (3)《交警系统执法记录仪使用管理规定》； (4)《交通警察执勤执法安全防护规定(试行)》	(1)错误站位的隐患； (2)安全防护操作不规范； (3)未按期强制检验导致证据无效； (4)装备未定期保养和维护	(1)执勤人员站位； (2)执勤安全防护； (3)装备性能良好； (4)计量检测设备的强制检验程序	适量的制服，单警装备，教材中所涉及的装备，且性能完好	不少于4课时
2	交通警察执勤执法安全防护	核心项目	(1)《道路交通安全法》； (2)《道路交通安全法实施条例》； (3)《人民警察使用警械和武器条例》； (4)《交通警察道路执勤执法工作规范》； (5)《道路交通事故处理工作规范》； (6)《交通警察执勤执法安全防护规定(试行)》； (7)《交通警察执勤执法装备使用指南》	(1)执勤执法时站位不正确，没有按照规定穿着反光背心或反光防护服、佩带和携带相应的执勤执法装备； (2)不熟悉各种安全防护装备的使用情形； (3)不熟练掌握各种安全防护装备的使用方法和操作规程； (4)携带的装备、设施不齐全，性能存在故障，影响正常使用； (5)不按规定驾驶车辆，现场安全防护责任不明确、安全意识不强	(1)强化日常教育和培训，不断提高民警的安全防护意识和责任感； (2)熟悉各种安全防护装备的使用情形，熟练掌握各种装备、设施的使用方法和操作规程； (3)配齐相应的安全防护装备，确保性能良好； (4)强化相互之间的配合协调，提高安全风险意识； (5)加强日常监督检查，及时发现安全防护存在的问题，并整改	反光锥筒、阻车路障、拦车破胎器、盾牌、警用防弹衣、警用防刺衣、防弹头盔、警用防割手套、防化服、防毒面具、道路交通事故现场车辆闯入报警设备、发光减速带、防弹防刺服、两轮摩托车防护服、反光背心或者反光防护服	不少于6课时
3	交通警察执勤执法用语	核心项目	(1)《道路交通安全法》； (2)《道路交通安全违法行为处理程序规定》(105号令)； (3)《交通警察道路执勤执法工作规范》	(1)使用文明、礼貌、规范的语言； (2)语气庄重、平和； (3)对当事人不理解的，应当耐心解释，不得呵斥、讽刺当事人	(1)交通警察执勤执法用语态度生硬，用语不规范； (2)未按规定使用执法记录仪； (3)激化矛盾，引起围观，甚至诱发舆情	反光腰带、反光背心、发光指挥棒、警用文书包、对讲机、执法记录仪、停车示意牌、轻便摩托车	不少于4课时

续表

序号	项目名称	类别	执勤执法依据	执勤执法风险点	核心(战术)要领	器材要求	课时
4	道路交通指挥与疏导	核心项目	(1)《道路交通安全法》； (2)《道路交通安全法实施条例》； (3)《交通警察道路执勤执法工作规范》	(1)未严格执行安全防护规定，检查安全防护装备； (2)未注意自身安全	(1)交通疏导的合理站位选择； (2)交通指挥疏导点的合理选择	交警反光背心、多功能反光腰带、白手套、警用哨子、手持台、警务通、执法记录仪等基本单警装备，运送学生到校外实训场地的车辆	不少于6课时
5	道路交通巡逻	核心项目	(1)《人民警察法》； (2)《交通警察道路执勤执法工作规范》； (3)《公路巡逻民警队警务工作规范》	(1)忽略安全防护； (2)发生交通意外和伤亡事故； (3)巡逻期间的不作为	(1)发现道路及周边交通设施存在异常的处置； (2)发现擅自占道挖掘或者在道路上从事非交通行为； (3)发现交通违法行为的处理； (4)遇有道路故障车辆的处理； (5)意外和突发事件的处置	警用汽车和警用摩托车、 反光或者发光锥筒、停车示意牌、警戒带，以及警告标志、警示灯、灭火器、牵引绳、急救箱	不少于4课时
6	车辆查控		(1)《人民警察法》； (2)《道路交通安全法》； (3)《交通警察道路执勤执法工作规范》； (4)《公路巡逻民警队警务工作规范》	(1)拦停点的选择； (2)截停的方式； (3)接近的站位； (4)控制的警组配合	(1)宜设卡拦堵不宜追截追停； (2)宜智取不宜强攻； (3)切莫危险截停； (4)避免纠缠拖挂危险动作； (5)若有必要开枪，瞄准某人开枪而不是对车辆开枪	对讲机、身份核查仪、嫌疑车辆、制式警车、教学号牌、单警装备六四手枪(橡胶)、喊话器、锥筒、警戒带、停车检查牌、查车装备	不少于6课时

续表

序号	项目名称	类别	执勤执法依据	执勤执法风险点	核心(战术)要领	器材要求	课时
7	常见阻碍和妨害交通警察执勤执法职务行为的处置	核心项目	(1)《人民警察法》； (2)《人民警察使用警械和武器条例》； (3)《公安机关人民警察现场制止违法犯罪行为操作规程》； (4)《公安机关办理行政案件程序规定》； (5)《公安机关办理刑事案件程序规定》； (6)《交通警察道路执勤执法工作规范》； (7)《公安机关现场执法视音频记录工作规定》； (8)《交警系统执法记录仪使用管理规定》； (9)《交通警察执勤执法安全防护规定(试行)》； (10)《常见阻碍和妨害交通民警执行职务行为现场处置规程(试行)》	(1)情绪； (2)语言； (3)取证； (4)站位； (5)警告方式； (6)制止方式	(1)保持头脑冷静； (2)使用规范用语； (3)按取证操作规程全程记录处置过程； (4)与车辆、当事人、随车人员等保持必要的安全距离； (5)一般情况下，采取口头警告。如果当事人有可能听不到口头警告的，可以采用条幅、纸板展示等方式进行警告； (6)经警告无效，或者情况危急来不及警告，依法采取口头制止、徒手制止、警械制止、武器制止等方式，并且应当以制止违法犯罪行为为限度	(1)室内实训，应当配备多媒体设备，交通警察执勤执法装备等； (2)室外实训，应当配备交通警察执勤执法装备、实训用车辆等	不少于8课时
8	交通行政强制措施的适用	核心项目	(1)《道路交通安全法》； (2)《行政强制法》； (3)《道路交通安全法实施条例》； (4)《道路交通安全违法处理程序规定》； (5)《公安机关办理行政案件程序规定》； (6)《交通警察道路执勤执法工作规范》； (7)《交通警察执勤执法安全防护规定(试行)》	(1)引导违法嫌疑车辆靠边停车时，手势指挥动作不规范、站位不正确可能带来的安全隐患； (2)违法嫌疑车辆的驾驶人在被查处时因驾驶操作不当，发生意外事故； (3)查处中取证不规范、不完整、法律适用不准确等引起的行政诉讼； (4)未按规定使用执法记录仪，无法为规范执法提供证据	(1)警用装备使用； (2)安全防护规定； (3)法定程序； (4)使用执勤执法规范用语； (5)法律文书的制作	应当配备交通警察执勤执法装备、实训用车辆等	不少于4课时

续表

序号	项目名称	类别	执勤执法依据	执勤执法风险点	核心(战术)要领	器材要求	课时
9	交通违法行为处理的简易程序	核心项目	(1)《行政处罚法》; (2)《道路交通安全法》; (3)《道路交通安全法实施条例》; (4)《公安机关办理行政案件程序规定》; (5)《道路交通安全违法行为处理程序规定》; (6)《交通警察道路执勤执法工作规范》	(1)现场调查取证过程中确保违法证据真实、有效，能够充分地确认违法事实; (2)认真履行告知义务; (3)认真听取当事人陈述和申辩; (4)行政处罚时客观、公正、合法; (5)规范制作法律文书	(1)执勤民警应按规定着装并依法携带和使用执法记录仪等警用装备; (2)执勤民警在执法过程中应保持良好的仪态并规范化地使用执法用语和违法行为人进行警务沟通	执法记录仪、停车示意牌、警务通或证件查询器、摄像机	2课时
10	交通违法行为处理的一般程序	核心项目	(1)《道路交通安全法》; (2)《道路交通安全法实施条例》; (3)《道路交通安全违法行为处理程序规定》	(1)执法过程不符合法定程序; (2)法律文书制作不规范	(1)现场处置措施要恰当，并符合程序规定; (2)调查取证中各种证据的获取; (3)处罚过程中充分运用证据	法律文书、执法记录仪、计算机、违法行为处罚标准代码本	不少于2课时
11	轻微道路交通事故的快速处理	核心项目	(1)《道路交通安全法》; (2)《道路交通安全法实施条例》; (3)《道路交通事故处理程序规定》	(1)注意现场安全防护，防止发生次生事故; (2)使用执法规范用语，避免引起误解; (3)公平、公正处理事故; (4)书写法律文书严谨规范; (5)依法处理各种突发状况	(1)注意安全防护，防止发生次生事故; (2)尽快处理完事故，尽快撤除现场，减少路面交通拥堵; (3)按法定程序合理、合法、公平、公正处理事故	车辆两部、手机或数码相机、警示三脚架、笔、纸、警用摩托车、反光背心、反光锥筒、警戒线、对讲机、执法记录仪、停车示意牌、警用文书包	2课时
12	涉牌涉证违法行为的查处		(1)《道路交通安全法》; (2)《道路交通安全法实施条例》; (3)《道路交通安全违法行为处理程序规定》; (4)《机动车驾驶证申领和使用规定(公安部令第139号)》; (5)《中华人民共和国机动车号牌》(GA 36—2014)	(1)安全站位; (2)安全防护设施摆放; (3)闯卡车辆的阻截和控制	(1)准确掌握各类违法行为的界定标准; (2)证据采集保证过程合法性、证据准确性; (3)使用执勤执法规范用语，避免引起不必要的舆论影响; (4)执法过程中要强化自我安全防护意识; (5)执勤执法活动中有辅警辅助执法的要特别明确辅警权力界限	一辆民用牌照小汽车；一辆制式警车；法律文书、实训手册、反光锥筒；步话机；摄像机；照相机；约束带、警绳、执法记录仪、发光指挥棒、停车示意牌等交通警察制式装备；一套假牌证；强光手电；紫光灯；八倍以上放大镜；游标卡尺	不少于6课时

续表

序号	项目名称	类别	执勤执法依据	执勤执法风险点	核心(战术)要领	器材要求	课时
13	机动车违反装载规定行为的查处		(1)《道路交通安全法》； (2)《道路交通安全法实施条例》； (3)《道路交通安全违法行为处理程序规定》； (4)《校车安全管理条例》； (5)《刑法修正案(九)》； (6)《严重超员、严重超速危险驾驶刑事案件立案标准(试行)》； (7)《汽车、挂车及汽车列车外廓尺寸、轴荷及质量限值》(GB 1589—2016)	(1)装备性能是否良好； (2)预防交通意外和伤亡事故； (3)注意截停的方式，切莫危险截停； (4)检验时站位，注意安全防护； (5)查验与控制的警组配合； (6)防范危化车等潜在危险； (7)不作为	(1)拦停时间与拦停点的选择； (2)人员安全与防护； (3)装备性能良好； (4)注意文明用语及程序规范； (5)举证完整； (6)教育及时； (7)消除违法状态； (8)意外和突发事件的处置	基本器材： 多功能反光腰带、警用文书包、执法记录仪、警戒带、对讲机、警务通、反光背心、制式头盔、警示灯、停车示意牌、仿真法律文书《公安交通管理简易程序处罚决定书》、《公安交通管理强制措施凭证》、便携式称重仪； 选用器材： 发光指挥棒、数码相机、模拟违法车辆(或模型)、便携式阻车道钉	2 课时
14	机动车违反速度规定行驶行为的查处		(1)《道路交通安全法》； (2)《道路交通安全法实施条例》； (3)《道路交通安全违法行为处理程序规定》； (4)《交通警察道路执勤执法工作规范》； (5)《刑法修正案(九)》； (6)《关于规范查处机动车违反限速规定交通违法行为的指导意见》(公交管〔2013〕455 号)； (7)《严重超员、严重超速危险驾驶刑事案件立案标准(试行)》有关机动车严重超速相关规定； (8)《剧毒化学品购买和公路运输许可证件管理办法》	(1)仪器要进行定期检定； (2)设置测速取证设备没有遵循依法、规范、公开的原则，按照《道路交通信息监测记录设备设置规范》(GA/T 1047—2013)的要求，做到科学规划、合理布局、规范设置； (3)固定证据不符合法律规范，引起异议； (4)未注意自身安全	(1)合理站位选择； (2)严格按照操作程序进行操作和训练	多功能反光腰带、警用文书包、反光背心、单警执法记录仪、对讲机、便携式警务通、移动测速设备，实训手册	6 课时

续表

序号	项目名称	类别	执勤执法依据	执勤执法风险点	核心(战术)要领	器材要求	课时
15	机动车违法停车的查处		(1)《道路交通安全法》； (2)《道路交通安全法实施条例》； (3)《道路交通安全违法行为处理程序规定》； (4)《机动车驾驶证申领和使用规定(公安部令第139号)》； (5)《道路交通安全违法行为视频取证设备技术规范》(GA/T 995—2012)； (6)《道路交通安全违法行为图像取证技术规范》(GA/T 832—2014)	(1)因无理取闹、阻挠执法、暴力抗法等行为发生意外和伤害事故的风险； (2)没有按照相应的规范操作进行查处； (3)查处时没有使用安全防护等战术要领来应对	(1)遇被查处的驾驶人无理取闹，阻挠执法的情况查处； (2)遇被查处的驾驶人暴力抗法或使用其他暴力行为阻碍和妨碍交通警察执法执勤行为的情况查处； (3)遇违法停车的驾驶人拒绝驶离而导致交通拥堵等情况的查处	多功能八件套反光腰带、反光背心、录音录像执法装备(执法记录仪)；摄录像设备；拖移机动车专用标志牌；实训用车辆；实训用法律文书、简易程序处罚决定书等	2课时
16	酒后驾驶机动车的处理		(1)《道路交通安全法》； (2)《道路交通安全法实施条例》； (3)《刑法修正案(九)》； (4)《道路交通安全违法行为处理程序规定》； (5)《交通警察道路执勤执法工作规范》附件； (6)《车辆驾驶人员血液、呼气酒精含量阈值与检验》(GB/T 19522—2010)	(1)涉嫌酒后的驾驶人强行闯卡； (2)涉嫌酒后的驾驶人无理取闹、阻挠执法； (3)在酒驾检测时，被检测人突然启动车辆； (4)按规范使用安全防护装备； (5)在酒驾检测时，被检测人毁灭证据； (6)处置其他突发事件的预案	(1)拦停时间与拦停点的选择； (2)执勤执法自我防护； (3)酒精测试仪的法定强制校准； (4)执勤执法装备性能良好； (5)执法程序规范； (6)取证完整； (7)法律文书制作规范	基本器材： 多功能反光背心、警用文书包、反光背心、发光指挥棒、警示灯、停车示意牌、警绳、约束带、呼气式酒精测试仪、执法记录仪、破胎器、法律文书；数码相机； 选用器材： 便携式阻车道钉	不少于8课时

续表

序号	项目名称	类别	执勤执法依据	执勤执法风险点	核心(战术)要领	器材要求	课时
17	危险化学品运输车辆违法行为的查处		(1)《道路交通安全法》； (2)《道路交通安全法实施条例》； (3)《交通警察道路执勤执法工作规范》； (4)《交通警察执勤执法安全防护规定(试行)》； (5)《道路交通安全违法行为处理程序规定》； (6)《危险化学品安全管理条例》； (7)《机动车驾驶证申领和使用规定(公安部令第139号)》	(1)执勤人员的站位或截停车辆的地点不规范、不准确； (2)错误识别危险化学品及其运输车辆的各类识别标志； (3)不同季节中危险化学品及其运输车辆的安全隐患； (4)应对突发事件的先期处置设备和技能	(1)危险化学品及其运输车辆的各类识别标志； (2)执勤人员的站位、截停车辆的地点； (3)知晓危险化学品运输的相关许可证； (4)对该类违法行为的正确认定； (5)对此类违法行为是否涉及犯罪的界定标准和法定程序； (6)对危险化学品的安全防护技能	适量的制服、单警装备、执法记录仪、仿真法律文书、数码相机，且性能完好	不少于2课时
18	校车违法行为的查处		(1)《道路交通安全法》； (2)《道路交通安全法实施条例》； (3)《校车安全管理条例》； (4)《交通警察执勤执法工作规范》； (5)《道路交通安全违法行为处理程序规定》	(1)实训场地选取不当，对同边道路通行造成影响，实训受到无关车辆和人员的干扰； (2)在实训过程中引导目标车辆靠边停车过程时，学生指挥动作和站位不规范带来安全隐患； (3)目标车辆驾驶人操作不当，发生意外事故	(1)实训前教师要做好场地选择，可以选择校园内一条交通量较小且单向多车道的道路； (2)明确现场学生的分工，在实训过程中做好现场的保护，严格依照本书实训项目二“交通警察执勤执法的安全防护”做好防护措施； (3)选择驾驶经验丰富、驾驶技术娴熟的驾驶人作为目标车辆的驾驶人	七种交通警察执勤执法常用警用装备，按一定比例配发	2课时

附录C　实训报告示例

××警察学院

实训报告

院　　系：______________________

专业名称：______________________

课程名称：______________________

项目名称：______________________

年级区队：______________________

学生姓名：______________________

学　　号：______________________

授课教师：______________________

时　　间：______________________

实训内容	
实训目的	
实训地点	
实训要求	
实训步骤	
实训相关数据采集	
自我小结	

参 考 文 献

公安部道路安全研究中心，2016. 交通警察道路执勤执法指导手册. 北京：人民交通出版社
李蕊，徐志红，2013. 交通警察道路执勤执法工作实务指南. 北京：中国人民公安大学出版社
刘玉增，管满泉，2015. 道路交通秩序管理. 北京：中国人民公安大学出版社
王洪明，2004. 道路交通安全法概论. 成都：四川大学出版社